Propriétaire ou locataire, vous êtes nombreux à être confrontés à un **conflit avec un voisin**. Entretien d'un mur mitoyen, plantation d'arbres en bordure de terrain, ouverture de fenêtre sur le jardin voisin, clôture d'une propriété, droit de passage, musique trop forte, odeurs du restaurant d'à côté… En matière de voisinage, de mitoyenneté et de servitudes, les sources de désaccords ne manquent pas !

Les conflits entre voisins ont d'ailleurs explosé pendant les périodes de confinements liés à la crise sanitaire de la Covid-19, hissant le voisinage à la première cause de litiges entre Français.

Une bonne connaissance des règles qui régissent votre propriété et celles qui vous entourent, vous permettra d'**éviter les contentieux** et de **faire respecter vos droits**.

Mais si les désordres persistent, sachez que la loi met à votre disposition **des outils pour faire cesser ces troubles et éventuellement sanctionner le voisin incivique**.

Cet ouvrage répond à toutes les questions que vous vous posez lorsque vous êtes en présence d'un voisin indélicat.

Vous y trouverez **les règles applicables**, mais aussi **les procédures** et **les recours** qui s'offrent à vous :

- toutes les solutions adaptables à votre cas, amiables ou contentieuses ;
- des exemples de jurisprudence ;
- de nombreux modèles de lettres prêts à l'emploi ;
- toutes les adresses utiles pour agir.

Vous pourrez ainsi faire valoir vos droits et retrouver la sérénité !

Anne-Laure Marie
Directrice Prat Éditions

LISTE DES ABRÉVIATIONS

BC	: Bulletin de la Cour de cassation
CA	: Cour d'appel
C. cass.	: Cour de cassation
CCH	: Code de la construction et de l'habitation
C. civ.	: Code civil
C. envir.	: Code de l'environnement
C. pénal	: Code pénal
C. rural et de la pêche maritime	: Code rural et de la pêche maritime
C. urb.	: Code de l'urbanisme
CGCT	: Code général des collectivités territoriales
Civ.	: Chambre civile
CJA	: Code de justice administrative
COJ	: Code de l'organisation judiciaire
CPC	: Code de procédure civile
Crim.	: Chambre criminelle
CSP	: Code de la santé publique
D.	: Dalloz
IR	: Informations rapides
JCP	: Juris-Classeur périodique
PLU	: Plan local d'urbanisme
QPC	: Question prioritaire de constitutionnalité

Voisinage, quels sont mes droits ?

Sylvie Dibos-Lacroux
Emmanuèle Vallas-Lenerz
Michèle Auteuil

9e édition

2022

prat éditions

Tous les ouvrages sont disponibles sur :
www.prat-editions.fr

Direction éditoriale : Anne-Laure Marie
Édition : Elvane Sahin
Relecture-correction : Nawshaba Imambaccus
Composition : Marine de Percin

206, boulevard de la République
92210 Saint-Cloud

ISBN 978-2-8095-1689-0
ISSN 1272-4955

Table des matières

La délimitation de la propriété

La mitoyenneté

➤ La mitoyenneté peut se définir comme une forme de copropriété des clôtures (mur, haie, fossé…) séparant deux terrains contigus appartenant à des propriétaires privés différents.

➤ La mitoyenneté engendre pour les voisins un ensemble de droits (par exemple, possibilité d'appuyer un bâtiment contre un mur mitoyen) et d'obligations (par exemple, entretien par les deux voisins d'une haie mitoyenne).

➤ Elle s'applique à deux genres de clôtures qu'il convient de distinguer car leur régime juridique est différent : les murs et les autres clôtures (haies, fossés…).

➤ En pratique, ce sont surtout les murs mitoyens qui donnent lieu à difficulté.

En quoi consiste la mitoyenneté ?

La clôture mitoyenne est soumise à un régime spécial quant à son acquisition et sa preuve. Si le Code civil a réglementé aussi minutieusement la propriété foncière, les limites des terrains et la mitoyenneté, c'est parce que ces questions donnent lieu à de fréquents incidents.
Ainsi, les questions concernant un mur mitoyen peuvent autant porter sur la nature juridique de ce mur, sur le principe d'un droit sur ce mur, que sur des questions de réparations portant sur des sommes conséquentes.

Qu'est-ce que la mitoyenneté ?

La notion de mitoyenneté est vieille comme... la propriété ! Elle remonte au jour où, comme l'écrit Jean-Jacques Rousseau, « *le premier [homme] qui, ayant enclos un terrain, s'avisa de dire : ceci est à moi* », suivi par son voisin qui s'empressa d'en faire autant. Depuis, la mitoyenneté continue de nourrir les conflits de voisinage et d'occuper une large place dans les contentieux sur le droit des biens immobiliers.
Selon la Cour de cassation, la mitoyenneté est un droit de propriété dont deux personnes jouissent en commun sur un bien, concrètement sur une clôture commune marquant la limite séparative entre deux propriétés privées contiguës (immeuble, maison, terrain nu, jardin, champ...). Par clôture, il faut entendre un mur, un grillage, une haie, un fossé, une barrière, toutes sortes d'ouvrages naturels ou bâtis servant à délimiter deux propriétés.
Reste à savoir qui en est le propriétaire : vous ou votre voisin ? Ensemble à égalité ? La réponse à cette question n'est pas évidente, et pourtant, il est essentiel de pouvoir y répondre en raison de ses conséquences financières non négligeables : un ouvrage mitoyen implique le partage des frais d'entretien qui, s'il ne l'est pas, incombent à son seul propriétaire (pour un mur, voir *Obligations des voisins sur un mur mitoyen*, p. 26).
D'où les innombrables conflits entre voisins mauvais payeurs pour contester la nature du bien : il suffit qu'un mur ait été édifié un peu en retrait de la ligne frontière séparant les deux propriétés pour qu'il échappe aux règles de la mitoyenneté, quelle que soit la raison pour laquelle cet intervalle a été aménagé. Autre conséquence : s'il s'agit d'un mur mitoyen, chacun des deux voisins peut y adosser une construction, alors qu'on ne peut bâtir contre un mur appartenant à un seul propriétaire.

› Est-il intéressant d'avoir une clôture mitoyenne ?

La mitoyenneté s'impose souvent au moment de l'acquisition d'une maison accolée à une autre ou d'un terrain déjà clos par une haie d'arbustes ou un mur de pierre séculaire. À moins d'avoir affaire à un voisin de bonne compagnie, il est souvent difficile de se mettre d'accord sur l'opportunité d'entreprendre la réfection d'un mur délabré, de remplacer un grillage rongé par la rouille, de tailler une haie ayant atteint une hauteur considérable ou de replanter des arbustes dévastés par des insectes. Il arrive régulièrement que le voisin vous laisse entreprendre les travaux et conteste ensuite le montant de la facture, la jugeant trop élevée, ou tout simplement ne l'honore jamais. Vous pouvez aussi vous heurter à la force d'inertie de votre voisin qui ne voit pas l'intérêt d'entreprendre des travaux s'il estime, par exemple, que le mur de son côté est en bon état.

Qu'il existe ou non une clôture mitoyenne, il est préférable d'installer votre propre clôture en deçà de votre terrain. Vous perdrez un ou deux mètres de terrain inutilisés, mais préserverez ainsi vos droits de propriétaires et votre relation de bon voisinage. N'oubliez pas qu'un voisin obligeant peut être remplacé par un propriétaire querelleur : parmi les litiges de mitoyenneté portés devant les tribunaux, la plupart sont nés au moment d'un changement de propriétaire.

› Quelle est la différence entre un mur mitoyen et un mur privatif ?

Un mur est privatif quand il est la propriété exclusive d'un des voisins. Il est mitoyen quand il appartient aux deux voisins. Le fait qu'il soit mitoyen va entraîner des droits et obligations de la part de chacun des voisins (entretien à frais communs, possibilité d'y adosser une remise...). En revanche s'il est privatif, son propriétaire a tous les droits sur ce mur, l'autre voisin n'en a aucun et ne peut donc pas, par exemple, le remettre en état s'il estime son entretien insatisfaisant, le repeindre ou adosser à ce mur son rosier grimpant.

› La mitoyenneté est-elle une servitude ?

Les règles concernant la mitoyenneté figurent dans le Code civil, dans un chapitre consacré aux servitudes. Considérer la mitoyenneté comme une servitude entraînerait un certain nombre de conséquences. Par exemple, on pourrait estimer que si le propriétaire d'un mur mitoyen ne s'en sert pas, il peut perdre son droit de mitoyenneté par non-usage (cas prévu pour les servitudes ; voir *Les servitudes entre voisins*, p. 75).

La Cour de cassation écarte pourtant la notion de servitude. Elle applique tantôt la notion de propriété indivise, tantôt celle de jouissance commune, avec pour conséquences d'exclure le régime applicable aux servitudes au mur mitoyen (C. cass., civ. 3ᵉ, 19.2.1985, BC n° 37 ; C. cass., civ. 3ᵉ, 20.7.1989, BC n° 173).

› Les règles relatives à la mitoyenneté sont-elles d'ordre public ?

Les règles relatives à la mitoyenneté (répartition des frais ou faculté d'abandon) ne sont pas d'ordre public. Rien n'empêche donc les voisins de s'écarter, d'un commun accord, des dispositions du Code civil pour régler à leur convenance leurs droits et leurs obligations respectifs.

› Peut-il y avoir mitoyenneté avec le domaine public ?

La question peut en effet se poser quand l'un des deux fonds limitrophes fait partie du domaine public (communes, État…). Il est admis que le régime de la mitoyenneté ne s'applique pas au domaine public mais pourrait s'appliquer au domaine privé de la collectivité.

› Nécessité de fonds contigus

La mitoyenneté suppose l'existence de fonds contigus (qui se touchent). Elle cesse en cas de réunion des deux fonds par le même propriétaire (par exemple, s'il rachète le terrain voisin ; sur cette question, voir *Cessation de la mitoyenneté*, p. 39).

› Mitoyenneté et copropriété

En principe, dans un immeuble en copropriété ne coexistent que deux catégories de biens : les biens privatifs et les biens communs. L'article 7 de la loi du 10 juillet 1965 sur la copropriété apporte une exception à cette règle en énonçant que : « *Les cloisons ou murs séparant des parties privatives et non compris dans le gros œuvre sont présumés mitoyens entre les locaux qu'ils séparent.* »
Le règlement de copropriété peut cependant contenir des dispositions différentes.

Établissement et preuve de la mitoyenneté

La notion de mitoyenneté s'applique à deux types de clôture : les murs et les autres clôtures qui font l'objet des deux rubriques qui suivent. Un certain nombre de règles énoncées dans le présent chapitre leur sont cependant communes.

› Comment s'établit la mitoyenneté d'une clôture ?

• L'accord entre les voisins

Deux voisins peuvent se mettre d'accord pour édifier une clôture en commun en partageant les frais de construction et par la suite son entretien. Cette clôture doit être établie en extrême limite de l'un des deux fonds ou, plus fréquemment, à cheval sur la limite séparative.
Dans ces cas, il convient de consigner cet accord dans un écrit, que l'on appelle une convention. Puis, il faut déposer cet acte à l'étude d'un notaire afin qu'il le publie au Service de publicité foncière pour le rendre opposable aux futurs acquéreurs.
L'accord peut régler le montant et les modalités de la participation de chacun au coût de l'édification. Il peut également organiser les rapports entre les voisins, en particulier s'ils veulent échapper aux règles du Code civil.
Quand la clôture est déjà installée, il est toujours possible de s'adresser à son voisin pour lui demander s'il peut vous en céder la mitoyenneté. Cette demande peut l'intéresser car il verra là la possibilité de partager l'entretien de la haie ou du mur.

S'il est d'accord, cette « cession amiable » qui peut prendre la forme d'une donation ou d'une vente, doit, comme dans le premier cas, être établie par un notaire et être publiée.

L'absence d'accord du voisin : le cas particulier de l'empiètement et de la construction chez le voisin

L'empiètement

La clôture mitoyenne est celle qui se situe le long de la ligne séparative de terrains voisins. Mais une clôture peut également avoir été édifiée à cheval sur la ligne séparative de deux propriétés et déborder chez le voisin. Cette situation, que le droit qualifie d'empiètement, se retrouve quand les voisins n'ont pas procédé au bornage de leurs terrains et sont dans l'ignorance de la délimitation exacte de leurs propriétés (voir *Le bornage*, p. 45).

Il y a empiètement quand un propriétaire construit sur son propre sol mais quand les constructions débordent sur le terrain voisin. Mais il y a également empiètement en cas d'avancée d'une toiture sur le fonds voisin, d'une construction ne respectant pas la limite séparative, des fondations dépassant cette limite séparative… (C. cass., civ. 3e, 24.6.1998 ; 16.12.1998).

Différentes questions se posent :

- la clôture dans ce cas est-elle considérée comme mitoyenne ?
- le voisin peut-il en obtenir la démolition ?

La Cour de cassation a, sur la première question, répondu par la négative. La clôture est considérée comme appartenant à celui qui l'a édifiée. Selon la jurisprudence, comme le démontrent les exemples suivants, la clôture ne peut pas être considérée comme mitoyenne dans la mesure où elle empiète sur le terrain du voisin.

Cas pratiques

- Des particuliers construisent, sans l'accord de leur voisin, un mur en empiétant sur le terrain de ce dernier. Malgré cela, ils réclament en justice le remboursement de la moitié du coût de la construction du mur, estimant que ce mur est mitoyen et qu'en conséquence, les frais doivent être partagés. Leur demande a été rejetée. Le mur est considéré comme privatif car il a été édifié sans l'accord exprès du propriétaire voisin (C. cass., civ. 3e, 9.7.1984, BC n° 136).
- Un propriétaire assigne ses voisins pour obtenir la suppression de l'empiètement sur sa propriété du mur d'une maison d'habitation édifiée par ceux-ci. Il obtient gain de cause alors même que ce mur avait été construit à l'emplacement d'un mur mitoyen préalablement détruit. Pour la Cour de cassation, cette construction empiétant sur le terrain d'autrui, les règles de la mitoyenneté ne pouvaient pas s'appliquer (C. cass., civ. 3e, 18.2.1998, BC n° 43).
- Les époux X dont la maison d'habitation s'adosse à celle des époux Y, procèdent à un exhaussement de leur construction qui repose sur le mur de ces derniers. Les époux Y les assignent en vue de la destruction de la surélévation et en paiement de dommages et intérêts. Les époux X invoquent l'acquisition par prescription de la mitoyenneté du mur jusqu'à l'héberge et demandent le bénéfice de la cession forcée de

mitoyenneté pour la partie du mur située au dessus. Ils gagnent en appel mais l'arrêt d'appel est censuré par la Cour de cassation au motif « qu'un empiètement fait obstacle à l'acquisition de la mitoyenneté » (C. cass., civ. 3e, 19.9.2007, n° 06-16384).

Bien plus, l'empiètement constitue une atteinte au droit de propriété du voisin et le voisin n'a pas à supporter cet état de fait. En effet, en droit français, il n'existe de possibilité d'expropriation que pour cause d'utilité publique (art. 545, C. civ.). Cette atteinte doit donc être sanctionnée en principe par la démolition de l'ouvrage.
La jurisprudence de la Cour de cassation est très sévère pour les propriétaires dont les constructions empiètent chez le voisin, même de façon minime et sans gêne objective pour l'autre. Elle ordonne la démolition systématique (une décision a même ordonné la démolition pour un dépassement de 0,5 cm !).
L'empiètement souterrain est sanctionné de la même façon que l'empiètement de surface (C. cass., civ. 3e, 10.11.2009, n° 08-17526).
Voir *En cas d'empiètement sur le terrain voisin*, p. 266.

À NOTER

Empiètement L'empiètement sur le terrain d'autrui est à distinguer du cas des constructions entièrement édifiées sur le terrain d'autrui prévu par l'article 555 du Code civil (voir *La clôture entièrement édifiée sur le terrain du voisin*, ci-après).

La clôture entièrement édifiée sur le terrain du voisin

Le cas visé ici est celui d'une clôture entièrement édifiée sur le terrain du voisin et, comme dans le cas précédent, sans son accord. Celui qui a installé la clôture peut avoir agi par erreur ou être de mauvaise foi. Que peut faire son voisin lorsqu'il constate cette intrusion sur son terrain ?
La règle légale est que le propriétaire du sol est présumé propriétaire du dessus et du dessous (art. 552, C. civ.). Ainsi, le propriétaire du sol est réputé propriétaire des constructions, plantations et ouvrages existants sur celui-ci.
En conséquence, quand des constructions ont été faites par un voisin avec des matériaux appartenant à ce dernier, le propriétaire du terrain peut en conserver la propriété, à charge pour lui de rembourser son voisin ou, s'il prouve la mauvaise foi du voisin, l'obliger à les enlever, et ce, à ses frais (art. 555, C. civ.).

À NOTER

Construction chez son voisin et bonne foi La bonne foi est toujours présumée (art. 2274, C. civ.) : ce sera au propriétaire du terrain sur lequel sont édifiés les ouvrages d'apporter la preuve de la mauvaise foi de son voisin. Est ainsi déclaré de bonne foi celui qui construit sur le terrain d'autrui à la suite d'une erreur légitime sur son droit de propriété. Par exemple, il a construit sur la base d'un acte de vente contenant une erreur sur la superficie du terrain, erreur qu'il ne pouvait pas déceler.

Est de mauvaise foi, à l'inverse, le voisin qui a agi en l'absence de titre de propriété, sachant parfaitement que le terrain n'était pas sa propriété. Il en est ainsi, par exemple, si le propriétaire voisin réagit immédiatement, lors des travaux de construction, en faisant sommation au constructeur d'avoir à cesser les travaux.
Les tribunaux apprécient, cas par cas, la bonne ou la mauvaise foi en recherchant à chaque fois si l'erreur était fondée sur un titre dont le voisin ignorait le vice (art. 550, C. civ.).

Cette règle s'applique-t-elle à la mitoyenneté ? Le voisin doit-il conserver cette clôture, en application de l'article 555 du Code civil, s'il n'arrive pas à prouver la mauvaise foi du propriétaire riverain ? Selon la tendance dominante, les tribunaux déclarent cet article inapplicable et ordonnent assez systématiquement la démolition de la clôture.

Cas pratiques

- Un couple édifie une clôture et plante une haie d'arbustes sur le terrain de leur voisin à 60 cm de la ligne séparative. Le voisin demande aussitôt la démolition de ces ouvrages empiétant sur son terrain. Il perd son procès devant la cour d'appel qui applique l'article 555 du Code civil et ordonne, non la démolition, mais sa condamnation à rembourser à ses voisins le coût des matériaux, des plantations et de la main-d'œuvre. Il obtient cependant gain de cause devant la Cour de cassation : pour la Cour, nul ne peut être contraint de céder sa propriété si ce n'est pour cause d'utilité publique (cas de l'expropriation ; art. 545, C. civ.). L'article 555 ne doit donc pas s'appliquer quand un propriétaire empiète sur la propriété voisine (C. cass., civ. 3e, 5.12.2001, BC n° 147).
- **Mon voisin a adossé depuis un certain nombre d'années une remise contre mon mur. Quelles en sont les conséquences ? J'ai accepté ce fait mais maintenant je n'en veux plus. Que faire ?**

Il faut immédiatement lui notifier votre opposition par sommation d'huissier ou en l'assignant devant le tribunal. Ces deux actes interrompent la prescription. Vous pouvez soit l'obliger à racheter la mitoyenneté du mur (voir *Le mur mitoyen,* p. 14) soit à le démolir… en espérant qu'il ne vous rétorque pas avoir acquis la mitoyenneté du mur du fait de votre silence. Cette question sera alors réglée par le tribunal.

La prescription acquisitive et la possession

La prescription est un moyen d'acquérir un droit (prescription acquisitive) ou de se libérer par l'écoulement d'un certain laps de temps (prescription extinctive) (art. 2219 et s., C. civ.).
La prescription acquisitive, qui seule nous intéresse ici, est un moyen d'acquérir la propriété d'un bien immobilier, que, par définition, on n'a pas, en le « possédant » de façon continue, non interrompue, paisible, publique, non équivoque et à titre de propriétaire (art. 2255 et s., C. civ.).

Une personne se comporte donc comme le véritable propriétaire d'un bien, par exemple en entretenant seul ce bien, et ce, en l'absence de titre de propriété lui en conférant le droit.
Cette notion est importante à deux titres car une possession exercée pendant un certain délai :
- fait acquérir, en l'absence de titre, la propriété d'un bien immobilier (voir *Acquisition de la mitoyenneté*, p. 21) ;
- constitue un moyen de preuve, parmi d'autres, de la propriété d'un bien immobilier (voir *Preuve de la mitoyenneté du mur*, p. 15).
Ainsi, le fait de se comporter comme le copropriétaire du mur privatif de son voisin pendant 30 ans peut entraîner l'acquisition de la mitoyenneté du mur. Ce délai est réduit à 10 ans en cas de bonne foi (art. 2272, C. civ.).
À l'inverse, le fait de se comporter comme seul propriétaire d'un mur mitoyen, l'autre voisin s'en désintéressant, peut permettre de faire reconnaître qu'il est privatif.

Cas pratique

Un voisin hérite d'un terrain bordé par un mur privatif appartenant au propriétaire riverain. Mais il peut prouver que pendant 30 ans, son père, dont il tient sa maison, puis lui, quand il en a hérité, a seul entretenu le mur, y a adossé des constructions, visibles de chez le voisin, et sans que ce dernier ne réagisse… Au bout de 30 ans, il peut considérer que le mur est mitoyen, tout du moins pour la partie du mur qu'il a entretenu et contre lequel s'appuie la construction.

MON CONSEIL

L'acte de notoriété acquisitive L'acquisition par prescription se constate. Votre premier soin si vous invoquez la prescription est donc de la faire établir par un notaire dans le cadre d'un certificat de notoriété signé par deux témoins au moins qui attestent connaître les lieux et avoir connaissance des actes d'appropriation, non équivoques, accomplis pendant le délai de prescription.
Ceci dit, quand il sera produit en justice, seul le juge pourra en apprécier la pertinence (par exemple, il vérifiera si les actes relatés sont bien des actes dont le voisin avait connaissance). Il vérifiera également que ces actes constituent bien des actes « de propriété » et non des actes autorisés par simple tolérance… (voir *Établissement et preuve de la mitoyenneté*, p. 6 et *Preuve de la mitoyenneté du mur*, p. 15).
En effet, l'existence d'un acte notarié se bornant à constater la prescription acquisitive ne suffit pas (C. cass., civ. 3e, 27.3.2002, n° 00-16596). Ce que rappelle une décision selon laquelle l'acte de notoriété n'établissait pas que les demandeurs avaient bien accompli, sur les parcelles litigieuses et pendant le temps requis pour prescrire, des actes matériels de possession (C. cass., civ. 3e, 11.7.2019, n° 18-14503).

Les faits de possession doivent revêtir certaines caractéristiques pour permettre de prescrire. On ne s'approprie pas la mitoyenneté d'un mur privatif du voisin simplement parce que l'on a appuyé contre ce mur des arbres en espalier que le voisin tolère. Il en est de même du seul fait de crépir son côté du mur.

La loi impose que les agissements du voisin, qui invoque à son bénéfice la prescription, soient exercés de façon « *continue et non interrompue, paisible, publique, non équivoque, et à titre de propriétaire* » (art. 2261 et s., C. civ.).
Peu importe la bonne ou la mauvaise foi de celui qui l'invoque : le possesseur de bonne foi pourra seulement obtenir des délais abrégés (voir ci-après).
Cette règle, permettant d'acquérir la propriété d'un bien au bout d'un certain temps, n'est pas prévue par les articles concernant la mitoyenneté mais fait partie du corps de règles du Code civil relatives à la propriété immobilière.
Elle peut ainsi être invoquée, par exemple, pour s'opposer à un bornage (C. cass., civ. 3e, 20.12.2018, n° 17-28107 – voir *Les éléments sur lesquels se fonde le juge*, p. 62) ou à une demande de clôture d'un chemin (C. cass., civ. 3e, 1.2.2018, n° 16-23200 – voir *Définition du chemin rural*, p. 166).
Les conflits concernant la prescription acquisitive ont souvent trait aux qualités requises pour prescrire : par exemple, existence ou non d'une interruption dans la possession ; caractère équivoque de celle-ci, etc. La question de la durée de la possession du bien peut également se poser. En effet, le possesseur doit attendre 30 ans pour revendiquer la propriété d'un bien. Cependant, il n'est pas nécessaire d'avoir possédé soi-même ce bien pendant ce temps ; en effet, on peut joindre sa possession à celle de la personne de qui on tient son bien (vendeur, parent en cas d'héritage comme dans notre exemple, etc. ; art. 2265, C. civ.).
Il existe par ailleurs une prescription, dite « abrégée », permettant au possesseur de bonne foi d'établir son droit de propriété non pas au bout de 30 ans, mais de 10 ans (art. 2272, C. civ.). Pour bénéficier des effets de ce délai abrégé, il faut remplir les conditions de possesseur de bonne foi. Est de bonne foi celui qui exerce une possession utile en vertu d'un titre dont il ignorait qu'il ne lui transférait pas la propriété en bonne et due forme ; par exemple, l'acte de vente contient une erreur quant à la superficie du terrain.

Cas pratiques

- **Il y a plus de 30 ans, le voisin de mon père a installé une construction en s'appuyant sur le mur de clôture de mon père. J'ai hérité de la maison. Puis-je demander à ce voisin d'enlever cette construction ? Si je laisse les choses en l'état, mon voisin peut-il revendiquer des droits sur le mur ?**

Effectivement, votre voisin pourrait rétorquer, à une demande de démolition de votre part, qu'il est copropriétaire du mur, et ce dans la mesure où votre père n'a pas réagi pendant 30 ans. Les faits que vous invoquez, à savoir une construction contre un mur privatif sans réaction du voisin propriétaire du mur, peuvent être considérés comme des actes de « possession » du mur qui, s'ils ont duré 30 ans, permettent d'acquérir la mitoyenneté du mur. Mais en cas de contestation de votre part, le juge devra trancher.

• J'ai pratiqué des entailles régulières dans le mur du fond de mon jardin afin d'y appliquer des poutres et des solives sur une partie et sur l'autre j'y ai adossé une construction. Il est vrai que sur l'acte de vente, rien n'est précisé concernant la propriété de ce mur. Ces faits sont anciens et mon voisin n'a jamais réagi. Or, il vient de m'écrire en recommandé avec avis de réception qu'il désirait que j'enlève mes constructions, ce mur n'appartenant qu'à lui. Est-ce exact ? Je pensais en avoir également l'usage.

Vous pouvez invoquer à votre profit la prescription acquisitive trentenaire, voire la prescription acquisitive de 10 ans si vous remplissez les conditions (art. 2272, C. civ.). Pour réussir, vous devez être à même de rapporter la preuve que les actes de possession que vous invoquez, à savoir les constructions et entailles, remontent à 30 ans et plus. Mais attention, vos droits peuvent ne porter que sur la portion du mur séparatif ayant supporté les travaux. Par ailleurs, le juge vérifiera si votre voisin bénéficie d'un titre de propriété précisant la nature du mur. Il vérifiera également l'existence de présomptions de mitoyenneté ou, au contraire, de non-mitoyenneté et tranchera en conséquence.

› La preuve de la mitoyenneté

Vous désirez donner votre avis sur la rénovation du mur du fond de votre jardin. Votre voisin vous rétorque que cela ne vous concerne pas puisqu'il s'agit de son mur et non d'un mur mitoyen.
À l'inverse, votre voisin veut vous faire participer aux frais de reconstruction du mur séparant vos propriétés : vous refusez car ce mur lui appartient exclusivement.
Ces deux exemples mettent en cause la question de la preuve de la mitoyenneté d'un mur. Or, si le Code civil détaille les conséquences de la mitoyenneté d'une clôture, il n'en est pas de même pour la question, pourtant plus délicate à régler, de la preuve de son caractère privatif ou mitoyen. Or, c'est en réglant d'abord ce point que l'on peut connaître les droits de chacun. Pour peu que la clôture soit ancienne, la question de la preuve est un motif fréquent de litiges.
D'une manière générale, la mitoyenneté peut être prouvée par le titre de propriété ou par la démonstration de la réalisation de la prescription acquisitive (voir *La prescription acquisitive et la possession*, p. 13). En outre, en fonction du type de clôture, la loi pose des règles de présomption dont le but est d'aider le propriétaire à faire la preuve de ses droits. Ces présomptions sont de nature différente selon qu'elles s'appliquent à des murs ou à d'autres clôtures (voir *Le mur mitoyen*, p. 14 et *Les clôtures autres que les murs*, p. 40).

MON CONSEIL

La preuve par la situation de la clôture Une clôture située entièrement sur le terrain d'un des voisins lui appartient exclusivement. Ainsi, dans la mesure où l'allée de troènes ou le mur de béton est situé chez vous en retrait de la limite séparative, votre voisin ne peut pas invoquer la mitoyenneté de cette clôture.
Le doute sur le caractère mitoyen ou privatif d'une clôture ne concerne que le cas de celle située en limite séparative.

Le titre de propriété

Le titre de propriété est le premier type de preuve citée par le Code civil. La preuve de la mitoyenneté d'un mur ou d'une autre clôture, comme celle de son caractère privatif, peut résulter d'un titre de propriété. Ce titre peut être une vente, une donation, un partage, un jugement... Il peut être commun aux propriétaires voisins (quand, par exemple, la parcelle de l'un lui a été vendue par l'autre) ou non. Il peut prendre la forme d'un acte sous seing privé (par exemple, accord entre voisins non passé devant notaire) ou authentique (par exemple, acte notarié, jugement du tribunal en cas de cession forcée du mur ; voir *Le mur mitoyen*, p. 14).

À NOTER

Trouver l'information Dans les actes notariés, il faut se reporter aux clauses : « Désignation des lieux » ou encore « Origine de propriété » ou « Servitude et mitoyenneté ».

Dans la mesure où la rédaction de la clause est claire et sans ambiguïté et si cet acte est commun aux deux propriétaires en conflit, le titre constitue la meilleure preuve de la nature du mur.
Si la mention de la mitoyenneté (ou de la non-mitoyenneté) figure dans des actes propres à un seul des voisins qui l'invoque, cette preuve a moins de valeur que dans la précédente hypothèse. Elle ne vaut que comme présomption de la mitoyenneté. Le tribunal saisi doit l'apprécier dans les conditions posées par l'article 1382 du Code civil : *« Les présomptions qui ne sont pas établies par la loi, sont laissées à l'appréciation du juge, qui ne doit les admettre que si elles sont graves, précises et concordantes, et dans les cas seulement où la loi admet la preuve par tout moyen. »*
Les mentions figurant dans un titre de propriété peuvent être écartées, sous certaines conditions, par une prescription contraire.

La prescription acquisitive et la possession

La prescription a été étudiée plus haut comme mode d'établissement de la mitoyenneté (ou du caractère privatif) de la clôture. C'est en effet à la fois un moyen d'acquérir une propriété et une façon de la prouver (voir *Comment s'établit la mitoyenneté d'une clôture ?*, p. 6).

Le mur mitoyen

Le Code civil ne donne pas de définition de la mitoyenneté (voir la rubrique précédente) ni du mur mitoyen mais établit une présomption de mitoyenneté pour certains murs de séparation situés entre deux terrains voisins. Un propriétaire ayant des doutes sur la nature juridique d'un mur peut considérer que le mur présentant les caractéristiques prévues à l'article 653 du Code civil (voir ci-après) est mitoyen, sauf titre de propriété indiquant qu'il est privatif ou encore, comme on le verra plus loin, sauf prescription et « marque du contraire ». Cependant, cet article étant très laconique et les demandes adressées aux tribunaux étant extrêmement variées, ceux-ci ont été amenés à apporter un certain nombre de précisions.

À NOTER

Le cas des clôtures autres que les murs La loi pose une présomption de mitoyenneté pour les clôtures qui ne sont pas des murs, sensiblement dans les mêmes termes (art. 666, C. civ. ; voir *Les clôtures autres que les murs,* p. 40).

Qu'est-ce qu'un « mur » mitoyen ?

Est mitoyen le mur séparant deux propriétés privées contiguës et appartenant en commun aux deux propriétaires de ces terrains. Le premier article du Code civil traitant de la mitoyenneté précise : « *Dans les villes et les campagnes, tout mur servant de séparation entre bâtiments jusqu'à l'héberge, ou entre cours et jardins, et même entre enclos dans les champs, est présumé mitoyen, s'il n'y a titre ou marque du contraire* » (art. 653, C. civ.).
Il est revenu également aux tribunaux de définir la notion de « mur » mitoyen puisque certaines règles établies pour la mitoyenneté ne s'appliquent qu'au « mur » mitoyen, comme par exemple, la possibilité d'obtenir de son voisin qu'il vous cède la mitoyenneté du mur ou la possibilité de le surélever. Ce terme s'oppose-t-il à une simple palissade, à un parapet, à un mur de soutènement des terres de son voisin ? Faut-il une certaine qualité de construction pour constituer un mur ?

› Un ouvrage de maçonnerie

Le Code civil ne définit pas la notion même de mur. Selon la jurisprudence, il doit s'agir d'un ouvrage de maçonnerie d'épaisseur variable, formé de matériaux superposés et liés avec du mortier, du ciment, du plâtre, de la chaux ou de tout autre produit (CA Rennes, 29.2.1904, DP 1904, 2, p. 326). Les murs de ciment ou de béton constituent également des murs. Il en est de même, selon un arrêt, de murs composés de briques de verre translucide ou encore de murs en parpaings. En revanche, une clôture en pierres superposées et non liées avec du mortier ou encore une palissade en planches ne sont pas des murs (même s'ils constituent des clôtures).

ATTENTION

Les usages locaux Il faut cependant se renseigner auprès de sa mairie afin de savoir si, le cas échéant, les usages applicables à la commune n'apportent pas de précision sur ces questions.

› Un mur séparatif n'est pas un plafond ou un plancher

La présomption de mitoyenneté ne vise que le mur séparatif, c'est-à-dire une clôture verticale, mais non horizontale. Un plafond (ou un plancher) commun ne peut donc pas être assimilé à un mur mitoyen (C. cass., civ. 3e, 8.6.1988, D. 89, som., p. 33).

Preuve de la mitoyenneté du mur

Pour peu que le mur soit ancien, la question de la preuve de son caractère privatif ou mitoyen est un motif fréquent de litiges.

› Titre et prescription

D'une manière générale, la mitoyenneté peut être prouvée par le titre de propriété ou par la preuve d'une prescription acquisitive (usucapion) ; voir *La prescription acquisitive et la possession,* p. 9 et *Le titre de propriété,* p. 13.

› Présomptions

La loi a établi, en outre, des règles spécifiques de preuve pour le mur mitoyen en fonction de la situation du mur et de ses caractéristiques : ce sont les présomptions posées par les articles 653 et suivants du Code civil.
La présomption de mitoyenneté peut se définir comme un ensemble de faits qui va rendre probable aux yeux du juge le caractère mitoyen du mur. Ce sont donc des indices à partir desquels le magistrat peut déduire l'existence de la mitoyenneté.
De même, la loi établit des présomptions de non-mitoyenneté.
Il est en effet fréquent que des voisins ne soient pas en possession d'un titre affirmant, sans contestation possible, le statut de leur mur. La présomption va constituer pour eux une règle destinée à faciliter la solution des contestations relatives à la mitoyenneté à défaut d'une preuve déterminante.

• La présomption de mitoyenneté

La présomption citée en premier par le Code civil est la présomption de mitoyenneté (art. 653, C. civ.). Elle peut être combattue non seulement par un titre de propriété ou une prescription acquisitive (voir *La prescription acquisitive et la possession,* p. 9 et *Le titre de propriété,* p. 13), mais également par certaines marques de construction présumant la non-mitoyenneté.

Comme le précise l'article 653 du Code civil, tout mur, sous réserve qu'il revête les caractéristiques précisées (voir *Qu'est-ce qu'un « mur » mitoyen ?*, p. 14) (ouvrage de maçonnerie...), servant de séparation entre bâtiments « jusqu'à l'héberge », ou de séparation entre cours et jardins, et même entre enclos dans les champs, est présumé mitoyen, s'il n'y a titre ou marque du contraire.
Le domaine d'application de cette présomption est vaste puisque, précise la loi, il couvre indifféremment les villes et les campagnes.
La présomption de mitoyenneté ne concerne que les murs séparatifs (verticaux, en excluant les plafonds ; voir *Un mur séparatif n'est pas un plafond ou un plancher*, p. 15). Et, parmi ces murs, la loi n'en retient que trois espèces : ceux qui marquent la séparation entre bâtiments, ou entre cours et jardins, ou encore entre enclos dans les champs. Dans tous ces cas, le législateur a pensé que le mur serait également utile aux deux voisins et devait donc être présumé mitoyen.

Cas pratiques

- **Un mur mitoyen est celui qui sert aux deux voisins.**

La présomption de mitoyenneté repose sur la notion d'intérêt commun : il y a présomption de mitoyenneté d'un mur parce qu'il sert aux deux voisins. S'il n'a d'utilité que pour un des voisins, il n'est pas présumé mitoyen.

- **Un mur mitoyen est celui construit sur la ligne de séparation.**

La présomption de mitoyenneté prévue par l'article 653 du Code civil ne s'applique pas à un mur qui ne suit pas la ligne divisoire et qui est implanté d'une manière très irrégulière sur l'un et l'autre des deux fonds contigus (C. cass., civ. 3e, 5.11.2003, n° 03-11668).

Mur entre deux bâtiments

Est présumé mitoyen le mur qui sépare deux bâtiments accolés, quels qu'ils soient (maison d'habitation, grange, garage, remise ou atelier...) « jusqu'à l'héberge ». Ce terme signifie le niveau où s'arrête le bâtiment le plus bas, autrement dit le toit du bâtiment le moins élevé ou encore l'endroit où les deux édifices commencent à se séparer.
Si les bâtiments sont de hauteur différente, toute la partie du mur qui dépasse le toit le moins élevé est donc réputée appartenir au propriétaire du bâtiment le plus haut. L'idée sous-jacente de cette règle est que la partie supérieure du mur peut en effet être considérée comme inutile pour le propriétaire de la construction la plus basse.
Si les deux bâtiments ont la même hauteur, le mur est présumé mitoyen jusqu'à son sommet.

À NOTER

Preuve de la mitoyenneté de la partie du mur surplombant l'héberge Puisqu'il n'y a pas de présomption de mitoyenneté, c'est à celui qui prétend que le mur est mitoyen au-delà de l'héberge d'en apporter la preuve.

Mur entre cours, jardins et champs

Les cours et les jardins sont entendus comme des dépendances des bâtiments. Est présumé mitoyen le mur qui sépare un jardin (où peuvent notamment se pratiquer des cultures d'agrément ou potagères) d'une cour, ou encore un mur qui sépare deux cours ou deux jardins. Cela reste vrai, précise la loi, même entre « enclos dans les champs », c'est-à-dire entre des champs entièrement clos. Mais si le terrain entièrement clos se situe au milieu d'autres terrains non clos, le mur est présumé appartenir privativement au propriétaire de l'enclos.

Est, en revanche, en vertu de cette définition, exclu du champ d'application de la présomption :

- le mur séparant un bâtiment d'une cour ou d'un jardin. Dans ce cas, le mur du bâtiment appartient au propriétaire de ce bâtiment ;
- le mur séparant une cour ou un jardin d'un terrain tel un bois ou des champs cultivés… ;
- le mur séparant un bois d'un champ ;
- le mur séparant deux champs non clos ;
- le mur séparant deux champs dont l'un n'est pas clos…

À NOTER

La date à retenir est la date de construction du mur C'est, en principe, à la date de la construction du mur qu'il convient de se placer pour déterminer si les conditions d'application de l'article 653 du Code civil sont bien remplies. Une décision sanctionne ainsi un arrêt de la cour d'appel qui avait estimé mitoyen un mur « en se bornant à appliquer la présomption légale, sans rechercher, comme il le lui était demandé, si les circonstances dans lesquelles le mur avait été construit n'excluaient pas le jeu de cette présomption » (C. cass., civ. 3e, 7.4.2004, n° 02-21205).

Un cas particulier : le mur de soutènement

Qu'en est-il du mur, situé sur un terrain en pente, par exemple entre une cour et un jardin (donc visé par la présomption) mais faisant office de soutènement des terres du fonds supérieur et qui dépasse sensiblement le niveau du terrain ? Ce mur est-il mitoyen ou privatif ? Si, par exemple il s'effondre, qui doit le reconstruire ?

Selon les tribunaux, l'utilité d'un mur mitoyen est en effet de clore deux propriétés : il doit donc s'agir d'un mur de clôture, par opposition à un mur de soutènement. Un simple mur de soutènement, qui n'empêche pas la vue sur le fonds inférieur, est présumé appartenir privativement à celui dont il soutient les terres (donc le propriétaire des terres en surplomb).

Cas pratiques

- Tel était le cas dans l'affaire suivante où, en l'absence de titre permettant de dire si le mur est mitoyen ou privatif :

– le profil des terrains et la présence de deux rangées de barbacanes démontraient que le mur remplissait une fonction de soutènement des terres des propriétés situées en surplomb ;

– sa faible hauteur du côté des fonds supérieurs lui enlevait tout aspect de mur de clôture ;
– ni la présence d'un chaperon ni l'existence d'une « fontaine » n'étaient des indices de nature à faire échec à ces présomptions (C. cass., civ. 3e, 8.12.2004, n° 03-15541).

- Une cour d'appel estime que le mur de soutènement, situé entre une parcelle appartenant à deux époux et celle de leur voisine n'est pas mitoyen mais la propriété privative de celle-ci. Le couple mécontent se pourvoit en cassation : pour ces propriétaires, ce mur a été édifié dans l'intérêt commun aux deux terrains voisins, également exposés aux conséquences d'un glissement de terrain. Ils estiment donc que, compte tenu de cette utilité commune, le mur doit être considéré comme mitoyen. Mais ils échouent à nouveau devant la Cour de cassation. Pour la Cour, la destination d'un mur de soutènement est de maintenir les terres de leur voisine, ce mur doit donc être considéré comme la propriété exclusive de celle-ci (C. cass., civ. 3e, 15.6.1994, n° 92-13487).

Mais cette règle – comme toujours quand il s'agit de jurisprudence – n'est pas intangible et les tribunaux ont pu estimer, dans certains cas, qu'un mur de soutènement pouvait être qualifié de mitoyen. L'idée est que, bien qu'étant de soutènement et profitant, par voie de conséquence, au propriétaire du fonds supérieur, le mur séparatif peut être considéré comme mitoyen s'il apparaît également avoir une utilité pour le propriétaire du fonds inférieur (par exemple, ce dernier s'en sert pour y appuyer une construction, comme dans l'exemple suivant).

Cas pratique

M. Y. est propriétaire de deux parcelles de terre surplombant la parcelle voisine appartenant à L. La cour d'appel a estimé que le mur de soutènement lui appartient, sauf dans sa partie où L. a adossé un bâtiment à usage de poulailler. La Cour de cassation a de même considéré que le mur de soutènement était partiellement mitoyen car, à l'endroit du poulailler, le mur est à l'usage des deux voisins (C. cass., civ. 3e, 4.1.1995, n° 92-19818).

(Voir aussi *Les règles de la responsabilité civile,* p. 192 et *Exemples de troubles anormaux,* p. 201.)

La présomption de non-mitoyenneté : les marques de construction

Certaines marques de construction peuvent aller dans le sens du caractère privatif du mur, et donc contrer la présomption de mitoyenneté. Il s'agit de détails dans la construction du mur qui donnent à penser, en l'absence d'autres éléments plus probants comme un titre de propriété ou une prescription, que le mur appartient à un seul des deux voisins. Est ainsi considéré comme non-mitoyen le mur sur lequel existe un certain nombre de signes extérieurs visibles établissant que le mur est privatif.

L'article 654 du Code civil énonce des marques de non-mitoyenneté :
- le sommet du mur n'a qu'une pente : il appartient alors au propriétaire vers le terrain duquel la pente est inclinée. Cette règle est liée à celle concernant l'écoulement des eaux de pluie. Le propriétaire d'un mur privatif doit obligatoirement faire tomber les eaux sur son terrain. Le mur est censé lui appartenir exclusivement pour cette raison ;
- le mur présente d'un seul côté un chaperon, ou des filets ou corbeaux de pierre : il appartient exclusivement au propriétaire du côté duquel se trouvent ces marques extérieures de construction.

Le « chaperon » est le toit du mur ou un avancement de celui-ci. Un « filet » – parfois appelé « larmier » – représente la partie du chaperon qui déborde du mur pour empêcher les eaux pluviales de couler le long du mur. Si un chaperon ou un filet n'existe que d'un seul côté, c'est dans cette direction que s'écoulent les eaux pluviales.

> **Cas pratique**
> À l'inverse, une cour d'appel a estimé qu'un chaperon arrondi des deux côtés faisait présumer la mitoyenneté dès lors qu'il n'y a ni titre ni acte contraire (CA Lyon, 27.1.1993, D. 93, som., p. 304).

Les « corbeaux » sont des pierres en saillie destinées à appuyer une future construction (on pourra plus tard y adosser des poutres). Si des corbeaux n'existent que d'un seul côté, le mur est présumé appartenir exclusivement au voisin du côté duquel ils se trouvent.

> **Cas pratique**
> **Le mur qui sépare mon jardin de celui de mon voisin a un toit avec une pente de chaque côté des terrains. Mon voisin me soutient que ce mur lui appartient. J'ai appris récemment que la pente d'un toit d'un mur de séparation sert à prouver le caractère privatif du mur quand la pente n'est que d'un côté du mur. Que se passe-t-il quand la pente est de chaque côté du mur ? Devient-il mitoyen de ce fait ?**
> Dans votre cas, le mur est présumé mitoyen s'il sert de séparation entre deux jardins (art. 653, C. civ.). Il faut cependant que ce mur remplisse d'autres conditions : il doit s'agir notamment d'un mur en dur et non d'une simple palissade, par exemple. Il ne doit pas être construit en retrait de la ligne séparative sur le terrain de votre voisin…
> L'article 654 du Code civil ne cite les marques de non-mitoyenneté (comme la pente du toit) que lorsqu'elles ne figurent que d'un seul côté du mur. On ne peut donc pas en déduire que celles-ci jouent le rôle d'une présomption de mitoyenneté lorsqu'elles existent des deux côtés. Pourtant certains arrêts ont sauté le pas (voir le cas pratique ci-avant de la cour d'appel de Lyon du 27 janvier 1993).

› Autres preuves

Il s'agit là d'une énumération indicative et non limitative ; d'autres marques ou preuves peuvent être apportées pour établir le caractère privatif du mur (usage des lieux, date de sa construction…).

Cas pratiques

• Deux couples sont propriétaires d'immeubles contigus. L'un d'entre eux surélève le mur de séparation estimant qu'il est mitoyen. Le couple voisin s'insurge contre ce procédé et saisit les tribunaux. Pour la cour d'appel, la construction nouvelle n'a pas été pratiquée sur un mur mitoyen en l'absence de preuve de la mitoyenneté par titre ou présomption légale de l'article 653 du Code civil ou par prescription acquisitive (voir *La prescription acquisitive et la possession,* p. 9).
Cet arrêt est cassé : pour la Cour de cassation, la cour d'appel aurait dû rechercher si les présomptions simples qui étaient invoquées par le couple de constructeurs n'établissaient pas le caractère mitoyen du mur (C. cass., civ. 3e, 19.4.1989, BC n° 87, D. 90, som., p. 84).
• Dans une autre affaire, il a été retenu que le mur, par sa technique de construction, n'avait pu être construit à l'origine que pour séparer deux propriétés par une clôture mitoyenne. En outre, il a été jugé qu'un « chaperon arrondi fait présumer la mitoyenneté dès lors qu'il n'existe aucun titre ni aucun acte contraire » (CA Lyon, civ. 6e, 27.1.1993, D. 93, som., p. 304).

› La hiérarchie des modes de preuve

Souvent, en effet, plusieurs éléments de preuve apparaissent en opposition sur le sort qu'il convient de réserver au mur séparatif. Par exemple, le mur a des corbeaux de pierre d'un seul côté mais un titre précise qu'il est mitoyen (opposition du titre et d'une marque de non-mitoyenneté). Ou encore, le mur présente des marques de non-mitoyenneté… des deux côtés. Un voisin invoque une prescription lui permettant de revendiquer le caractère mitoyen d'un mur alors que le propriétaire riverain, qui l'estime privatif, s'en tient à un titre très ancien précisant que le mur lui appartient. Comment le juge va-t-il choisir entre ces différentes preuves ?
La loi prévoit que la présomption de mitoyenneté s'efface devant les « marques du contraire », présumant la non-mitoyenneté et ce sous réserve de la libre appréciation des juges (art. 653, C. civ.).

Cas pratique

Un particulier, dirigeant d'une entreprise de transport, est séparé de son voisin par un mur. Il démolit et reconstruit le mur, sans l'accord de son voisin, ce qui lui permet d'aménager un parc de stationnement. Son voisin conteste ces opérations estimant qu'il s'agit d'un mur mitoyen.
Pour lui, en revanche, le mur est privatif, et en conséquence il pouvait y apporter toutes les modifications qu'il désirait. Le procès est classique mais l'argumentation de la cour d'appel est intéressante car elle se livre à une étude des différents éléments communiqués par les voisins à l'appui de leurs prétentions : contenu des

clauses du titre de propriété, marques sur le mur... pour conclure au caractère mitoyen du mur en s'appuyant sur la présomption de mitoyenneté « *dès lors que l'acte d'acquisition de la parcelle du propriétaire revendiquant la propriété exclusive du mur ne constitue pas un titre contraire dans la mesure où il ne résulte nullement que ce mur a été construit sur une parcelle lui appartenant.* »
La cour soulève également le fait que le mur ne présente pas de marque de non-mitoyenneté (CA Versailles, 1re ch., 1re sect., 14.11.1994, D. 96, som., p. 55).

Il peut également y avoir conflit entre un titre ou une prescription acquisitive et une présomption. Ici encore, sous réserve de l'appréciation des éléments en cause par le juge, la présomption s'efface devant le titre ou la prescription.

Acquisition de la mitoyenneté

Sur l'acquisition de la mitoyenneté d'une clôture, voir *Établissement et preuve de la mitoyenneté*, p. 6. En résumé, les voisins peuvent se mettre d'accord pour que le mur qu'ils édifient soit mitoyen ou encore pour qu'une clôture existante le devienne. La mitoyenneté peut également s'acquérir par prescription (voir *La prescription acquisitive et la possession*, p. 9). Ces dispositions ne sont pas spécifiques aux murs mais visent toutes les clôtures.
En ce qui concerne spécifiquement les murs – et non les autres clôtures –, la loi prévoit un mode original d'acquisition de la mitoyenneté : la « cession forcée ». Il suffit que son voisin l'exige pour que le propriétaire d'un mur privatif se trouve privé de sa propriété privative exclusive.

Cas pratiques

- **Le terrain de mon voisin est séparé du mien par un mur en limite séparative. Ce mur lui appartient mais il est d'accord pour que nous partagions les frais et la propriété du mur. Que faut-il faire ?**

Vous pouvez établir une cession amiable du mur avec votre voisin. De privatif, le mur deviendra mitoyen. Votre accord doit de préférence être constaté par un acte notarié. Il doit être publié au Service de publicité foncière. Cette dernière formalité rend l'acte opposable aux acquéreurs successifs de l'un ou de l'autre terrain. La cession peut prendre la forme d'une donation, d'une vente...

- **Puis-je encore demander à acquérir la mitoyenneté du mur appartenant à mon voisin (d'abord à ses parents puis à lui) depuis 40 ans ? Je lui en ai parlé mais il me rétorque que ce mur est à lui.**

Vous êtes libre de vous rendre acquéreur de la mitoyenneté du mur, dans la mesure où celui-ci borde votre fonds, sans qu'un délai puisse vous être imposé. Mais attention, si le mur est construit même légèrement en retrait de la ligne qui en fixe les limites respectives, il ne s'agit pas d'un mur susceptible de devenir mitoyen.

› La cession forcée de mitoyenneté

La loi prévoit en effet que : « *Tout propriétaire joignant un mur a la faculté de le rendre mitoyen en tout ou en partie [...]* » (art. 661, C. civ.). À défaut d'accord entre voisins, la loi prévoit ainsi un mode original d'acquisition de la mitoyenneté d'un mur à l'origine privatif.
Selon l'article 545 du Code civil : « *Nul ne peut être contraint de céder sa propriété, si ce n'est pour cause d'utilité publique [...]* » Or, la cession forcée constitue, comme une expropriation, une atteinte aux droits du propriétaire du mur séparatif sans avoir pour but un objet d'intérêt général, comme l'expropriation.
L'idée, et la justification du texte, est d'éviter un gaspillage de terrain, de main-d'œuvre et de matériaux en privilégiant une clôture commune. Par ailleurs, l'opération est financièrement intéressante pour le voisin qui a construit puisqu'il va retirer de l'opération la moitié de la valeur du mur qu'il avait fait édifier à ses frais (voir ci-après) et que les dépenses d'entretien du mur seront partagées.

ATTENTION

Faire échec à une cession forcée Il suffit que le voisin construise le mur légèrement en retrait de la limite séparative sur son terrain pour faire échec à toute éventuelle demande de cession forcée de son voisin.

Selon les décisions, la faculté d'acquérir la mitoyenneté d'un mur est absolue. Il n'est pas besoin de justifier d'un intérêt particulier.
Le voisin qui veut bénéficier de cette disposition doit adresser au propriétaire du mur une lettre recommandée avec avis de réception ou une sommation d'huissier. En cas de refus du voisin, la question doit être réglée par le tribunal judiciaire. Mais il faut savoir que le juge ne peut que l'imposer. Pour ce faire, il nomme un expert qui fixe le montant de l'indemnité.
Il est cependant possible de limiter l'acquisition à une portion seulement du mur en hauteur ou en longueur, par exemple à la partie nécessaire pour appuyer une construction.

Cas pratique

Je voudrais construire un mur de clôture pour séparer mon terrain du terrain voisin. Est-il vrai, comme je l'ai entendu dire, que mon voisin peut être copropriétaire de ce mur sans mon accord, et sous quelles conditions ? J'aimerais éviter cette situation.

L'article 661 du Code civil prévoit effectivement cette possibilité de « cession forcée » sous deux conditions : une parfaite contiguïté des fonds (le mur doit être en limite séparative et non construit même légèrement en retrait sur le terrain voisin) et un paiement du prix fixé à la moitié de la valeur du terrain et du coût de la construction du mur au jour de l'acquisition de la mitoyenneté. À noter que si vous construisez votre clôture en retrait de la ligne séparative, sur votre fonds, ce mur sera privatif.

Demander la cession de la mitoyenneté d'un mur a un prix. Le Code civil précise que le voisin doit rembourser « *au maître du mur la moitié de la dépense qu'il [le mur] a coûté, ou la moitié de la dépense qu'a coûté la portion du mur qu'il veut rendre mitoyenne et la moitié de la valeur du sol sur lequel le mur est bâti. La dépense que le mur a coûté est estimée à la date de l'acquisition de sa mitoyenneté, compte tenu de l'état dans lequel il se trouve* » (art. 661, C. civ.). Le voisin devra donc payer :
- la moitié de la valeur actuelle du mur ;
- la moitié de la valeur actuelle du sol sur lequel repose le mur ;
- la moitié des différents frais afférents à l'opération (honoraires du notaire, publicité foncière).

Le jugement (ou l'accord) va en effet être publié au Service de publicité foncière pour qu'il soit opposable aux tiers à l'acte.

Cas pratiques

- **J'ai acquis la mitoyenneté d'un mur séparant nos deux jardins. Puis-je demander à mon voisin de supprimer une poutre qui traverse le mur ainsi que la porte qu'il y a mise ?**

Oui, puisque ce mur est mitoyen, les droits de votre voisin doivent respecter les vôtres. Les tribunaux vous reconnaissent le droit de faire cesser tous les faits antérieurs de propriété exclusive.

- **J'ai acquis, sur la base de l'article 661 du Code civil, la mitoyenneté d'un mur de clôture par jugement. Mais je m'aperçois que le mur n'est pas bien entretenu et je ne suis pas sûr d'avoir effectué une bonne opération. Puis-je finalement demander une garantie au vendeur et également le remboursement du prix payé ?**

Non, vous ne bénéficiez pas, dans le cadre de cette opération, de l'action en garantie des vices cachés prévue en matière de vente. C'est ce qu'ont décidé les tribunaux compte tenu de la nature très particulière de l'opération qui s'apparente plus à une expropriation qu'à une vente (C. cass., civ. 3e, 2.10.1980, BC n° 143 ; D. 81, IR, p. 234).

› L'acquisition forcée

S'il est possible d'exiger de son voisin que le mur privatif qu'il a édifié devienne mitoyen (cas de la cession forcée, étudiée précédemment), est-il possible, à l'inverse, pour un voisin, de contraindre le propriétaire du terrain bordant le sien à acheter le mur qu'on a construit seul, sans avoir demandé ou obtenu son accord ? Peut-on être contraint d'acquérir la mitoyenneté d'un mur ? L'idée pour ce voisin est bien sûr d'amortir le prix de la construction ou de partager les frais d'entretien du mur.

Ce cas de figure n'est pas envisagé par les textes. Les tribunaux en ont refusé le principe : « *Nul ne peut être contraint d'acquérir la mitoyenneté d'un mur.* »

Cas pratique

Un particulier construit un mur à cheval sur la limite séparative sans autorisation de son voisin. Malgré cela, il lui demande de lui rembourser la moitié de la construction du mur. Devant son refus, il l'assigne devant le tribunal. Ce dernier rejette sa demande au motif que nul ne peut être contraint d'acquérir la mitoyenneté d'un mur. Or, le mur avait été construit sans autorisation de son voisin (tant sur le principe de la construction que sur l'acquisition de la mitoyenneté). Il ne pouvait donc prétendre au remboursement (C. cass., civ. 3e, 30.4.1992, BC n° 235).

En revanche, les tribunaux estiment que le fait d'utiliser le mur pour y adosser ou y appuyer une construction justifie la possibilité pour ce voisin d'être tenu d'en acquérir la mitoyenneté et donc, en conséquence, de participer à son entretien. L'une des justifications est que l'article 657 du Code civil ne permet de faire bâtir contre un mur de séparation que s'il s'agit d'un mur mitoyen.

Cas pratique

Une société civile immobilière avait utilisé un mur séparatif pour y appuyer des terres de remblais et y bâtir des murs de clôture. La Cour en a déduit que la SCI était tenue d'en acquérir la mitoyenneté (C. cass., civ. 3e, 9.6.1982, D. 82, IR, p. 421).

Le propriétaire riverain, qui se rend compte de cette utilisation, a donc le choix soit de demander la suppression de ces constructions s'agissant d'un mur privatif, soit d'invoquer l'acquisition de mitoyenneté.

À NOTER

Savoir réagir Si le propriétaire ne réagit pas, ces faits (considérés comme impliquant la possession du mur par le voisin) justifieraient l'acquisition par prescription de cette mitoyenneté (voir *La prescription acquisitive et la possession*, p. 9).

Mais il faut une véritable emprise sur le mur. Il a été jugé que la seule juxtaposition d'un immeuble à un mur mitoyen ne suffit pas à caractériser une emprise de nature à justifier l'obligation d'acquérir la mitoyenneté.

Cas pratique

Un immeuble est construit contre un mur élevé par les propriétaires voisins à cheval sur la limite séparative. En outre, un muret clôturant le jardin est accolé à celui des voisins. La cour d'appel condamne le constructeur à acquérir la mitoyenneté du mur pignon (mur de côté) et du mur clôturant le jardin. Sa motivation tient dans le fait que la juxtaposition des murs, séparés par un interstice de quelques centimètres dans lequel ont été glissées des plaques de polystyrène, constitue une emprise de mitoyenneté dans la mesure où elle procure aux murs nouveaux une isolation thermique. Cet arrêt est cassé. Pour la Cour de cassation, la cour d'appel aurait dû, au contraire, relever l'atteinte aux droits de propriété des voisins (C. cass., civ. 3e, 18.2.1987, BC n° 32).

› La clôture forcée

L'article 663 du Code civil prévoit que, dans les « villes et faubourgs », chacun peut obliger son voisin à contribuer aux constructions et réparations d'une clôture. Sur cette possibilité de contraindre son voisin à se clôturer (il ne pourra s'agir que d'un mur), voir *Les clôtures*, p. 65.

Cas pratiques

• **Mon voisin a appuyé une construction sur mon mur privatif servant de séparation entre nos deux terrains. Puis-je en obtenir la démolition ?**

Sur le plan des principes, vous pouvez demander la démolition du mur puisque ce mur vous appartient et que vous n'avez pas donné votre accord à votre voisin. Mais il n'est pas sûr que vous l'obteniez devant un tribunal comme cela a été jugé dans l'affaire suivante : un propriétaire élève des constructions prenant appui sur le mur du voisin sans lui avoir demandé son autorisation. Il a été jugé que la destruction des travaux, entrepris sans l'observation des règles légales, ne devait pas nécessairement être ordonnée dans tous les cas, la loi laissant aux tribunaux le pouvoir d'apprécier. En l'espèce, aucune dégradation n'était constatée ainsi qu'aucun risque d'effondrement. L'existence de la construction n'étant pas nuisible aux intérêts du voisin, le défaut de son consentement ne pouvait pas entraîner la démolition (CA Lyon, 28.4.1976, D. 1977, p. 268).

Dans une autre affaire, le juge retenait, pour refuser la démolition, que la construction était conforme aux règles de l'urbanisme, qu'il n'avait pas été pratiqué d'enfoncement dans le mur mitoyen sur lequel seul un contre-mur s'appuyait, que les travaux n'avaient pas affecté la solidité du mur mitoyen et que la construction, qui s'appuyait à ce mur sur une longueur de 90 cm seulement, ne causait aucune nuisance (C. cass., civ. 3e, 16.6.2004, BC n° 122).

• **Mon voisin et moi sommes en bons termes. Mais il est âgé et la maison reviendra à ses enfants. J'ai entendu parler de personnes qui n'hésitent pas à construire contre le mur appartenant à leur voisin mais établi en limite séparative. Puis-je obtenir de mon voisin une renonciation à construire sur le mur ? Est-elle valable et opposable à ses enfants ?**

Oui, vous pouvez parfaitement demander à votre voisin qu'il renonce à toute construction sur votre mur. Il faut que vous mettiez cette renonciation par écrit.

• **Mon voisin a construit un mur pour séparer nos deux jardins, mais je constate qu'il a empiété sur mon terrain. Il me dit, sans d'ailleurs contester ce fait, qu'il a agi en toute bonne foi et s'est trompé. Puis-je obtenir la démolition du mur ?**

Un propriétaire qui constate que le mur a été partiellement construit sur son fonds, sans son autorisation, peut demander en justice sa démolition. Peu importe, selon les tribunaux, la bonne foi de celui qui l'a construit.

• **Mon voisin, sans m'avoir demandé mon avis, a construit contre mon mur de clôture (c'est un mur privatif). Puis-je le forcer à acquérir la mitoyenneté de ce mur, tout du moins pour la plus grande partie, c'est-à-dire celle où il a construit ?**
Effectivement, même en l'absence de disposition en ce sens du Code civil, les tribunaux estiment qu'en cas d'emprise sur un mur privatif à l'un des voisins, le riverain peut être forcé d'acquérir la mitoyenneté du mur et de participer à son entretien par la suite. Mais il faut une véritable emprise sur le mur et non une seule juxtaposition de deux bâtiments.

Obligations des voisins sur un mur mitoyen

La mitoyenneté des clôtures produit entre les voisins non seulement les mêmes droits mais encore les mêmes obligations.
L'idée qui se dégage des articles du Code civil et de la jurisprudence est que si tout voisin d'un mur mitoyen peut se servir de ce mur dans son propre intérêt, il doit s'abstenir d'entreprendre sur cet ouvrage, sans le consentement de l'autre, tout acte qui serait de nature à porter atteinte aux droits de ce dernier.
Le Code civil, avant de déterminer les droits de chacun sur le mur mitoyen, traite de l'obligation commune d'entretenir le mur.

› Obligation d'entretien et de conservation du mur

L'obligation d'entretenir le mur mitoyen pèse sur chacun des copropriétaires. La loi précise : « *La réparation et la reconstruction du mur mitoyen sont à la charge de tous ceux qui y ont droit, et proportionnellement aux droits de chacun* » (art. 655, C. civ.).
Cependant, tout propriétaire d'un mur mitoyen peut se dispenser de contribuer aux réparations et reconstructions en abandonnant son droit de mitoyenneté, pourvu que le mur mitoyen ne soutienne pas un bâtiment qui lui appartienne (art. 656, C. civ.).

• Le principe : la participation de chacun aux frais d'entretien

Chacun des copropriétaires doit veiller à la conservation du mur : concrètement, chacun doit participer aux frais de réparation ou, au besoin, de reconstruction du mur. En outre, chaque voisin doit s'abstenir de tout ce qui peut le dégrader et, de façon générale, de tout ce qui peut porter atteinte aux droits du voisin. Si tel était le cas, le propriétaire concerné pourrait être condamné à assumer seul les frais de réparation.
Mais attention : pour que les deux voisins participent à l'entretien et, le cas échéant, à la reconstruction du mur, il faut que cet entretien, ou cette reconstruction, soit reconnu comme nécessaire. Il n'est pas obligatoire que le mur soit en ruine pour qu'il soit réparé à frais commun. Mais il faut qu'il soit en mauvais état

et ne puisse plus servir de clôture. La réparation ne doit pas être faite dans l'intérêt d'un seul voisin, pour des raisons simplement esthétiques. Par exemple, un nouveau crépi est-il indispensable, même s'il est plus esthétique, alors que le mur est en bon état ? Sur un plan général, la jurisprudence a répondu l'inverse. La conséquence est que les travaux non considérés comme nécessaires ou indispensables sont à la charge de celui qui les a faits.

C'est pourquoi, avant d'entreprendre les travaux, il faut se mettre d'accord avec son voisin, pour qu'il n'y ait pas d'ambiguïté sur cette question, tant sur le principe des travaux, que sur le choix des matériaux et leur coût. Les juges estiment qu'un voisin qui a agi dans son intérêt personnel doit en supporter toutes les conséquences pécuniaires.

Il en est de même de la reconstruction du mur. Elle doit s'imposer, par exemple du fait de la vétusté du mur. À défaut, tous les frais peuvent être mis par le tribunal à la charge du voisin qui a engagé les travaux.

Les réparations ou reconstructions rendues nécessaires du fait du voisin

La jurisprudence a également précisé qu'en cas de destruction du mur du fait (fautif ou non) d'un des voisins, ce dernier doit supporter seul les frais de réparation de ce mur. Par exemple, si le voisin démolit un bâtiment qui sert de contrefort au mur et entraîne ainsi son affaissement, les frais peuvent être mis entièrement à sa charge. Tel a également été le cas dans l'exemple suivant.

Cas pratique

Un couple est condamné, sur demande en justice de son voisin, à assumer seul les frais de remise en état d'un mur mitoyen. Il s'insurge contre la décision estimant qu'elle est contraire aux dispositions prévues dans l'article 655 du Code civil. Pour lui, l'obligation commune d'entretien d'un mur mitoyen ne cesse que quand la destruction ou la dégradation est imputable à la seule faute de l'un des voisins. Or, la cour d'appel a condamné ce couple à reconstruire à ses frais le mur à l'endroit de son affaissement parce que celui-ci était dû à la poussée exercée autrefois par un arbre centenaire planté chez eux et qu'ils avaient abattu. La cour n'avait donc reconnu en aucune façon une faute que le voisin aurait commise entraînant la dégradation du mur et sa condamnation.

Pour la Cour de cassation, la décision de la cour d'appel est correcte : le propriétaire d'un mur mitoyen doit supporter seul les frais de réparation de ce mur lorsque les réparations sont rendues nécessaires par son fait. Or, la cour d'appel avait relevé que l'affaissement du mur litigieux procédait exclusivement de la poussée exercée par un arbre planté sur leur propriété. Le couple devait donc assumer les conséquences de cet état de fait (C. cass., civ. 3e, 23.1.1991, BC n° 37).

Il en est de même quand la dégradation du mur est la conséquence d'une faute d'un des voisins. Par exemple, le responsable d'infiltrations ayant causé un dommage au mur mitoyen est tenu d'effectuer à ses frais les réparations.

Mais le tribunal peut moduler le partage des frais en fonction de l'état du mur et des responsabilités de chacun (voir *Le partage des frais*, p. 29).

Cas pratiques

- A été condamné à régler les frais de reconstruction d'un mur mitoyen, le propriétaire d'un immeuble vétuste qui devait faire démolir celui-ci à la suite d'une injonction de l'Administration et qui n'avait pas pris garde d'assurer la consolidation du mur mitoyen (C. cass., civ. 3e, 4.1.1990, BC n° 3).
- **Que se passe-t-il quand les travaux de réfection ne doivent être effectués que d'un côté du mur, le mien ?**

Quand les travaux ne doivent être exécutés que d'un côté, le propriétaire du terrain situé de ce côté peut en théorie les faire et réclamer ensuite sa quote-part à son voisin. Mais, en pratique, il a intérêt à ne pas s'engager sans se ménager l'assurance que son voisin participera aux frais, ou en s'y faisant autoriser, à défaut d'accord, par le juge. Le principe en matière de réparation sur un mur mitoyen est en effet qu'il n'y a pas à regarder de quel côté du mur la réparation doit s'effectuer : les réparations doivent être faites et payées en commun.

- **Que se passe-t-il quand les travaux ne doivent être effectués que d'un côté du mur, celui de mon voisin, et qu'il s'y refuse ?**

À défaut d'accord entre voisin, il faut saisir le président du tribunal en référé, notamment s'il y a urgence.

Comment procéder ?

Celui qui constate la nécessité d'intervenir sur le mur doit le signaler à l'autre et trouver un terrain d'entente tant sur le principe que sur les matériaux, devis et choix de l'entreprise. Mieux vaut, bien sûr, s'entendre et contribuer ensemble régulièrement à l'entretien du mur que de devoir en dernière extrémité procéder à sa reconstruction. En effet, le risque, si l'on répare ou reconstruit seul le mur est que son voisin refuse ensuite de participer à la dépense en renonçant à la mitoyenneté ou plus simplement en contestant l'utilité des travaux ou les choix effectués. Dans ces différents cas, les frais seraient mis entièrement à la charge du voisin trop entreprenant. Si les frais sont importants, il peut être utile de consigner l'accord par écrit.

À défaut d'accord de son voisin sur le principe ou les modalités des travaux, il faut en un premier temps le mettre en demeure par lettre recommandée avec avis de réception ou par sommation d'huissier. Cette mise en demeure sera utile dans l'hypothèse d'un procès ultérieur. Si le voisin ne s'exécute pas, il faut en effet saisir le tribunal judiciaire. Son président peut être saisi en référé (procédure rapide) en cas d'urgence – voir *Envisager les référés*, p. 305. L'objet de la demande est de faire constater en justice la nécessité de la reconstruction et le partage des frais. Un expert judiciaire peut être désigné pour examiner les éléments du litige et, le cas échéant, déterminer l'existence de faits, fautifs ou non, ayant conduit à la situation (négligence d'un des voisins ayant conduit à la dégradation du mur, par exemple). Il peut être demandé que les frais soient mis intégralement à la charge du voisin en raison de son refus injustifié de faire les travaux quand ceux-ci sont indispensables.

Le partage des frais

Les travaux sont à la charge des propriétaires mitoyens, « *proportionnellement au droit de chacun* », précise la loi. Cela signifie qu'en principe, ils seront partagés par moitié. Mais le coût des travaux peut être partagé en fonction des responsabilités de chacun des copropriétaires dans la dégradation, voire l'effondrement du mur. De nombreuses décisions vont en ce sens (C. cass., civ. 3e, 23.1.1991, BC n° 37).

En effet, quand c'est une faute d'un voisin qui a entraîné une dégradation du mur et que celui-ci doit être reconstruit, le tribunal peut très bien, comme on l'a vu précédemment, moduler la répartition des frais de réparation. Il peut ainsi prévoir qu'une partie des sommes sera à la charge du voisin fautif et une autre partie à la charge des deux voisins compte tenu de la vétusté du mur.

Cas pratiques

- Le propriétaire doit supporter seul les frais de reconstruction quand celle-ci est rendue nécessaire par son fait. Ainsi, un propriétaire a été condamné à reconstruire un mur mitoyen qu'il avait fait abattre pour y substituer un mur privatif situé sur son seul fonds. Dans cette affaire, le voisin n'avait donné son accord aux travaux qu'à la seule condition que le nouveau mur soit édifié à la même place que l'ancien. Or, il a été dépossédé d'un mur qui lui appartenait pour moitié et dont la vétusté n'était pas établie (C. cass., 17.7.1991, BC n° 217).
- Le propriétaire d'un mur mitoyen réclame à son voisin le paiement de la moitié des frais nécessaires à sa réparation. Ce dernier refuse en indiquant avoir correctement entretenu le mur de son côté. Le demandeur voit sa demande rejetée. La Cour de cassation rappelle que lorsqu'un mur est en mauvais état par la faute ou l'abandon de l'un des propriétaires qui l'a laissé se détériorer durant des années, ce propriétaire doit supporter seul les frais de reconstruction du mur (C. cass., civ. 3e, 12.12.2019, n° 18-23.76).
- **Je compte demander à une entreprise de travaux la démolition d'un garage vétuste au fond de mon jardin. Le problème est que ce bâtiment est attenant au mur mitoyen. Peut-on me le reprocher ? Je ne pense pas avoir à demander d'autorisation à mon voisin puisque ce garage m'appartient et n'est pas mitoyen.**

Vous avez raison sur le principe. Vous avez le droit de démolir une construction vous appartenant en vertu de votre droit de propriété. Mais il a depuis longtemps été jugé que le droit de propriété n'est pas absolu. Il ne doit notamment s'exercer que s'il n'entraîne pas de préjudice pour les voisins. Votre voisin peut vous demander des comptes et obtiendra gain de cause en justice s'il prouve par exemple que la démolition du bâtiment, faute de précautions suffisantes de votre part, a provoqué la dégradation du mur. La conséquence pour vous est d'être condamné à réparer ou même reconstruire le mur abîmé de votre fait. Vous devez donc être vigilant et bien signaler ces différents points aux entrepreneurs que vous contacterez. Si malgré cela, les travaux entraînent des conséquences préjudiciables pour le mur, et si vous faites alors l'objet d'une action en justice, vous pourrez faire intervenir l'entreprise (et son assureur) dans la procédure pour demander qu'elle soit condamnée.

- **Mon voisin me reproche d'avoir laissé proliférer des lierres et des ronces qui attaquent notre mur mitoyen. Que peut-il entreprendre contre moi ?**

Il peut aller en justice et vous pouvez être tenu de réparer les désordres causés au mur de votre fait. Vous pouvez également être condamné à indemniser le préjudice subi par le propriétaire voisin (troubles de jouissance, notamment).

À NOTER

Les bons voisins font les bons comptes En toutes choses, le fait accompli ne paie pas, pas plus en matière de mitoyenneté que dans d'autres domaines. Il n'est donc pas question de clôturer votre propriété et de présenter ensuite la facture à votre voisin pour qu'il en règle la moitié.

Si vous souhaitez partager les frais, vous devez, avant d'édifier le mur ou la clôture mitoyenne, obtenir l'accord préalable écrit et sans équivoque de votre voisin sur le principe même de la création de l'ouvrage sur la mitoyenneté et son coût financier.

Pour ce faire, présentez-lui deux ou trois devis que vous aurez pris soin de faire établir, ainsi que le plan indiquant l'emplacement de la clôture séparative.

L'abandon de la mitoyenneté

Il est possible pour des raisons financières (les frais d'entretien sont trop lourds) ou autre (le mur séparatif ne présente pas d'utilité pour la propriété concernée) de se dispenser de participer aux frais de réparation et reconstruction du mur en abandonnant ses droits de mitoyenneté (art. 656, C. civ.). Mais c'est un droit soumis à condition pour celui qui veut renoncer puisque :

- le mur mitoyen ne doit pas soutenir un bâtiment qui appartient au voisin désirant renoncer ;
- la faculté d'abandon ne doit pas être exercée pour éviter des dépenses de réparation ou de reconstruction rendues nécessaires par le fait du voisin désirant renoncer ;
- la faculté d'abandon ne doit pas être exercée par le voisin qui retire du mur un avantage particulier (art. 656, C. civ.).

Tel était le cas dans les exemples suivants.

Cas pratiques

- Un mur mitoyen soutient en partie le toit d'un immeuble voisin : cette circonstance, selon les juges, interdit aux propriétaires du toit de faire abandon de la mitoyenneté et de se soustraire aux dépenses de réparation rendues nécessaires par un arrêté de péril (C. cass., civ. 3e, 20.12.1989, D. 90, IR, p. 17).
- Un mur mitoyen sépare deux copropriétés. Le syndicat de copropriétaire (propriétaire du terrain en contrebas) décide par la suite de construire un bâtiment et un ensemble de garages surmontés d'une dalle de couverture utilisée comme terrain de tennis. Puis il veut abandonner cette mitoyenneté compte tenu des frais d'entretien de ce vieux mur. Son voisin s'y oppose… et gagne son procès. L'abandon aurait en effet eu pour

objet de soustraire le syndicat à d'éventuelles réparations rendues nécessaires non seulement par la vétusté du mur mais aussi en raison des travaux de construction des bâtiments. Les juges ont estimé que la disparition de ce mur aurait de plus entraîné un glissement de terrain : le nouveau mur de béton n'aurait pas été en mesure de tout contenir étant donné sa faible hauteur. Le mur ancien était donc indispensable au maintien de la plate-forme aménagée en terrain de tennis qui couvrait les garages (C. cass., civ. 3e, 25.9.2002, D. 2002, IR, p. 2988).

Celui qui veut abandonner la mitoyenneté doit avant tout tenter d'obtenir l'accord de son voisin. Il doit ensuite rédiger un acte mentionnant cet accord, le déposer chez un notaire pour qu'il l'authentifie et le faire publier pour rendre l'acte opposable aux tiers (par exemple, les acquéreurs du bien).

Cas pratiques

- **Je voudrais abandonner la mitoyenneté du mur qui me sépare de mon voisin. Mais pourrais-je par la suite changer d'avis ?**

Bien que la loi, ni à notre connaissance les tribunaux, ne précise ce point, rien n'empêche dans l'absolu qu'après avoir abandonné vos droits de mitoyenneté, vous demandiez par la suite à acquérir à nouveau la mitoyenneté en invoquant l'article 661 du Code civil qui donne la possibilité à tout propriétaire d'un fonds joignant un mur de le rendre mitoyen en remboursant à son propriétaire la moitié du mur et du sol.

- **Y a-t-il un délai pour demander l'abandon de mitoyenneté ? Nous sommes séparés de la propriété voisine depuis plus d'un demi-siècle par un mur mitoyen dont l'entretien est très onéreux. Pouvons-nous maintenant y renoncer ?**

Oui, cette faculté vous est offerte à tout moment.

À défaut d'accord, le voisin qui abandonne ses droits peut demander à un huissier de justice d'effectuer une notification de ses intentions à son voisin. Puis il peut saisir le juge d'une demande d'abandon.

Outre le fait d'être dispensé des frais relatifs à l'entretien de ce mur, la conséquence de l'abandon de propriété pour le voisin est de ne plus pouvoir utiliser le mur pour son usage personnel. Il ne peut plus, par exemple, y appuyer une construction, un conduit de cheminée, ses plantes grimpantes… L'abandon porte sur le mur mais aussi sur la moitié du sol sur lequel il repose.

En ce qui concerne le voisin, il devient automatiquement propriétaire privatif du mur.

Les tribunaux admettent un abandon total ou partiel du mur.

L'article 663 du Code civil prévoit la possibilité d'imposer à son voisin de contribuer financièrement à l'édification et aux réparations d'une clôture. Le voisin peut également répondre à cette demande financière par un abandon de mitoyenneté (voir *Les clôtures*, p. 65).

Cas pratiques

- **Puis-je n'abandonner la mitoyenneté que sur une partie du mur, la plus vétuste ?**

Oui, selon une jurisprudence très ancienne : l'abandon de mitoyenneté peut n'être que partiel (C. cass., 3.4.1865, DP 1865, p. 176).

- **Je voudrais que soit démoli le mur mitoyen. Dois-je absolument avoir l'accord de mon voisin car il n'est jamais présent sur les lieux (résidence secondaire) et n'entretient pas le mur qui est vétuste ?**

Oui, vous avez absolument besoin de l'accord de votre voisin pour procéder à la démolition du mur qui vous est commun. Si vous ne pouvez l'obtenir (cas d'un refus ou de son silence), vous devez vous faire autoriser par le tribunal à procéder seul aux travaux. En ce qui concerne la répartition des frais, le tribunal appréciera cette répartition. S'il y a urgence, vous avez intérêt à saisir le juge des référés.

› L'interdiction de pratiquer des ouvertures dans le mur

L'un des voisins ne peut pas insérer dans le mur mitoyen une fenêtre, une ouverture, une porte ou même un jour de souffrance (carreaux de verre laissant passer la lumière par exemple ; art. 675, C. civ. ; voir *Les vues et les jours*, p. 133). L'accord de l'autre voisin est indispensable.
À défaut de respecter cette règle, il pourrait être condamné à les supprimer et à régler des dommages et intérêts au voisin (si ce dernier fait état d'un préjudice). Le but du mur mitoyen est de servir de clôture et de permettre le cas échéant aux voisins d'y appuyer des constructions ou d'y insérer des poutres (voir *Le droit de faire des travaux sur un mur mitoyen*, p. 33). Il s'ensuit que chacun des voisins ne peut, sans le consentement de l'autre, l'utiliser pour d'autres usages. L'accord de volontés est donc nécessaire pour y percer des trous ou des fenêtres donnant sur le terrain du voisin.

Droits des copropriétaires du mur mitoyen

Chaque copropriétaire d'un mur mitoyen dispose sur celui-ci d'un libre droit d'usage à condition de ne pas commettre d'acte susceptible de nuire aux droits de son voisin.

› Le droit d'utiliser le mur mitoyen sans l'accord du voisin

Il est possible d'adosser des objets légers contre un mur mitoyen sans l'accord de son voisin : décoration, grillage de canisse, arbre en espaliers du moment que ces espaliers n'en dépassent pas la crête… Ce libre usage concerne le côté du mur faisant face à sa propriété.

Cas pratique

Puis-je, sans en référer à mon voisin, louer mon mur pour des panneaux publicitaires ?

La question est controversée mais la jurisprudence autorise en majorité un propriétaire à procéder, sans avoir à obtenir un accord exprès de son voisin, à des affichages publicitaires ou à louer à cette fin son mur dans la mesure bien sûr où n'est concerné que son côté de mur (CA Paris, 25e ch. A, 25.6.1985, D. 86, IR, p. 202).

› Le droit de faire des travaux sur un mur mitoyen

Ce sont deux articles du Code civil qui traitent de cette question.

« *Tout copropriétaire peut faire bâtir contre un mur mitoyen, et y faire placer des poutres et solives dans toute l'épaisseur du mur, à 54 millimètres près, sans préjudice du droit qu'a le voisin de faire réduire à l'ébauchoir la poutre jusqu'à la moitié du mur, dans le cas où il voudrait lui-même asseoir des poutres dans un même lieu ou y adosser une cheminée* » (art. 657, C. civ.).

Pourtant, plus loin la loi précise : « *L'un des voisins ne peut pratiquer dans le corps d'un mur mitoyen aucun enfoncement, ni y appliquer ou appuyer aucun ouvrage sans le consentement de l'autre, ou sans avoir, à son refus, fait régler par experts les moyens nécessaires pour que le nouvel ouvrage ne soit pas nuisible aux droits de l'autre* » (art. 662, C. civ.).

● L'accord du voisin

En pratique, bien que ces deux articles paraissent contradictoires, il en ressort que l'accord du voisin est nécessaire quand on veut effectuer des travaux sur le mur mitoyen. Cet accord doit être obtenu avant la réalisation des travaux. En effet, le mur appartient aux deux voisins et tous travaux envisagés par l'un doivent être soumis à l'accord de l'autre.

De plus, les travaux peuvent nuire aux voisins en menaçant la solidité du mur.

À NOTER

Respecter les règles d'urbanisme Les règles exposées ici sont des règles de droit privé. Mais la construction et la démolition d'un bâtiment sont également soumises à des règles d'urbanisme qui peuvent restreindre le droit de construire en limite de propriété et doivent être précédées d'autorisations administratives (permis de construire ou de démolir, déclaration de travaux...).

La loi règle le cas particulier des poutres. Si le constructeur peut percer le mur, même au-delà du plan médian afin d'y placer poutres ou solives, c'est sous deux réserves :

- il faut laisser du côté du voisin une épaisseur de 5,4 cm ;
- même si cette condition est respectée, il peut être contraint par son voisin qui veut lui-même y insérer des poutres, ou y adosser une cheminée, à réduire l'enfoncement de la poutre à la demi-épaisseur du mur.

Comment demander l'accord de son voisin ?

Il faut adresser une lettre recommandée avec avis de réception à son voisin. En cas d'accord, il est préférable que ce consentement soit exprimé par écrit. Si aucune réponse n'est donnée, on peut demander à un huissier d'adresser une sommation d'avoir à répondre (dite « sommation interpellative »). S'il est rendu possible, cet accord doit faire l'objet d'un écrit précisant clairement les travaux à réaliser, afin d'éviter toute contestation ultérieure. Les frais relatifs aux travaux reviennent à celui qui les effectue.

Que peut-on faire en cas de refus ?

Si le voisin refuse, il faut saisir le président du tribunal judiciaire en référé pour demander la désignation d'un expert (voir *Envisager les référés,* p. 305). Celui-ci pourra être chargé de déterminer si les travaux sont envisageables sans nuire à la solidité du mur et de proposer des solutions techniques. En cas de refus, le texte impose en effet de faire « régler par experts les moyens nécessaires pour que le nouvel ouvrage ne soit pas nuisible aux droits de l'autre » (art. 662, C. civ.). Le voisin peut contester les conclusions de l'expert et demander une contre-expertise. Il ne reste plus, en cas de désaccord persistant, qu'à engager une action au fond devant le tribunal.

Que peut faire le voisin face à des constructions effectuées sans son accord ?

Vous venez de vous apercevoir qu'un chantier a été mis en place chez votre voisin concernant des travaux près du mur mitoyen bordant vos deux propriétés. Or, il ne vous en a nullement informé. Que pouvez-vous faire ?
Il est possible notamment d'engager une procédure de référé (voir *Envisager les référés,* p. 305).
Le tribunal peut ainsi ordonner la suspension ou la démolition de la construction. Mais il n'y est pas obligé. La sanction du non-respect de l'accord du voisin va dépendre de chaque cas d'espèce. Selon l'importance de l'atteinte portée aux droits du voisin, les juges ordonnent la suppression des ouvrages ou non comme dans l'exemple suivant.

Cas pratique

Des voisins construisent, sans l'autorisation de l'autre propriétaire concerné, un contre-mur qu'ils adossent au mur mitoyen. Le voisin réagit et les assigne en démolition. Celle-ci n'a pas été ordonnée car le contre-mur et ses fondations étaient indépendants du mur mitoyen auquel ils avaient été adossés, ils ne le surchargeaient pas et le consolidaient même (C. cass., civ. 3e, 28.1.1987, BC n° 14).

Celui qui a construit irrégulièrement peut également être condamné à des dommages et intérêts envers son voisin à raison du préjudice occasionné par ses initiatives ou ne pas être condamné en l'absence de préjudice (pas d'inconvénient anormal de voisinage ou de fissure dans le mur, par exemple).

Cas pratiques

- **Puis-je réduire la hauteur du mur mitoyen ou le démolir ? Faut-il l'accord de mon voisin ?**

Il faut effectivement l'accord de votre voisin pour des travaux concernant le mur mitoyen.

- **Je voudrais ouvrir des fenêtres dans le mur mitoyen. Est-ce possible ?**

Non, cela n'est pas possible sauf si vous avez l'accord exprès de votre voisin.

- **Dois-je, conformément à l'article 662 du Code civil, demander l'accord de mon voisin pour peindre mon côté du mur mitoyen ? En est-il de même pour y adosser des arbres en espalier ?**

Non, vous n'avez pas besoin de l'accord du voisin dans ces deux cas. L'article 662 ne prévoit la nécessité d'obtenir l'autorisation du voisin qu'en cas d'enfoncement ou d'appui sur le mur mitoyen. Cet article ne concerne pas les améliorations que vous envisagez.

- **Mon voisin installe une construction contre mon mur sans mon accord. En obtiendrai-je automatiquement la démolition en justice ? Je voudrais connaître mes chances de réussite compte tenu des frais.**

Non, vous n'êtes pas certain d'obtenir la démolition de l'ouvrage. C'est au tribunal saisi d'apprécier, en fonction de l'importance de l'atteinte à vos droits, la sanction à prononcer. Il pourra simplement s'agir de dommages et intérêts ou même d'aucune indemnisation si vous ne justifiez pas d'un préjudice.

› Le droit d'établir des plantations près du mur mitoyen

Il est possible d'effectuer des plantations en espalier sur la façade du mur donnant sur son terrain sans être obligé de respecter une distance légale et sans besoin d'autorisation du voisin, dans la mesure où elles ne dépassent pas la crête du mur (art. 671, C. civ. ; voir *Les plantations*, p. 113).

› Le droit de surélever le mur mitoyen

L'article 658 du Code civil prévoit que tout propriétaire peut faire exhausser (c'est-à-dire surélever) le mur mitoyen. Cet article, ainsi que les articles suivants, insistent sur la répartition des frais relatifs à cet exhaussement (frais concernant la partie du mur surélevée, frais éventuels concernant la consolidation de la partie basse du mur).

Les tribunaux ont précisé certains points concernant ces travaux.

Cas pratiques

- Sur la notion de travaux d'exhaussement : ne sont pas de tels travaux des constructions autoportantes (bris de toiture et chéneau), qui, en l'occurrence, ne prennent pas appui sur les murs. Il s'en déduit en l'espèce que ces installations :

– ne font pas obstacle au droit d'exhaussement ouvert par l'article 660 du Code civil aux copropriétaires du mur mitoyen, pas plus qu'elles n'entrent dans les prévisions de l'article 658 du même Code ;

– dans la mesure où elles sont réalisées en surplomb sur le fonds voisin, il y a empiètement et il convient d'en ordonner le retrait jusqu'à la ligne divisoire de propriété située au milieu du mur mitoyen (C. cass., civ. 3e, 6.7.2017, n° 15-17278). Sur l'empiètement, voir *En cas d'empiètement sur le terrain voisin*, p. 266.

- Sur l'emprise sur le mur : ne commet aucun empiètement celui qui surélève le mur mitoyen, et ce même si la surélévation prend appui sur la partie de mur mitoyen située sur la parcelle voisine (C. cass., civ. 3e, 6.9.2018, n° 17-19430). Ici, la cour d'appel avait condamné le voisin à des dommages et intérêts pour empiètement car la surélévation prenait appui sur toute la largeur du mur. La Cour de cassation casse l'arrêt pour violation de l'article 658.

Faut-il l'accord du voisin pour surélever le mur ?

L'article 658 du Code civil ne subordonne pas ce droit à l'accord du voisin. Il affirme seulement que : « *Tout copropriétaire peut faire exhausser le mur mitoyen [...]* » Certains arrêts en ont déduit que le propriétaire qui veut exhausser le mur mitoyen n'est nullement obligé d'obtenir au préalable le consentement du voisin (C. cass., req., 18.4.1866 ; CA Lyon, 28.4.1976, D. 77, p. 268 ; C. cass., civ. 3e, 6.9.2018, n° 17-19430 – voir les cas pratiques ci-avant).

Pourtant, cette disposition doit être lue en parallèle avec l'article 662 du Code civil étudié ci-avant qui précise : « *L'un des voisins ne peut pratiquer dans le corps d'un mur mitoyen aucun enfoncement, ni y appliquer ou appuyer aucun ouvrage sans le consentement de l'autre, ou sans avoir, à son refus, fait régler par experts les moyens nécessaires pour que le nouvel ouvrage ne soit pas nuisible aux droits de l'autre.* »

Ce qui vient d'être dit pour les travaux devrait donc logiquement s'appliquer à l'exhaussement. Le conseil à donner au voisin qui entend surélever le mur est, en tout cas, de s'entendre, dans la mesure du possible, avec son voisin tant sur le principe de l'exhaussement que sur le type de matériaux à utiliser.

ATTENTION

Ne pas gêner son voisin L'exhaussement ne doit pas porter atteinte aux droits du voisin (respect des servitudes existantes notamment). Un voisin pourrait, dans les cas de préjudices les plus graves, empêcher la construction du mur s'il pouvait prouver l'existence d'un préjudice dû à l'exhaussement (voir *Comment être indemnisé des dommages provoqués par l'exhaussement ?*, p. 38).

Ce sont surtout les inconvénients résultant de l'exhaussement du mur qui alimentent le contentieux devant les tribunaux (voir *Comment être indemnisé des dommages provoqués par l'exhaussement ?*, p. 38).

Qui doit payer les frais ?

Il s'agit des frais concernant les prix des matériaux, la main-d'œuvre, éventuellement les honoraires de l'architecte mais également d'autres frais indirects causés par la surélévation tels les frais de démolition…

La partie du mur surélevée

C'est logiquement celui qui surélève le mur qui doit en supporter les frais : « *il doit payer seul la dépense de l'exhaussement et les réparations d'entretien au-dessus de la hauteur de la clôture commune* », précise l'article 658 du Code civil. Les travaux réalisés au-dessus de l'exhaussement sont donc à sa charge.

La partie basse du mur

Le voisin doit en outre « *payer seul les frais d'entretien de la partie commune du mur dus à l'exhaussement et rembourser au propriétaire voisin toutes les dépenses rendues nécessaires à ce dernier par l'exhaussement* » (art. 658, C. civ.). Les dépenses rendues nécessaires par l'exhaussement sont, par exemple, la prolongation d'un conduit de cheminée ou de tuyaux de ventilation.
Ainsi, c'est en principe à celui des voisins qui entreprend les travaux d'en assumer le coût, qu'ils concernent la partie surélevée ou les éventuels frais nécessités par les travaux de consolidation de la partie basse du mur.

La reconstruction du mur

L'article 659 du même Code prévoit le cas où le mur n'est pas en état de supporter l'exhaussement : « *Si le mur mitoyen n'est pas en état de supporter l'exhaussement, celui qui veut l'exhausser doit le faire reconstruire en entier à ses frais, et l'excédent d'épaisseur doit se prendre de son côté.* »
Quand la reconstruction du mur s'impose, tous les travaux doivent être assumés par celui qui a pris l'initiative des travaux dans son propre intérêt (art. 659, C. civ.).
Quand le mur doit être reconstruit avec une épaisseur plus importante, le texte précise que cet excédent d'épaisseur doit se prendre du côté de celui des copropriétaires qui entend réaliser l'exhaussement. Ce dernier ne doit pas profiter de l'occasion pour empiéter sur le terrain du voisin.

Quels sont les droits de chacun sur la partie exhaussée du mur ?

La partie supérieure du mur, correspondant à la surélévation, appartient exclusivement à celui qui l'a réalisée. Corrélativement, celui-ci doit supporter tous les frais d'entretien concernant cette partie du mur. Il en a donc la jouissance pleine et entière sous respect des droits de son voisin (au titre des servitudes notamment). Son voisin ne peut notamment pas faire bâtir contre la partie exhaussée, y enfoncer des poutres…

À NOTER

Consentement obligatoire du voisin Les dispositions de l'article 662 du Code civil (prévoyant l'accord du voisin) sont applicables lorsque l'un des voisins appuie une construction sur l'exhaussement qu'il a fait pratiquer lui-même au-dessus d'un mur mitoyen (C. cass., civ. 1re, 27.4.1963, BC n° 227 ; CA Lyon, 28.4.1976, D. 77, p. 268).

Il peut en revanche demander à acquérir la mitoyenneté de cette partie du mur. L'article 660 du Code civil prévoit en effet que : « *Le voisin qui n'a pas contribué à l'exhaussement peut en acquérir la mitoyenneté en payant la moitié de la dépense qu'il a coûté et la valeur de la moitié du sol fourni pour l'excédent d'épaisseur, s'il y en a. La dépense que l'exhaussement a coûté est estimée à la date de l'acquisition, compte tenu de l'état dans lequel se trouve la partie exhaussée du mur.* »

Cette disposition est à rapprocher de celle prévue par l'article 661 du Code civil qui prévoit la cession forcée de la mitoyenneté d'un mur séparatif (voir *Établissement et preuve de la mitoyenneté*, p. 6).

En revanche, la partie inférieure du mur, reconstruite ou non, reste mitoyenne.

Comment être indemnisé des dommages provoqués par l'exhaussement ?

Il peut arriver en premier lieu que les travaux soient mal faits : l'exhaussement, effectué sans respect des règles de l'art, a, par exemple, fissuré le mur. Dans ce cas, la responsabilité du voisin (et de l'entreprise de construction) peut être recherchée. Ce dernier peut être condamné, par exemple, à démolir le mur et à le reconstruire. Si les risques sont probables même avant le démarrage des travaux, le propriétaire victime de ces agissements a tout intérêt à saisir le juge des référés pour les faire stopper (voir *Envisager les référés*, p. 305).

Le voisin peut également avoir subi un préjudice du fait de la lenteur des travaux, des nuisances occasionnées par ceux-ci (poussière, bruit...) ou de tout autre dommage comme l'illustre le cas pratique suivant.

Cas pratique

Le voisin peut ainsi réclamer à l'auteur des travaux une indemnisation pour les cheminées de son immeuble dès lors qu'il y a une relation de cause à effet entre l'exhaussement et le mauvais fonctionnement des cheminées (C. cass., civ. 3e, 9.10.1985, BC n° 118).

Le droit au remboursement des dépenses prévues par l'article 658 du Code civil n'exclut donc pas le droit à réparation du voisin, conformément aux principes généraux de la responsabilité civile ou sur la base des troubles anormaux de voisinage (perte d'ensoleillement, humidité... : tous phénomènes constitutifs de troubles causés par les travaux).

Cas pratiques

- **J'ai surélevé le mur mitoyen après en avoir informé mon voisin. Ce dernier m'avait donné oralement son accord sur le principe, semblant se désintéresser complètement de l'opération. Or, maintenant, il prend appui sur cette partie supérieure du mur qui m'appartient. Que puis-je faire ? En a-t-il le droit ?**

Non, il n'en a pas le droit puisque votre voisin ne vous ayant pas demandé la mitoyenneté du mur, celui-ci vous appartient. Vous pouvez demander la démolition de l'ouvrage et des dommages et intérêts. Vous pouvez également, le cas échéant, demander que votre voisin soit contraint d'acquérir la mitoyenneté du fait de ses actes de possession.

Mon voisin a surélevé le mur de clôture mitoyen. Cela m'empêche de recevoir la lumière comme avant, dans mon salon. Puis-je demander en justice la démolition du mur ?

Vous devez prouver une grave atteinte à vos droits (exhaussement abusif) dans un premier temps. Par ailleurs, le préjudice doit être important. La privation de vue ou d'ensoleillement, si elle est avérée, conduit plus souvent à une indemnisation sous forme de dommages et intérêts.

Cessation de la mitoyenneté

La mitoyenneté cesse avec :

- l'acquisition de la propriété privative du mur ;
- l'abandon de mitoyenneté ;
- la prescription acquisitive au profit du voisin ;
- la disparition des conditions à l'origine de la mitoyenneté (comme par exemple, quand les héritages ne sont plus contigus, l'un des voisins achetant les deux terrains voisins).

La mitoyenneté ne s'éteint pas par le non-usage même prolongé dans la mesure où il ne s'agit pas d'une servitude (voir *Quelle est la différence entre un mur mitoyen et un mur privatif ?*, p. 5).

Les clôtures autres que les murs

Toutes les clôtures ne sont pas des murs. Le Code civil traite de façon spécfique des haies, arbres et fossés. Mais il existe d'autres types de clôtures : palissades, grillages, talus… Pour toutes ces clôtures, le Code civil pose, à l'égal du mur, une présomption de mitoyenneté.

ATTENTION
Distance des plantations Pour les questions relatives à la distance des plantations ou à la hauteur des arbres, voir *Les plantations*, p. 113.

Présomption de mitoyenneté

La règle est posée par l'article 666 du Code civil : « *Toute clôture qui sépare des héritages est réputée mitoyenne, à moins qu'il n'y ait qu'un seul des héritages en état de clôture, ou s'il n'y a titre, prescription ou marque contraire.* »
Comme pour les murs, en l'absence de preuve contraire, toute clôture qui sépare des terrains contigus est mitoyenne. Les règles, vues précédemment, concernant tant la mitoyenneté que sa preuve s'appliquent ici (voir *La mitoyenneté*, p. 3). Ainsi, la haie de thuyas par exemple doit, pour pouvoir être considérée comme mitoyenne, séparer deux propriétés privées contiguës (limitrophes) se situant à la ville ou à la campagne. Elle ne peut être considérée comme mitoyenne mais est privative si elle est installée en retrait de la limite séparative ou encore, s'il n'y a pas de titre de propriété qui le précise, en présence d'une prescription acquisitive ou de marque du contraire (pour ce dernier point, voir la réglementation spécifique concernant les fossés, *Le cas des fossés*, p. 41).
Par ailleurs, comme le précise le texte, pour que la clôture soit considérée comme mitoyenne, il ne faut pas qu'un seul des deux terrains soit clos. La haie serait alors considérée comme privative. Pour que la présomption de mitoyenneté s'applique, soit les deux terrains sont clos, soit aucun des deux terrains n'est clos. Cette rédaction est à rapprocher des termes de l'article 653 posant le principe d'une présomption de mitoyenneté pour les murs séparant les « enclos » dans les champs (voir *Le mur mitoyen*, p. 14). Le fondement de la notion de mitoyenneté est qu'elle est établie dans l'intérêt des deux voisins. Elle est source d'économie et de gain de place (choix d'une seule clôture au lieu de deux). L'idée de ce texte est donc que la présomption de mitoyenneté se justifie par le fait que les deux voisins ont le même intérêt à l'établissement d'une clôture les séparant.
La présomption de mitoyenneté s'applique également :
- aux arbres qui se trouvent dans la haie mitoyenne ;
- aux arbres qui, en l'absence de toute haie, sont plantés sur la ligne séparative de deux fonds (rideaux d'arbres ; art. 670, C. civ.).

Cas pratique

Mon voisin et moi-même nous disputons à propos d'une haie séparant nos deux propriétés. Il estime qu'elle lui appartient en propre et, pour ma part, j'estime qu'elle est mitoyenne. Il est vrai que nos titres de propriété respectifs n'en parlent pas. Comment régler définitivement cette question ? Si le juge est saisi, comment peut-il décider ?

Si vos titres ne donnent aucune indication sur l'emplacement de la ligne séparant vos propriétés et qu'aucun indice ne peut être déduit de l'état des lieux, le juge peut statuer en fonction d'autres éléments (superficie des terrains mentionnée dans les actes, par exemple). Mais il faut savoir que le Code civil établit, sous certaines conditions, une présomption de mitoyenneté.

Le cas des fossés

La loi prévoit expressément le cas des fossés. Il y a marque de non-mitoyenneté « *lorsque la levée ou le rejet de la terre se trouve d'un côté seulement du fossé* » (art. 666, C. civ.). Dans cette hypothèse, « *le fossé est censé appartenir exclusivement à celui du côté duquel le rejet se trouve* ».

Pour que la règle s'applique, il faut que le rejet de terre provienne du creusement du fossé et non d'une autre cause (par exemple, d'un accident naturel du terrain). Par ailleurs, cette règle s'applique aux seuls fossés et non aux talus.

Cas pratique

Comment savoir si le fossé qui borde ma maison de campagne (héritée de mes parents) est mitoyen ou non avec la propriété limitrophe ? S'il ne m'appartient pas, puis-je demander à mon voisin de m'en céder la mitoyenneté ?

Vous devez d'abord vérifier votre titre de propriété. À défaut de précision, vous pourriez invoquer l'existence d'une prescription si par exemple, l'entretien de ce fossé a été assuré par vous – ou votre famille – pendant au moins 30 ans. Enfin, à défaut de ces éléments, le Code civil prévoit une présomption de mitoyenneté qui peut être combattue par des marques contraires. Ainsi, s'il y a rejet de terre du fossé d'un seul côté, il appartient au propriétaire de terrain où se trouve le rejet de terre. Si ce fossé appartient en fait à votre voisin et que vous ne pouvez invoquer de prescription à votre bénéfice, vous ne pouvez forcer votre voisin à vous en céder la mitoyenneté. Cette règle n'existe en effet que pour les murs.

Droits et obligations des voisins

Un certain nombre de droits, prévus par la loi sur les murs mitoyens, n'existent pas pour les autres clôtures : droit de les surélever, cession forcée de mitoyenneté notamment (art. 668, C. civ.).

› L'entretien à frais communs

L'article 667 du Code civil prévoit que la clôture doit être entretenue « *à frais communs* » mais que le voisin peut néanmoins se soustraire à cette obligation en renonçant à la mitoyenneté. Il précise également que l'abandon de mitoyenneté cesse si le fossé sert habituellement à l'écoulement des eaux.

L'entretien peut concerner le remplacement des arbustes composant une haie, la peinture d'un treillage, le remplacement d'un grillage, des pieux ou de planches, l'élagage et la taille des arbres, le remplacement de plants morts, le nettoyage d'un fossé… Tous les frais afférents à ces opérations doivent être partagés.

Par ailleurs, même si la loi ne le précise pas, il est préférable que les voisins se mettent d'accord. À défaut, l'un des voisins pourrait engager sa responsabilité à l'égard de l'autre propriétaire, comme dans l'exemple suivant qui visait des arbres (et non une haie).

Cas pratique

Un propriétaire élague sans l'accord de son voisin des arbres mitoyens. Il a été condamné à lui payer une indemnité d'1 franc pour élagage irrégulier. En effet, les juges ont relevé que « *si, à défaut d'un usage local contraire, chaque propriétaire peut exiger l'arrachage des arbres mitoyens, il ne peut y procéder de son seul et propre chef, que, de même, s'il peut exiger de son voisin que l'on procède à l'élagage, la taille doit être effectuée en commun par les deux propriétaires* » (C. cass., civ. 3e, 25.1.1972, BC n° 54).

› Le droit de détruire la haie ou le fossé et de les remplacer par un mur

L'article 668 du Code civil précise : « *Le copropriétaire d'une haie mitoyenne peut la détruire jusqu'à la limite de sa propriété, à la charge de construire un mur sur cette limite. La même règle est applicable au copropriétaire d'un fossé mitoyen qui ne sert qu'a la clôture.* »

Ainsi, chaque voisin a le droit, jusqu'à l'extrême frontière de sa propriété, de supprimer la haie sur son côté, à ses frais, à charge pour lui de construire un mur sur cette limite (en faisant bien attention de ne pas empiéter chez son voisin). Cette possibilité existe aussi pour les fossés qui ne servent « qu'à la clôture ». Elle est donc exclue quand, par exemple, il sert à l'écoulement des eaux puisque dans ce cas il ne sert pas qu'à la clôture. D'ailleurs, dans cette hypothèse, le voisin ne peut également pas abandonner la mitoyenneté du fossé (art. 667, C. civ.).

Le mur sera privatif mais le voisin peut en acquérir la mitoyenneté (voir *Le mur mitoyen*, p. 14).

Les règles de l'abandon de mitoyenneté sont celles applicables aux murs (voir *Le mur mitoyen*, p. 14).

› Le partage du produit des haies et arbres mitoyens et droit d'arrachage

L'article 669 précise : « *Tant que dure la mitoyenneté de la haie, les produits en appartiennent aux propriétaires par moitié.* »

Les produits visés par la loi sont les fruits, le bois, les fleurs… Si par exemple, vous avez en commun une barrière de groseilliers, de pommiers ou de lilas, les fruits et fleurs se partagent par moitié, qu'ils tombent par terre ou qu'ils soient cueillis. C'est, d'après la loi, toute la récolte qui est commune et non le produit de la moitié de la haie qui est de votre côté. Ce partage concerne également les arbres qui sont dans la haie et les rideaux d'arbres servant de séparation entre les deux propriétés (art. 670, C. civ.).

Ainsi, l'article 670 du Code civil décide que les fruits de ces arbres sont partagés par moitié, « *soit qu'ils tombent naturellement, soit que la chute en ait été provoquée, soit qu'ils aient été cueillis* ».

Le même article précise que « *lorsqu'ils meurent ou lorsqu'ils sont coupés ou arrachés, ces arbres sont partagés par moitié* ».

Enfin, chaque voisin peut exiger que les arbres isolés qui poussent dans la haie soient arrachés. Cette disposition peut être invoquée par exemple par un voisin qui se plaint que les arbres causent des dommages à son jardin en procurant trop d'ombre à ses cultures. Elle peut également être invoquée en présence de dégâts causés par les racines. En revanche, l'accord du voisin s'impose pour cette opération. Les frais de l'opération doivent être partagés et chaque voisin a droit à la moitié du bois coupé (C. cass., civ. 3e, 25.1.1972, BC n° 54).

Le bornage

➢ Le bornage peut se définir comme une opération ayant pour but de marquer, par des signes matériels, la limite séparative de deux propriétés privées contiguës. Les angles et les limites sont généralement matérialisés par des repères appelés « bornes ».

➢ Simple faculté laissée au propriétaire concerné, le bornage est aussi un moyen de sécuriser les transactions immobilières pour les ventes de terrain à bâtir dans les lotissements.

➢ La possibilité de se borner n'est pas limitée dans le temps. On dit qu'elle est imprescriptible.

➢ Le bornage peut être imposé par un voisin.

Le bornage amiable

Le bornage n'est pas soumis à des prescriptions d'urbanisme comme les clôtures. Les opérations de bornage sont plus fréquentes en milieu rural alors que les clôtures se trouvent plutôt en milieu urbain.
En pratique, on constate l'importance du contentieux relatif au bornage que les voisins n'hésitent pas à porter jusque devant la Cour de cassation.

Questions préliminaires

› Borner son terrain est-il obligatoire ?

Le bornage, c'est-à-dire la fixation de la limite entre deux terrains privés contigus au moyen de bornes, n'est pas obligatoire, mais le Code civil prévoit que tout propriétaire peut obliger son voisin à délimiter sa propriété (art. 646, C. civ.). C'est ce que l'on appelle l'action en bornage étudiée plus loin. En résumé, borner son terrain n'est pas plus obligatoire que le clôturer, mais dans les deux cas (en tout cas dans les villes et faubourgs pour les clôtures), il est possible de l'imposer à son voisin (voir *Les clôtures*, p. 65).
Le Code de l'urbanisme prévoit de son côté un régime spécifique pour les terrains à bâtir et les lotissements. Ce régime est issu de l'article 14 de la loi relative à la solidarité et au renouvellement urbains (SRU) du 13 décembre 2000, qui avait créé un article L. 111-5-3 dans le Code de l'urbanisme. L'article a depuis été codifié aux articles L. 115-4 et L. 115-5 de ce Code par l'ordonnance n° 2015-1174 du 23 septembre 2015.

Une obligation d'information pour les terrains à bâtir

Le 1er alinéa de l'article L. 115-4 du Code de l'urbanisme prévoit une obligation d'information à la charge du vendeur pour les terrains à bâtir dans les termes suivants : « *Toute promesse unilatérale de vente ou d'achat, tout contrat réalisant ou constatant la vente d'un terrain indiquant l'intention de l'acquéreur de construire un immeuble à usage d'habitation ou à usage mixte d'habitation et professionnel sur ce terrain mentionne si le descriptif de ce terrain résulte d'un bornage.* »
L'absence de ces mentions est sanctionnée par la nullité de l'acte dans les conditions suivantes : « *Le bénéficiaire en cas de promesse de vente, le promettant en cas de promesse d'achat ou l'acquéreur du terrain peut intenter l'action en nullité sur le fondement de l'absence de l'une ou l'autre mention mentionnée à l'article L. 115-4 selon le cas, avant l'expiration du délai d'un mois à compter de l'acte authentique constatant la réalisation de la vente.*
La signature de cet acte authentique comportant cette mention entraîne la déchéance du droit à engager ou à poursuivre l'action en nullité de la promesse ou du contrat qui l'a précédé, fondée sur l'absence de cette mention » (art. L. 115-5, C. urb.).

La question des lotissements

Le second alinéa de l'article L. 115-4 du Code de l'urbanisme stipule de son côté que *« la mention du descriptif du terrain résultant du bornage est inscrite dans la promesse ou le contrat »* dans les cas suivants :

- si le terrain est un lot de lotissement : *« Constitue un lotissement la division en propriété ou en jouissance d'une unité foncière ou de plusieurs unités foncières contiguës ayant pour objet de créer un ou plusieurs lots destinés à être bâtis »* (art. L. 442-1, C. urb.) ;
- si le terrain est issu d'une division effectuée à l'intérieur d'une zone d'aménagement concerté (ZAC) par la personne publique ou privée chargée de l'aménagement ou est issu d'un remembrement réalisé par une association foncière urbaine (AFU).

L'absence de ces mentions est sanctionnée par la nullité de l'acte (art. L. 115-5 – voir *Une obligation d'information pour les terrains à bâtir*, p. 46).

Une réponse ministérielle de 2010 a fait le point sur l'article L. 111-5-3 du Code de l'urbanisme (à l'époque applicable, aujourd'hui codifié au second alinéa de l'article L. 115-4). La question posée au ministre mettait en avant les difficultés engendrées par ce texte qui « impose la description résultant d'un bornage pour les terrains à bâtir dépendant d'un lotissement ou d'une ZAC ». Difficultés résidant notamment dans l'impossibilité de retrouver les propriétaires. *« En effet un bornage partiel des limites, compte tenu des difficultés liées à la durée et au coût d'un bornage judiciaire, ne paraît pas être une solution convenable. Aussi, il lui demande comment le Gouvernement entend faire en sorte que cette situation puisse être conciliée avec les exigences de cet article. »*

Voici la réponse à cette question : « Le Code de l'urbanisme, dans son article L. 111-5-3, fait du bornage une obligation pour la vente de terrains à bâtir issus d'un lotissement, d'une zone d'aménagement concerté (ZAC) ou d'un remembrement réalisé par une association foncière urbaine (AFU), sous peine de nullité de l'acte, étant précisé que l'action en nullité sur ce fondement doit être engagée dans le délai d'un mois après la signature de l'acte authentique constatant la réalisation de la vente. Il peut exister des difficultés à faire réaliser un bornage complet du périmètre d'un lotissement : opposition d'un voisin à un bornage par voie amiable, impossibilité d'identifier un propriétaire, coûts et délais d'un bornage judiciaire. Il convient d'abord de rappeler que le Code civil fait du bornage un droit : tout propriétaire peut obliger son voisin à borner leurs propriétés contiguës (art. 646). En cas de refus, une action en bornage devant le juge judiciaire peut être engagée et c'est alors une décision de justice qui détermine la limite séparative des fonds. Quant au Code de l'urbanisme, il ne fait que garantir le bénéfice de ce droit à tout acquéreur de terrain à bâtir issu d'une division foncière. On soulignera que le plan de bornage, qui définit les limites d'un terrain et sa contenance, est annexé à l'acte de vente et servira donc de référence pour établir le plan de masse de la construction et assurer, ainsi, une implantation réglementaire de la construction. Les dispositions de l'article L. 111-5-3 ne sauraient donc être remises en cause. Concernant les difficultés de réalisation du bornage, on renverra à la réponse écrite publiée au *Journal officiel* du 5 mai 2009, page 4351, dans laquelle la ministre d'État, garde des Sceaux, ministre de la Justice et des Libertés rappelle que les moyens de parvenir à un bornage semblent suffisants : bornage à l'amiable, recherche de bornages antérieurs et enfin bornage judiciaire. Concernant la recherche de bornages antérieurs, la même réponse ministérielle précise que les procès-verbaux et les décisions judiciaires constatant un bornage sont obligatoirement publiés à la conservation des hypothèques, ce qui permet aux notaires et acquéreurs de savoir si un bornage a été réalisé. Quant à la question de savoir si l'on peut se contenter d'un bornage partiel des limites d'une propriété compte tenu des difficultés liées à la durée et au coût d'un bornage judiciaire, en l'état du droit et plus particulièrement des articles 646 du Code civil et L. 111-5-3 du Code de l'urbanisme, la réponse ne peut qu'être négative, dès lors que la loi a prévu la procédure du bornage judiciaire permettant en dernier ressort de fixer les limites séparatives d'une propriété et dès lors que, comme le souligne la réponse ministérielle précitée, "les prescriptions de l'article L. 111-5-3 du Code de l'urbanisme obligent le notaire à rechercher l'existence d'un bornage pour assurer la perfection formelle de son acte". » (rép. min., JO, 6.4.2010 – questions.assemblee-nationale.fr/q13/13-41203QE.htm).

Cette question a pourtant fait l'objet d'une interprétation plus souple de la Cour de cassation (C. cass, civ. 3e, 30.6.2016, n° 15-20623). En effet, la Haute juridiction a confirmé la décision d'une cour d'appel rejetant l'action en nullité des acquéreurs d'un terrain en lotissement pour défaut de bornage. Ici, l'acte authentique de vente comportait une mention « bornage » précisant que le vendeur déclarait que le descriptif du terrain résultait d'un piquetage (et non d'un bornage en l'occurrence). Elle relevait que les documents d'arpentage et de piquetage avaient été annexés à l'acte qui comportait la description des limites du terrain. Elle en déduisait que l'action en nullité des acquéreurs pour non-respect des dispositions de l'article L. 111-5-3 du Code de l'urbanisme devait être rejetée.

› Les limites apparentes suffisent-elles pour délimiter la propriété ?

Très souvent, le propriétaire d'un terrain ne juge pas utile de le borner car il constate sur place des limites apparentes (comme par exemple, une haie, une palissade ou un grillage, un mur…). Pourtant, tant que le bornage n'a pas été effectué, rien ne prouve que le voisin n'a pas installé cette haie ou cette palissade, construit ce mur en retrait sur le terrain de l'autre voisin se considérant propriétaire d'une bande de terrain située au-delà de la limite apparente. C'est ce que l'on appelle un « empiètement » sur le terrain de son voisin. Seul un bornage contradictoire effectué par un géomètre-expert définit la limite réelle apportant toutes les garanties aux propriétaires concernés.

D'ailleurs, selon les tribunaux, l'existence d'une clôture édifiée sans l'accord du propriétaire ne fait pas obstacle à la recevabilité de l'action en bornage de ce propriétaire. En fait, édifier une clôture ne marque pas de façon définitive la limite de la propriété. Avant de clore, il peut donc être utile de marquer les limites de son terrain par un bornage.

> **Cas pratique**
> **Je voudrais borner mon terrain avec une route communale. Puis-je invoquer l'article 646 du Code civil ? La réponse est-elle la même pour un chemin rural ?**
> Non, la procédure de bornage prévue dans le Code civil ne concerne que les propriétés privées. Vous devez vous adresser à votre mairie pour demander un arrêté d'alignement individuel. Les textes concernés sont les articles L. 112-1 et suivants du Code de la voirie routière. En revanche, les chemins ruraux relevant du domaine privé sont susceptibles de bornage (voir *Bornage du chemin,* p. 167).

› Pourquoi vouloir borner son terrain ?

Le principe

Le bornage est utile chaque fois qu'un propriétaire ignore la limite exacte de sa propriété, quand il veut réaliser un certain nombre d'opérations où cette limite doit impérativement être connue : création de terrain à bâtir, division d'un terrain, édification de clôtures, plantation d'arbres ou arbustes en limite de propriété, construction de bâtiments aux abords de la limite apparente…
Cette délimitation est importante car elle permet d'implanter une clôture ou un bâtiment sans empiéter sur le terrain du voisin avec le risque d'un procès à la clé.

La question de l'empiètement

Sachez que l'empiètement même minime est susceptible d'être sévèrement sanctionné par les tribunaux. En effet, cela revient à une « expropriation » par un particulier ce qui est contraire à notre droit prévoyant que : « *La propriété est le droit de jouir et disposer des choses de la manière la plus absolue, pourvu qu'on n'en fasse pas un usage prohibé par les lois ou par les règlements* » (art. 544, C. civ.).
De même, notre législation précise : « *Nul ne peut être contraint de céder sa propriété, si ce n'est pour cause d'utilité publique, et moyennant une juste et préalable indemnité* » (art. 545, C. civ.). Dans une affaire jugée par la Cour de cassation, l'empiètement n'était que de… 0,5 cm (C. cass., civ. 3e, 20.3.2002, n° 00-16015). Sur la question de la démolition, voir *En cas d'empiètement sur le terrain voisin,* p. 266.
D'où l'intérêt, pour éviter toute contestation ultérieure, de borner son terrain car cela permet d'en connaître les limites exactes et d'éviter une démolition éventuelle de la clôture ou du bâtiment empiétant chez son voisin.

> **Cas pratique**
> **Mon voisin a subrepticement arraché les bornes de ma propriété. Que faire ? Dois-je l'assigner en bornage ?**
> Non, vous pouvez saisir le juge pénal sur le fondement de l'article 322-1 du Code pénal (ancien article 434 du même code) pour destruction de bien d'autrui. Il a en effet été jugé que l'arrachage de borne constitue une destruction au sens de cet article (C. cass., crim., 8.7.1986, BC n° 231). Des sanctions pénales (prison et amende) sont prévues par ce texte. L'engagement de cette procédure peut inciter votre voisin à remettre les bornes. Sur un plan général, il faut vérifier s'il peut remettre en cause, sur un plan civil, l'emplacement de ces bornes.

› Quelle est la différence entre demander un bornage et revendiquer la propriété d'une bande de terrain ?

La question se pose car, en pratique, le bornage s'accompagne fréquemment d'une question de propriété. Le cas souvent soumis aux tribunaux est le suivant : un propriétaire assigne son voisin pour demander l'établissement d'un bornage de son terrain. Devant le juge, le conflit dégénère parfois, chacune des parties revendiquant la propriété de la bande de terrain en limite séparative.
Le juge du tribunal judiciaire doit alors trancher en priorité cette question avant de répondre sur la demande de bornage. Se pose également la question de l'assistance obligatoire d'un avocat (voir *Devant quelle juridiction doit-elle être portée ?*, p. 60).

L'action en bornage

L'action en bornage est celle prévue par l'article 646 du Code civil. Elle précise que tout propriétaire peut obliger son voisin au bornage de leurs propriétés contiguës. Elle a pour objet de déterminer l'étendue et les limites des propriétés voisines, et non de décider (en principe) des droits de propriété de chacun sur une parcelle de terrain.
Cependant, dans certains cas, quand il s'agit d'une demande de rectification, sur un plan pratique, les modifications de frontières entre deux fonds ne peuvent qu'avoir une incidence sur leurs surfaces.
Ainsi, comment déterminer dans ce type d'hypothèses, si celui qui exerce une action en bornage devant le juge, parce que, par exemple il sollicite une modification des frontières de son fonds, n'entend pas en réalité s'emparer d'une partie du terrain du voisin au moyen d'une procédure plus simple que l'action en revendication immobilière ? Dans tous les cas, les actions sont de la compétence du tribunal judiciaire du lieu de situation de la propriété concernée (art. R. 211-3-4, COJ).

L'action en revendication de propriété

Revendiquer la propriété d'une parcelle de terrain doit se faire dans le cadre de l'action en revendication de propriété. Il s'agit d'une action spécifique par laquelle un particulier vise à se faire attribuer en justice une parcelle dont il estime être le véritable propriétaire, et donc, en conséquence, à étendre les limites de son terrain.
La demande de bornage et l'action en revendication de propriété ont des buts bien différents et n'ont pas non plus les mêmes conséquences. L'une des conséquences à connaître est que le jugement de bornage n'a pas autorité de la chose jugée sur la propriété des parcelles. En clair, ce n'est pas parce que le juge a fixé les bornes d'un terrain qu'il n'est pas possible, par la suite, de revendiquer la propriété d'une parcelle se situant chez le voisin de l'autre côté des bornes (voir *Le bornage judiciaire*, p. 59). Mais c'est uniquement dans le cas où le juge saisi d'une demande de bornage n'a pas également réglé la question de la propriété de cette parcelle.

En pratique, il n'est pas rare que le juge saisi d'une demande de bornage prenne en compte, comme dans les exemples suivants, les arguments du demandeur et se prononce sur la question de la propriété de la parcelle (voir *Le bornage judiciaire*, p. 59).

Cas pratiques

- Un propriétaire assigne en bornage son voisin. Il demande à ce que la limite séparative soit fixée suivant un certain tracé correspondant à un plan cadastral. Il invoque par ailleurs la prescription acquisitive de 10 ans (prescription abrégée) prétendant avoir acquis la propriété de la parcelle litigieuse en ayant édifié de bonne foi son mur de clôture sur d'anciennes fondations antérieures au remembrement. Or le juge retient – à son désavantage – une autre limite correspondant à des opérations de remembrement réalisées ultérieurement.
Le juge tranche en estimant que :
– en tant que juge judiciaire du bornage, il ne peut remettre en cause le titre issu d'une opération de remembrement non contestée ;
– le demandeur ne peut invoquer de prescription dans la mesure où il n'est pas en possession d'un « juste titre » (son titre est équivoque – sur l'acquisition d'un bien par prescription, voir *Établissement et preuve de la mitoyenneté*, p. 6) ;
– l'indication de la contenance du terrain dans son acte d'acquisition est plus proche de celle résultant du remembrement (CA Dijon, civ. 1re, 23.10.1997, D. 98, som., p. 344).
- Il a été jugé que le fait pour le juge saisi d'une demande de bornage, de fixer la limite séparative de deux terrains en se servant des titres et des plans soumis par les voisins et en vérifiant qu'étaient garanties les superficies vendues selon les titres de propriété rentrait bien dans les attributions du juge d'instance et ne constituait pas une action en revendication (C. cass., civ. 3e, 13.11.1986, D. 88, som., p. 13).
- En revanche, la demande en bornage peut être en réalité une action en revendication de propriété : compte tenu de la distorsion flagrante entre les titres et la réalité, le juge du bornage doit alors se déclarer incompétent au profit du juge de la revendication, à savoir le tribunal de grande instance, compétent à l'époque (C. cass., 8.7.2009, n° 08-15042).

Le tribunal judiciaire est, depuis le 1er janvier 2020, compétent pour toutes les actions : bornage, revendication de propriété, troubles de voisinage, etc.

› Comment faire la preuve d'un précédent bornage ?

Un précédent bornage – contrairement à une clôture antérieure édifiée sans l'accord des voisins (voir *Les limites apparentes suffisent-elles pour délimiter la propriété ?*, p. 48) – rend en principe inutile un nouveau bornage. Pratiquement, quand on est face à une action en bornage de la part de son voisin, la preuve d'un précédent bornage peut permettre de rejeter cette action.
Cette preuve peut résulter d'un procès-verbal amiable de bornage qui n'a pas été attaqué en justice pour vice de consentement (voir *Le bornage judiciaire*, p. 59).

Elle peut aussi résulter d'un jugement ayant acquis autorité de la chose jugée (la décision est définitive et ne peut plus faire l'objet de voie de recours).
Dans le cadre d'une procédure judiciaire, on constate que les juges tiennent également compte des titres fixant les limites des propriétés, d'une possession acquisitive, de présomptions, des indications du cadastre, de la configuration des lieux, de l'ancienne matérialisation des limites… (voir la rubrique précédente et *Le bornage judiciaire*, p. 59).

Textes et autres documents

› Les textes

Les textes concernant le bornage sont :
- le Code civil : le bornage est régi par le seul article 646 du Code civil qui prévoit l'action en bornage forcé : « *Tout propriétaire peut obliger son voisin au bornage de leurs propriétés contiguës. Le bornage se fait à frais communs* » ;
- le Code de l'organisation judiciaire précise que le tribunal judiciaire connaît des actions en bornage et que le tribunal compétent est celui du lieu de la situation des immeubles à borner (art. R. 211-3-4 et R. 211-15) ;
- la loi n° 46-942 du 7 mai 1946 : cette loi institue l'Ordre des géomètres-experts professionnels réalisant les études et travaux topographiques qui fixent les limites des biens fonciers.

› Où trouver les informations concernant sa propriété et son éventuel bornage ?

Le site Géofoncier

La première chose à faire est de rechercher les actes notariés concernant sa propriété et les plans qui y sont, le cas échéant, annexés. Ces documents vous seront demandés lors du rendez-vous pour un procès-verbal amiable ou lors d'un procès. On peut aussi s'adresser au Service de la publicité foncière (voir l'encadré À noter dans *Les usages locaux et la réglementation locale*, p. 282).
La profession de géomètre-expert a, de son côté, mis en place un archivage des documents créant ou repérant les limites des biens fonciers. En effet, depuis le 1er janvier 1997, ces professionnels ont l'obligation de verser, dans un répertoire interne tenu par l'Ordre des géomètres-experts, les références des bornages qu'ils réalisent chaque année.
Lancé en juillet 2010, le portail GéoFoncier se présente comme le guichet unique de l'information géographique foncière en France. Il vous permet notamment de consulter la base de données de l'ensemble des interventions foncières effectuées par les géomètres-experts depuis 1997. Par exemple, ce portail vous aide à savoir si votre terrain a fait l'objet d'un bornage par un géomètre-expert (sources : www.geometre-expert.fr ; www.geofoncier.fr).

Cas pratiques

- **Faut-il nécessairement l'accord de son voisin pour procéder à un bornage ?**

Toute borne posée sans l'accord d'un des voisins est sans valeur dans le cadre du bornage amiable et peut être contestée.

- **Est-il exact qu'on ne peut pas vendre un terrain s'il n'est pas borné ?**

Les choses sont plus nuancées. En cas de vente d'un terrain destiné à la construction d'une maison par l'acquéreur, la promesse unilatérale de vente ou, à défaut, l'acte authentique de vente doit indiquer si le descriptif du terrain résulte d'un bornage.

L'absence de cette information autorise l'acquéreur à demander l'annulation de la vente dans le délai d'1 mois suivant la signature de l'acte authentique de vente (art. L. 115-5, C. urb.).

Ce n'est pas le bornage qui est obligatoire, mais l'information à fournir à l'acquéreur pour lui dire s'il existe ou non.

- **Lors d'une visite pour la vente de ma maison, un agent immobilier m'a demandé si je possédais un plan de bornage. De quoi s'agit-il ?**

Lorsqu'il est chargé d'une opération de bornage, le géomètre-expert établit notamment un plan de bornage qui matérialise les limites d'une propriété sur un terrain. Il est annexé au procès-verbal de bornage.

Le plan de bornage prévaut sur le plan du cadastre. Pour être opposable aux tiers en cas de contestation de propriété, le plan de bornage doit avoir été préalablement publié au service de publicité foncière.

Si un plan de bornage existe, vous le trouverez en annexe de l'acte authentique de vente que vous avez reçu au moment de l'acquisition de votre maison.

Le cadastre

C'est un registre administratif public qui rassemble, dans chaque commune, les renseignements concernant les terres. Document à caractère fiscal (il fournit les bases des contributions, comme les taxes foncières), il ne constitue pas un titre de propriété, même s'il est fréquemment invoqué dans le cadre des actions judiciaires (voir *Les éléments sur lesquels se fonde le juge,* p. 62). Plus précisément, les données cadastrales relatives à une commune figurent :

- sur le « plan cadastral », document graphique souvent composé de feuilles et pages, sur lequel sont reportés les numéros et limites des parcelles sans aucune indication nominative ;
- sur les « matrices cadastrales », document littéral qui regroupe l'ensemble des relevés de propriété, à savoir, pour chaque propriétaire, son adresse, sa date et son lieu de naissance, le cas échéant le nom de son conjoint, la liste des parcelles lui appartenant situées sur le territoire de la commune, identifiées par leur numéro et leur adresse, éventuellement, la description du bâti par « unité d'évaluation », ainsi que les principaux éléments ayant concouru à l'établissement de la taxe foncière et les éventuelles causes d'exonération de cette taxe.

Le service du cadastre donne à chaque parcelle cadastrale un « identifiant » unique, constitué du nom de la commune suivi des lettres de section et d'un numéro parcellaire (exemple : POITIERS B 757). Le cadastre comprend le plan

cadastral, la matrice cadastrale, les états de section. Ces informations sont de deux sortes :
- les documents concernant l'identité des propriétaires, les contenances des parcelles, les natures de cultures. Ils sont mis à jour régulièrement avec une fréquence variable suivant l'importance de la commune ;
- les documents graphiques qui représentent chaque commune dans son ensemble et les parcelles cadastrales regroupées par sections.
On peut consulter les documents cadastraux dans toutes les mairies (plan, matrice et états de section).

À NOTER

Communication des informations cadastrales Le droit d'accès aux matrices cadastrales est prévu dans le Livre des procédures fiscales : « *Toute personne peut obtenir communication ponctuelle, le cas échéant par voie électronique, d'informations relatives aux immeubles situés sur le territoire d'une commune déterminée, ou d'un arrondissement pour la Ville de Paris et les communes de Lyon et Marseille, sur lesquels une personne désignée dans la demande dispose d'un droit réel immobilier. Toute personne peut obtenir, dans les mêmes conditions, communication d'informations relatives à un immeuble déterminé. Les informations communicables sont les références cadastrales, l'adresse ou, le cas échéant, les autres éléments d'identification cadastrale des immeubles, la contenance cadastrale de la parcelle, la valeur locative cadastrale des immeubles, ainsi que les noms et adresses des titulaires de droits sur ces immeubles.* » (art. L. 107 A, LPF).
Le décret n° 2012-59 du 18 janvier 2012 est venu préciser ces conditions d'accès de forme et de recevabilité des demandes de communication d'informations issues de la matrice cadastrale. Il est codifié sous les articles R.* 107 A-1 et suivants de ce Livre.
La demande de communication est formulée, par écrit, auprès de l'administration fiscale ou des communes.
Les informations sont communiquées par écrit mais aussi, par exemple, par courrier électronique.
La loi prévoit un accès ponctuel à l'information cadastrale ; le but est de préserver la vie privée des personnes. En conséquence, le décret limite le nombre de demandes effectuées par un même usager.
Cette limitation ne peut toutefois pas être opposée à une personne dont la demande porte sur ses propres biens ou qui agit dans les cas prévus par la loi.

Cas pratique

L'accès au cadastre

En pratique, pour accéder en ligne à un extrait du plan cadastral de sa ville, il est possible de consulter le site www.cadastre.gouv.fr en sélectionnant le département, la commune et l'adresse.
Pour accéder à la matrice cadastrale, on peut utiliser le formulaire n° 6815-EM-SD, accessible sur le site des impôts : www.impots.gouv.fr.
Les conditions de consultation de la documentation cadastrale sont précisées dans le Bulletin officiel des finances publiques (BOFIP), accessible sous le lien suivant : http://bofip.impots.gouv.fr/bofip/5358-PGP.html/identifiant%3DBOI-CAD-DIFF-20191105.

Les opérations de bornage amiable

Contrairement à ce que laissent penser les termes de l'article 646 du Code civil, le bornage n'est pas seulement judiciaire. Il est d'abord amiable et ne devient contentieux que subsidiairement. D'ailleurs, même après avoir saisi le tribunal, les plaideurs peuvent se rapprocher et signer une transaction ou un procès-verbal amiable. Il convient alors systématiquement de demander l'homologation du juge afin que cet accord ait valeur de jugement (titre exécutoire).
Les propriétaires peuvent également, en dehors de toute procédure, se mettre d'accord sur la limite séparative des terrains et sur la manière de la concrétiser (bornes ou, par exemple, édification d'une clôture). Ils ne sont pas obligés de faire appel à un géomètre-expert mais effectuer un bornage suppose de bien connaître les limites de son terrain, en se référant principalement aux actes de ventes et au plan cadastral. Pourtant, même dans ce cas, il paraît souhaitable de faire appel à l'expert de la délimitation de propriété qui est le géomètre-expert. Cette solution s'impose d'autant plus en cas d'incertitude sur les limites de propriété.

› Les conditions

Est-il nécessaire d'avoir l'accord du voisin pour réaliser un bornage ?

Le bornage ne peut pas être accompli seul par un propriétaire ; cela l'expose à une action de son voisin.
Le bornage doit donc nécessairement se faire en présence des parties ou de leurs représentants, avec leur accord. Si vous êtes confronté au refus de votre voisin, gardez la preuve de sa réaction (refus formulé par un courrier, procès-verbal de carence établi par le géomètre-expert à qui vous aviez demandé de convoquer votre voisin, etc.).

Comment se réalise le bornage ?

Les propriétaires peuvent confier le bornage à un géomètre-expert (voir l'encadré À noter ci-après). Concrètement, le géomètre-expert convoque les voisins à une réunion contradictoire, en demandant à chacun d'apporter ses titres de propriété et tout document en sa possession. Après avoir consulté les titres de propriété, les plans et documents cadastraux, il prend les mesures nécessaires des terrains (arpentage) puis consigne l'accord des parties dans un procès-verbal de bornage amiable (ou procès-verbal d'abornement) interdisant en principe, s'il est signé, une contestation tendant à un nouveau bornage. L'accord est notifié à chacun des propriétaires signataires. Il est également matérialisé par la pose de bornes (ou autres repères) sur les limites séparatives.
Puis, le géomètre-expert l'enregistre dans sa base de données (voir *Le site Géofoncier*, p. 52).

À NOTER

Existe-t-il une « marche à suivre » pour le bornage amiable ? La loi n'a soumis le bornage à aucune forme particulière. Pourtant, en pratique, la procédure doit toujours commencer par le rapprochement des voisins. Elle se termine après la pose des bornes – ou le repérage des limites – par la signature d'un plan et/ou d'un procès-verbal de bornage par l'ensemble des propriétaires concernés.
Les textes n'imposent pas le recours à un professionnel. Ceci étant, si les voisins en décident ainsi, ils doivent s'adresser à un géomètre-expert. Il est en effet le seul professionnel à pouvoir exercer certaines missions, dont le bornage. Son activité est encadrée par la loi, il est inscrit à l'Ordre des géomètres-experts et titulaire d'une carte. Il peut intervenir à l'amiable, sur demande des voisins, ou être désigné dans le cadre d'une procédure judiciaire comme expert.
Site Internet : www.geometre-expert.fr
L'ordre des géomètres-experts édite une notice à destination des propriétaires riverains intitulée « Bornage amiable ». Elle liste des questions clés concernant la réunion (documents à emporter pour le rendez-vous, déroulement de celle-ci et ses suites). Cette notice est accessible *via* le lien : www.geometre-expert.fr/upload/docs/application/pdf/2018-01/notice_riverains_peuplades_def.pdf.

Déposer l'acte chez un notaire aux fins de publication au Service de publicité foncière peut également s'avérer une sage précaution. Selon le site des Notaires de France, « pour rendre le bornage définitif, il est prudent de faire publier le procès-verbal de bornage au fichier immobilier. Ainsi aucune contestation sur les limites du terrain ne sera possible par les propriétaires actuels des terrains concernés mais aussi par les suivants. Le recours à un notaire est nécessaire. »

Les honoraires des géomètres-experts

Il est difficile de donner un ordre d'idée de ce coût. Tout dépend de l'importance du travail du géomètre (recherche des titres, taille des terrains, difficultés intrinsèques à l'affaire confiée…). De plus, les honoraires de ces professionnels sont libres (non tarifés). On peut cependant donner comme fourchette de prix, pour un bornage de difficulté moyenne, une somme comprise entre 600 € et 2 000 €.
En cas de bornage amiable, on doit appliquer la règle prévue en cas de bornage forcé à savoir le partage des frais, sauf accord spécifique des intéressés prévoyant un autre mode de répartition (par exemple, on peut prévoir des frais proportionnels aux superficies respectives des voisins ; art. 646, C. civ.) (Ch. H. Gallet : *La répartition des frais de bornage entre les propriétaires des fonds contigus* : Rev. loyers 1991, p. 305).

Forme du procès-verbal

La loi n'impose aucune forme particulière à l'accord des propriétaires intéressés. Leur signature sur l'acte est cependant exigée. Il fait l'objet d'une présentation normalisée quand il est rédigé par un géomètre-expert.

Cas pratiques

- **Peut-on revenir sur un bornage amiable que l'on a signé en assignant son voisin ?**

J'ai donné mon accord sur le passage de la limite de séparation entre nos deux terrains (acte signé).

Un bornage amiable signé rend en principe impossible un bornage judiciaire. Comme le précise une décision : « *Dès lors qu'un propriétaire a donné son accord sur le passage de la ligne divisoire entre les héritages, il ne peut ensuite solliciter un reculement de la clôture du voisin, la convention ayant déterminé entre les parties les limites de possession sur les lieux litigieux* » (C. cass., civ. 3e, 3.11.1983, D. 84, IR, p. 424).

- **La réponse est-elle la même si je fais la preuve que j'ai été abusé ?**

La convention de bornage peut comme tout contrat être annulée pour vice du consentement (erreur, dol, violence). À vous de faire la preuve d'un élément ayant faussé votre consentement.

› Les effets

Le procès-verbal de bornage signé par toutes les parties a la valeur d'un contrat. Il constitue un titre entre les voisins concernant la délimitation de leurs propriétés et rend en principe impossible un bornage judiciaire.

Cependant, dans le premier cas, comme tout contrat, il peut être annulé pour vice du consentement (erreur, dol, violence) de l'une des parties (art. 1130 et s., C. civ.).

À NOTER

Les vices du consentement Selon le Code civil, il n'y a pas de consentement valable à un contrat, si celui-ci n'a pas été extorqué par la violence ou surpris par dol (art. 1130, C. civ.). S'ils sont prouvés avant un certain délai, ces éléments peuvent entraîner la nullité du contrat.

Tel serait le cas s'il contient une erreur sur la largeur d'un passage (propriété d'un des voisins), comme dans les décisions ci-après. Tel pourrait également être le cas dans l'hypothèse de la découverte, par suite de fouilles (pratiquées pour l'établissement des bornes nouvelles) de bornes anciennes dont l'existence était inconnue au moment de la convention.

Cas pratique

Une décision précise ainsi : « *Ayant, par une appréciation souveraine du titre et des documents de la cause, reconnu que le procès-verbal amiable de l'expert était entaché d'erreur sur la largeur du passage, propriété de l'une des parties, la cour d'appel a souverainement retenu que le consentement de cette dernière s'était trouvé vicié par une erreur sur la substance objet de la convention, ce qui doit entraîner la nullité de ce bornage* » (C. cass., civ. 3e, 3.11.1981, D. 83, IR, p. 369).

S'il s'agit d'un jugement ayant homologué le procès-verbal amiable, il peut être attaqué dans le cadre des voies de recours : appel ou pourvoi en cassation.

Cas pratiques

• **Un procès-verbal de bornage peut-il être considéré comme un acte de propriété ?**

Non, selon les tribunaux, un procès-verbal de bornage ne constitue pas un acte translatif de propriété ; il ne peut pas, à lui seul, faire échec à une action en revendication de propriété. Sur les règles relatives au bornage amiable, voir *Quelle est la nature de l'action en bornage ?*, p. 60.

Dans une affaire, des propriétaires assignaient leur voisin en revendication d'un chemin séparant la parcelle leur appartenant. Les premiers juges estimaient que l'action en revendication était irrecevable car les voisins avaient signé auparavant un procès-verbal de bornage décrivant précisément les limites, les points d'implantation des bornes, les fonds concernés, en attribuant l'assiette du chemin litigieux à leur adversaire. En signant cet acte et en acceptant l'implantation des bornes et marques sur son fonds, le plaignant n'avait pu qu'accepter la rectification des limites cadastrales et reconnaître les limites ainsi déterminées. Ce raisonnement n'est pas accepté par la Cour de cassation qui casse l'arrêt : une cour d'appel ne peut pas se fonder exclusivement sur un procès-verbal de bornage, qui ne constitue pas un acte translatif de propriété, pour attribuer la propriété d'un chemin (C. cass., civ. 3e, 8.12.2004, 03-17.241). Un arrêt ultérieur confirme cette interprétation : l'accord des parties sur la délimitation des fonds n'implique pas, à lui seul, leur accord sur la propriété des parcelles litigieuses (C. cass., civ. 3e, 23.5.2013, n° 12-13898).

• **Mon voisin me propose un bornage amiable. Les opérations ont commencé mais compte tenu de la tournure des événements (mauvaise foi de mon voisin…), je préfère saisir le juge. Le puis-je encore ?**

Oui, puisqu'il ne s'agit que d'une tentative d'accord amiable. Cela ne constitue pas un engagement irrévocable de votre part puisque vous n'avez rien signé.

Le bornage judiciaire

Indispensable dès lors que les voisins n'arrivent pas à s'entendre sur les délimitations du terrain ou refusent le bornage amiable, le bornage judiciaire peut également être ordonné de façon générale en cas de difficulté juridique quant à l'appréciation des limites de chaque propriété. Il n'est possible que si le fonds n'a pas fait l'objet d'un précédent bornage (sur les effets du bornage amiable, voir Les effets, p. 57).

Qu'est-ce que l'action en bornage ?

› Le principe

Il peut arriver qu'un voisin refuse le bornage. La loi prévoit dans cette hypothèse qu'il peut être imposé : « *Tout propriétaire peut obliger son voisin au bornage de leurs propriétés contiguës. Le bornage se fait à frais communs* » (art. 646, C. civ.).
À défaut d'accord entre voisins, le bornage est donc judiciaire : le voisin demandant le bornage saisit le tribunal.
Le tribunal va, la plupart du temps, vérifier les titres de propriété (ou les droits résultant de la prescription acquisitive – voir *La prescription acquisitive et la possession*, p. 9), déterminer la contenance des parcelles en désignant un expert, recueillir les éléments d'information utiles, faire procéder aux mesures d'arpentage nécessaires pour tracer en présence des parties la ligne séparative.
Un procès-verbal de bornage sera établi, signé par les voisins et homologué par le tribunal en cas d'accord des parties (il est toujours préférable de disposer d'un jugement valant titre exécutoire). À défaut d'accord, le juge tranchera le différend sur la base du dossier et des conclusions de l'expert désigné. Le juge ordonne ensuite la pose des bornes et la répartition des frais.
Attention : une telle action est subordonnée à l'absence de délimitation antérieure. Comme vu ci-avant, un procès-verbal de bornage amiable rend impossible un bornage judiciaire (voir *Les effets*, p. 57).

Cas pratique

Encore faut-il que cette délimitation consiste bien en des bornes. Tel n'est pas le cas dans une affaire où l'arrêt d'appel avait retenu qu'à l'examen du document d'arpentage annexé au procès-verbal de bornage amiable, il ressortait que les limites séparatives avaient été matérialisées (par des tracés rouges) et que ces matérialisations ont été acceptées par les parties comme le montrent les signatures apposées par les voisins. L'arrêt d'appel en avait déduit que l'action en bornage était irrecevable. En effet, selon la Cour de cassation, une demande en bornage judiciaire n'est irrecevable que si la limite divisoire fixée entre les fonds a été matérialisée par des bornes (C. cass., civ. 3e, 19.1.2011, n° 09-71207).

Pour borner son terrain, une autre condition s'impose : que les fonds soient contigus. Ce que les tribunaux rappellent régulièrement :
- dans une décision, un ruisseau séparait les propriétés. La Cour de cassation précise ici que « l'action en bornage ne peut être exercée lorsque les fonds sont séparés par un ruisseau formant entre eux une limite naturelle » (C. cass., civ. 3e, 12.10.2004, n° 03-12727) ;
- dans une autre décision, l'obstacle était une falaise, qualifiée de frontière naturelle infranchissable du moins sans moyens techniques appropriés (C. cass., civ. 3e, 13.12.2018, n° 17-31270).

En revanche, il y a contiguïté si les fonds sont séparés par un chemin d'exploitation (C. cass., civ. 3e, 8.12.2010, n° 09-17005).

› Devant quelle juridiction doit-elle être portée ?

C'est le tribunal judiciaire du lieu de situation de l'immeuble qui est compétent (art. R. 211-3-4 et R. 211-15, COJ). L'assistance par avocat n'est pas obligatoire en la matière (art. 761, CPC, Annexe Tableau IV-II, 6°, issu du décret n° 2019-1333 du 11 décembre 2019). Attention : introduire une action en justice en bornage vous impose, depuis les derniers textes, une tentative d'accord amiable préalable avant de saisir le juge (voir l'encadré À noter dans *Recours au conciliateur de justice*, p. 293).

Cas pratique

L'expert désigné par le juge a déposé un rapport dans lequel est affirmée l'existence d'un accord entre moi et mon voisin. Le juge nous a ordonné de signer, dans un délai d'1 mois, un acte notarié de délimitation de propriété conforme au rapport faute de quoi sa décision vaudra titre de propriété et pourra être publiée. Comment faire pour contester cette décision (et les conclusions de l'expert) ?

Il faut contester cette décision dans le cadre d'un appel en vous appuyant sur une décision de la Cour de cassation qui a considéré, dans une affaire proche de la vôtre, que les constatations de l'expert sont sans valeur au regard de la preuve de l'accord, cette preuve de l'accord des voisins ne pouvant être faite que conformément aux règles du Code civil (C. cass., civ. 3e, 11.3.2003, BC n° 71).

› Quelle est la nature de l'action en bornage ?

L'action en bornage n'a aucun effet sur la propriété des fonds. Elle n'est pas assimilée à une action en revendication de propriété. Ce point a été précisé dans les remarques préliminaires. Des conséquences pratiques importantes en découlent pour les personnes concernées. Ainsi, même si elles disposent d'un jugement définitif statuant sur leur bornage, ce jugement ne fait pas obstacle en soi à ce que les tribunaux soient amenés à se prononcer sur la question de la réalité de la propriété de la parcelle ayant fait l'objet du bornage (sous réserve bien entendu que le juge du bornage n'ait pas tranché la question de la propriété, ce qui, en pratique, est parfois le cas ; C. cass., civ. 3e, 10.6.2015, n° 14-14311, 14-20428).

Cas pratiques

- Un particulier assigne en expulsion son voisin qui occupe une parcelle d'un terrain qu'il estime lui appartenir. Sa demande est rejetée en appel : pour la cour d'appel, un jugement avait précédemment fixé les limites séparatives des deux fonds en tenant compte du titre de propriété et de son occupation trentenaire (au titre de la prescription acquisitive). Cette décision était irrévocable.
L'arrêt d'appel est pourtant cassé par la Cour de cassation. Le jugement passé en force de chose jugée n'avait statué que sur une demande en bornage tendant exclusivement à la fixation de la limite séparative de deux terrains. Il n'avait pas eu à trancher la question de la propriété de la parcelle litigieuse. Il ne faisait donc pas obstacle à une action en revendication (C. cass., civ. 3e, 28.10.1992, BC n° 282).
- Un particulier se prétend propriétaire d'une parcelle demeurée, à la suite d'un arrêt de bornage irrévocable, sur le fonds de ses voisins. En effet, un jugement du tribunal d'instance, compétent à l'époque, confirmé en appel, avait précédemment ordonné le bornage des propriétés contiguës en « attribuant » cette parcelle à son voisin. Cela ne l'arrête pas puisqu'il saisit le tribunal de grande instance, compétent à l'époque, d'une revendication de propriété sur cette parcelle.
En un premier temps, il échoue, les premiers juges estimant que la question de la propriété avait été tranchée de façon définitive, avec autorité de chose jugée.
Cependant, la Cour de cassation casse cet arrêt pour violation de la loi : une action en bornage n'a pas le même objet qu'une action en revendication de propriété. En conséquence, le litige de cette personne peut être à nouveau étudié (C. cass., civ. 3e, 18.10.2006, n° 05-13852).

Une autre conséquence concerne la question de l'interruption de la prescription de celui qui veut prescrire la propriété d'un terrain. L'interruption de la prescription est un événement qui arrête le cours du délai de prescription et anéantit rétroactivement le temps déjà accompli. Ainsi, par exemple, une action en justice interrompt un délai de prescription. La prescription acquisitive (ou usucapion) est un moyen d'acquérir une propriété en la possédant de façon continue, non interrompue, paisible, publique, non équivoque et à titre de propriétaire (art. 2229 et s., C. civ.). Celui qui, par exemple, occupe pendant plus de 30 ans un terrain comme s'il en était le propriétaire, sans revendication quelconque d'un tiers et en payant les charges et impôts relatifs à ce terrain, peut être considéré comme propriétaire légitime. Cela signifie que la possession se transforme en droit de propriété définitif qui met l'occupant à l'abri de toute revendication.
Or, il a été jugé que le fait d'assigner en bornage n'est pas un acte interruptif de la prescription permettant l'acquisition de la propriété d'un bien (C. cass., civ. 3e, 21.11.1984, BC n° 197).

Qui peut demander le bornage et dans quel délai ?

Tout propriétaire concerné peut demander le bornage. Il en est de même de toutes personnes établissant ses droits réels sur le terrain : usufruitiers ou nus-propriétaires, par exemple. En ce qui concerne les indivisaires, la question s'est posée de savoir si un seul indivisaire pouvait demander le bornage. Avant la réforme des règles de gestion de l'indivision (loi n° 2006-728 du 23 juin 2006), la question était négative puisque la loi imposait l'accord de tous pour **les actes d'administration** (voir C. cass. civ. 3e, 9.7.2003, n° 01-15613). La situation aujourd'hui est différente. En effet, l'article 815-3 du Code civil prévoit que les indivisaires titulaires d'au moins deux tiers des droits indivis peuvent, à cette majorité effectuer les actes d'administration relatifs aux biens indivis. En revanche, ce même article exige le consentement de tous les indivisaires pour effectuer **tout acte qui ne ressort pas de l'exploitation normale des biens indivis** et ils sont tenus d'en informer les autres indivisaires car, à défaut, les décisions prises sont inopposables à ces derniers. Il reste donc à apprécier, en fonction du contexte, si la demande de bornage ressort ou non de l'exploitation normale.
La demande de bornage n'est enfermée dans aucun délai. Elle est imprescriptible.

› Les éléments sur lesquels se fonde le juge

En cas de conflit entre les propriétaires contigus, sur quels éléments va se fonder le juge pour délimiter les parcelles ?
Comme indiqué précédemment, il peut trancher sur la base d'un bornage antérieur, d'un jugement définitif ou d'un titre de propriété portant la mention claire et précise de la contenance d'un terrain. En dehors de ces cas, la preuve (qui peut être contestée) peut résulter de la découverte d'anciennes bornes, d'attestations de l'entourage, du cadastre, de la configuration des terrains respectifs...

Cas pratique

Le fait qu'il existe des bornes en place et que le bornage corresponde aux superficies des actes de propriété peut autoriser le juge à débouter le demandeur à l'action en bornage.

En revanche, le juge doit vérifier si l'implantation actuelle des bornes est restée conforme à celle précédemment fixée et déclarer l'action en bornage recevable et bien fondée, s'il résulte des constatations de l'expert que les écarts relevés, dus pour partie à l'évolution des techniques du matériel ou à un glissement de terrain, dépassent les tolérances admissibles et sont imputables, de manière certaine, à un déplacement volontaire des bornes (CA Agen, 1re ch., 19.10.2004, R.G. n° 03/1257).
Le juge peut se déterminer par l'étude du cadastre. Ce document fiscal ne constitue cependant pas une preuve de la propriété foncière, mais un simple indice (jurisprudence constante et notamment : C. cass., civ. 3e, 3.3.1976, D. 78, p. 253 ; voir *Le cadastre*, p. 53).

Cas pratiques

- Si le plan cadastral est confirmé sur les lieux par une ligne séparative balisée de poteaux, s'il y a implantation de bornes, si la limite a été, de l'aveu des parties, respectée, l'action en bornage est sans objet (C. cass., civ. 3e, 14.1.1987, D. 88, IR, p. 13).
- À l'inverse, des marques anciennes de possession peuvent l'emporter sur le cadastre (C. cass., civ. 3e, 17.3.2016, n° 14-22298, 14-26594).

Le juge peut également tenir compte d'éléments de fond concernant la propriété de parcelles. Par exemple, peut être invoqué par celui à qui est demandé le bornage le fait qu'il est bien propriétaire de la parcelle par prescription, ce qui présume l'exactitude des limites alléguées (C. cass., civ. 3e, 25.3.1992, D. 93, som., p. 36 ; 24.1.1990, D. 91, som., p. 20). Il en était de même, dans une autre affaire, où il s'agissait d'opposer à la demande de bornage d'un voisin (suite à des actes présumés d'empiètement) l'acquisition par prescription d'une bande du terrain contiguë (C. cass., civ. 3e, 20.12.2018, n° 17-28107). Sur cette question, voir *La prescription acquisitive et la possession*, p. 9.
Enfin, le juge peut ordonner une expertise contradictoire.
En fait, les juges font une appréciation souveraine de la valeur des documents produits et feront prévaloir tel document par rapport à tel autre s'il leur paraît plus probant.

Cas pratique

Je suis l'objet d'une procédure, engagée par mon voisin, tenant au bornage de mon terrain. Je suis furieux car il en profite pour demander que les limites de son terrain soient repoussées chez moi. J'ai l'intention de faire obstruction aux opérations de l'expert. Que me conseillez-vous ?

Nous vous le déconseillons formellement car votre attitude peut se retourner contre vous. Tel était le cas dans une affaire où, bien que convoquée par l'expert à trois reprises, par lettres recommandées avec avis de réception, l'une des parties à l'action en bornage s'était dispensée de se présenter aux réunions d'expertise en vue d'établir les limites des propriétés, tout en présentant ses observations à l'encontre du projet de rapport. De plus, lors de la première réunion, cette partie avait refusé de laisser pénétrer l'expert sur son terrain et s'était retirée. La cour d'appel a dans cette affaire décidé d'homologuer le rapport d'expertise (C. cass., civ. 3e, 5.10.1994, BC n° 162).

› Frais de la procédure

Le bornage se fait à frais communs précise l'article 646 du Code civil. Cependant, le juge peut mettre tous les frais y compris les frais d'expertise et les dépens à la charge d'un des voisins en cas d'abus de droit quand il est démontré que l'action en bornage a été rendue nécessaire par une résistance injustifiée du défendeur ou si celui-ci a formulé une contestation également injustifiée.

Cas pratique

Il a ainsi été jugé que la règle du partage des frais et dépens d'une instance en bornage entre toutes les parties à l'instance ne peut être écartée que s'il est démontré que l'action en bornage a été rendue nécessaire par une résistance injustifiée du défendeur ou si celui-ci a formulé une contestation également injustifiée. Dans la présente affaire, le tracé de la limite étant vraiment litigieux, aucun élément ne permettait de déroger à la règle du partage des frais de l'article 646 du Code civil (TI Caen, 15.5.1990, Rev. loyers 1991, p. 307).

Les clôtures

➤ **Le droit de se clore consiste dans la possibilité de barrer l'accès à sa propriété.**

➤ **Chaque propriétaire est libre de clore son terrain afin d'éviter d'éventuelles incursions extérieures ou l'empiètement du voisin sur sa propriété. C'est une conséquence du droit de propriété (art. 544, C. civ.).**

➤ **Le bornage est un droit imprescriptible, on ne peut en perdre la possibilité.**

Le cadre légal

Les règles concernant les clôtures sont traitées dans le Code civil et le Code de l'urbanisme. Il faut également prendre en considération la réglementation locale (usages codifiés, plan d'urbanisme...) qui peut être connue en s'adressant à sa mairie ou sa préfecture (voir Où trouver les informations ?, p. 282).

Textes

› Le Code civil

L'article 647 du Code civil prévoit le droit pour tout propriétaire de se clore. L'article 648 du même Code ajoute : « *Le propriétaire qui veut se clore perd son droit au parcours et vaine pâture en proportion du terrain qu'il y soustrait.* » (le droit de vaine pâture, qui n'intéresse que les biens ruraux, consiste pour un ou plusieurs propriétaires, dans la possibilité de faire paître leur bétail sur les terrains d'autrui : art. L. 651-1 et s., C. rural et de la pêche maritime).
Mais le Code civil traite aussi :
- de la présomption de mitoyenneté de la clôture (art. 666 et 667) ;
- de certains types de clôtures : le mur mitoyen (art. 653 et s.), la haie – ou les arbres plantés dans la haie – et le fossé (art. 668 à 670 ; voir *La mitoyenneté*, p. 3).
L'article 663 prévoit la clôture forcée des voisins « *dans les villes et faubourgs* » qui doivent contribuer « *aux constructions et réparations de la clôture faisant séparation de leurs maisons, cours et jardins assis ès dites villes et faubourgs [...]* ».

› Le Code de l'urbanisme

Les articles L. 421-4 et R.* 421-12 du Code de l'urbanisme concernent la déclaration de clôture à établir, dans certains cas, auprès des mairies avant de commencer les travaux. Toutefois la déclaration préalable de travaux pour clôture est toujours obligatoire lorsque la propriété est située dans le périmètre d'un site patrimonial remarquable, ou aux abords d'un monument historique (voir *Quand faut-il déclarer le projet de clôture en mairie ?*, p. 70).

Libre droit de se clore et ses modalités

L'article 647 du Code civil l'affirme d'emblée : « *Tout propriétaire peut clore son héritage [...].* »
Le Code civil reconnaît le droit à tout propriétaire d'un terrain de se clôturer, sous réserve de ne pas supprimer ou de rendre incommode l'exercice d'éventuelles servitudes légales ou conventionnelles (droit de passage, servitude d'écoulement des eaux... – voir *Les servitudes entre voisins*, p. 75), de ne pas occasionner de trouble excédant les inconvénients normaux de voisinage ou encore de respecter les règles

de l'urbanisme. Dans certaines zones, une déclaration administrative préalable en mairie est en effet nécessaire avant toute édification.

› Chacun peut choisir l'emplacement de la clôture

La clôture peut être édifiée sur le terrain de celui qui l'installe, en retrait de la limite séparative. Elle peut être établie le long de la limite séparative. Dans ces deux cas, elle appartient au propriétaire de ce terrain. Dans la seconde hypothèse, le voisin peut demander par la suite, s'il s'agit d'un mur, à en acquérir la mitoyenneté.
Mais les voisins peuvent préférer s'entendre sur l'édification d'une clôture mitoyenne qu'ils établiront alors à cheval sur la limite séparative à frais communs.
Si, comme on le verra ci-après, le Code civil prévoit la possibilité de contraindre son voisin à l'édification d'une clôture, il n'est en revanche pas possible, sauf exception, de le contraindre à en acquérir la mitoyenneté quand elle est édifiée.
Sur toutes ces questions, voir *La mitoyenneté*, p. 3.

› Chacun peut choisir le type de clôture

De grandes variétés de clôtures existent : mur, palissade, grille, barrière, grillage, haie, fossé, pieux, fils métalliques, treillage, barbelés, portail…
Pourtant, les textes (le Code civil pour la clôture forcée, les murs, haies et fossés mitoyens ; le Code de l'urbanisme pour la déclaration de clôture) sont intervenus pour limiter cette liberté. Des restrictions d'urbanisme (plans locaux d'urbanisme, notamment) peuvent également imposer des prescriptions (hauteur, matériaux…).

À NOTER

Respecter les limites de copropriété Le fait d'édifier une clôture ne marque pas de façon définitive la limite de la propriété. Avant de clore, il peut donc, le cas échéant, être utile de marquer les limites de son terrain par un bornage (voir *Le bornage*, p. 45).

› La clôture mitoyenne

Aucun voisin ne peut s'opposer à la mise en place d'une clôture. Dès lors qu'elle n'empiète pas sur un autre terrain, elle peut être posée, contrairement au bornage amiable, sans autorisation du voisin. Sauf accord entre les voisins, la clôture devra être implantée sur le terrain de celui qui la met en place et non à cheval sur la limite séparative. Seul celui qui décide de la construire devra en supporter le coût. Mais les propriétaires des terrains peuvent également s'entendre pour mettre une clôture commune en se soumettant aux règles de la mitoyenneté (voir *La mitoyenneté*, p. 3).
Ce droit est une faculté laissée à l'appréciation du propriétaire du terrain mais cela peut parfois être une obligation. C'est ce que l'on appelle la clôture forcée rendue possible par la loi dans les « villes et faubourgs ».

Restrictions au droit de se clore

La possibilité de se clore est limitée par l'existence de servitudes ou par des considérations d'urbanisme. De même, comme tout droit, il peut donner lieu à des abus qui sont sanctionnés par les tribunaux.

› Les servitudes

• L'écoulement des eaux provenant naturellement des fonds supérieurs

La loi prévoit qu'il est possible de se clôturer sous réserve de ménager dans la clôture des ouvertures permettant le libre écoulement des eaux (art. 640, C. civ.).

• La servitude de passage en cas d'enclave

Le propriétaire d'un fonds, grevé d'une servitude de passage laissant le passage à son voisin enclavé, peut effectuer tous les travaux qui lui sont nécessaires sur son fonds mais il ne doit pas diminuer l'usage de la servitude de passage ou la rendre moins commode, en fermant le passage par exemple (voir *Le droit de passage en cas d'enclave*, p. 94).

• Les règles de construction à respecter

L'édification d'une clôture peut faire l'objet de prescriptions spéciales concernant la nature, la hauteur ou l'aspect extérieur de la clôture pour des motifs d'urbanisme et d'environnement. Dans un premier temps, il est donc indispensable de se renseigner auprès du service d'urbanisme de la mairie du lieu d'édification de la clôture pour savoir s'il existe des règlements particuliers (plan local d'urbanisme notamment) ou des usages locaux constants et reconnus.

À NOTER

Des droits en concurrence Cette possibilité peut également se heurter à d'autres considérations, comme dans l'exemple suivant. Le propriétaire de terrains, traversés par un chemin, souhaitait se clore. La commune s'y opposait en soutenant qu'il s'agissait d'un chemin rural. Le propriétaire l'assigne en invoquant une voie de fait résultant de l'appropriation par cette dernière de l'assiette du chemin. Il a échoué car la commune, dont la possession était demeurée paisible, s'était comportée pendant plus de 30 ans comme propriétaire du chemin. Elle l'avait donc acquis par prescription (C. cass., civ. 3e, 1.2.2018, n° 16-23200). Sur cette question, voir *La prescription acquisitive et la possession,* p. 9 et *Les chemins ruraux et les chemins d'exploitation,* p. 165.

› L'abus de droit et l'inconvénient anormal de voisinage

Cette notion intervient parfois dans le choix du type de clôture. Ce choix est libre mais ne doit pas avoir été effectué pour nuire à son voisin ou encore lui causer un trouble excessif (perte d'ensoleillement, caractère inesthétique… voir aussi *Le mur mitoyen*, p. 14).

Cas pratique

Les propriétaires d'un terrain sur lequel est édifiée leur maison à usage d'habitation assignent en justice les propriétaires du fonds voisin. Ils demandent la démolition de la clôture séparative et le paiement de dommages et intérêts pour trouble anormal de voisinage. Ces derniers demandent en retour la condamnation des voisins en paiement de dommages et intérêts pour procédure manifestement abusive. Il a été jugé dans cette affaire que la clôture ne présentait pas un aspect inesthétique caractérisé. Les voisins justifiaient de la conformité des travaux réalisés avec l'autorisation municipale. Surtout, il n'était pas démontré que le dépérissement de la végétation constaté sur le fonds voisin était imputable à leurs voisins. La demande fondée sur la procédure abusive a également été rejetée (C. cass., civ. 1re, 18.1.2011, n° 09-17459).

À NOTER

Hauteurs à respecter Le Code civil impose une certaine hauteur en cas de clôture forcée (voir *Modalités de la clôture forcée*, p. 73).

À NOTER

Les clôtures électriques Des règles particulières peuvent être prescrites quand la clôture présente un danger, comme par exemple les clôtures électriques (circulaire n° 223, 7.4.1965 ; rép. min. n° 32610, JOAN Q, 22.10.1990, p. 4971 : notamment sur l'obligation de signaler la clôture aux passants par des panneaux et sur l'interdiction de branchement direct sur une source d'énergie extérieure sur le réseau de distribution, en particulier).

Les procédures

Depuis le 1er octobre 2007, la procédure spécifique de déclaration de clôture est supprimée.
La réforme des règles d'urbanisme a en effet simplifié les formalités administratives. Les anciennes et diverses autorisations sont désormais regroupées en une seule procédure : la déclaration préalable de travaux.
Concernant les clôtures, leur édification peut être soumise à une déclaration préalable ou, au contraire, être libre de toutes formalités. Leurs statuts dépendent de leurs emplacements.

Déclaration de clôture

› Quand faut-il déclarer le projet de clôture en mairie ?

Doit être précédée d'une déclaration préalable l'édification d'une clôture située :
- dans le périmètre d'un site patrimonial remarquable classé ou dans les abords des monuments historiques (définis à l'article L. 621-30 du Code du patrimoine) ;
- dans un site inscrit ou classé ;
- dans un secteur délimité par le plan local d'urbanisme ;
- dans une commune ou partie de commune où le conseil municipal a décidé de soumettre les clôtures à déclaration (art. R.* 421-12, C. urb.).

Certaines clôtures sont dispensées de toutes formalités administratives et peuvent être installées librement. Il s'agit :
- des clôtures nécessaires à l'activité agricole ou forestière ;
- des clôtures qui ne sont pas comprises dans la liste de celles devant être précédées d'une déclaration préalable et, s'il s'agit d'un mur, d'une hauteur inférieure ou égale à 2 mètres.

Il est donc important de se renseigner à sa mairie avant d'entreprendre les travaux.

› Comment faire la déclaration ?

Il convient de remplir une déclaration (fournie par la mairie) et de constituer un dossier (en deux exemplaires). Le tout doit être déposé à la mairie contre décharge ou être adressé à la mairie par lettre recommandée avec avis de réception. Le dossier doit être déposé avant le commencement des travaux (art. R.* 423-1 et s., C. urb.).

Le dossier comprend un plan de situation du terrain, un plan sommaire des lieux comportant l'implantation de la clôture projetée, un croquis de la clôture faisant apparaître sa dimension et la nature des matériaux à utiliser.

Lorsque le dossier est complet, le délai d'instruction est d'1 mois, éventuellement porté à 2 mois (quand il faut consulter un service ou une commission, par exemple, le projet est situé dans le périmètre de protection d'un monument historique).
La déclaration doit être affichée en mairie dans les 8 jours de sa réception. La date à laquelle les travaux peuvent être exécutés, en l'absence d'opposition, doit être spécifiée sur l'affichage. Dès la date à partir de laquelle la clôture peut être édifiée, la mention qu'il n'a pas été formé d'opposition doit être affichée sur le terrain par le déclarant (art. R.* 424-15 et s., C. urb.).
Pendant l'instruction, l'Administration peut s'opposer au projet ou imposer des prescriptions spéciales concernant la nature, la hauteur ou l'aspect extérieur de la clôture. En l'absence d'opposition dans ce délai, les travaux peuvent être commencés.
La décision est donc, soit :
- positive (tacite ou expresse) : les travaux peuvent être entrepris conformément à la déclaration ou assortis de prescriptions pour des motifs d'urbanisme ou d'environnement ;
- négative : un refus est opposé au projet de clôture ; il doit alors être motivé.

Cas pratique

Le maire peut-il s'opposer à l'édification d'une clôture ?

Quand la clôture est soumise à déclaration préalable, le maire peut effectivement s'opposer à l'édification de la clôture. Les motifs d'opposition sont cependant limités : le maire doit établir l'incompatibilité de la clôture avec une servitude d'utilité publique ou le fait qu'elle fasse obstacle à la libre circulation des piétons admise par les usages locaux. Dans une affaire, le maire avait fondé son refus sur, d'une part, l'obstacle à la libre circulation des véhicules et notamment des engins de lutte contre l'incendie, et, d'autre part, sur le fait que la clôture aurait pour effet de supprimer l'accès à un garage d'un immeuble voisin. Sa décision a été annulée en justice (Conseil d'État, 31.7.1996).

› Les sanctions du défaut de déclaration

L'absence de déclaration administrative peut entraîner des sanctions pénales et (ou) la démolition de l'ouvrage (art. L. 480-4, C. urb.).

Cas pratique

Un propriétaire délimite sa propriété à l'aide d'un muret supportant un grillage. Poursuivi pour avoir omis de faire la déclaration préalable de travaux à la mairie, il argumente qu'il s'agit d'un mur de soutènement non soumis à l'obligation déclarative.
La sanction, une forte amende financière et l'obligation de démolir le mur, est confirmée par la Cour de cassation, car la fonction réelle du mur n'était pas une fonction de soutien mais simplement de clôture de son terrain. Son édification aurait donc dû faire l'objet d'une déclaration préalable de travaux (C. cass., crim., 14.1.2020, n° A-19-81.542).

Obligation de se clore : la clôture forcée

L'article 663 du Code civil précise : « *Chacun peut contraindre son voisin, dans les villes et faubourgs, à contribuer aux constructions et réparations de la clôture faisant séparation de leurs maisons, cours et jardins assis ès dites villes et faubourgs : la hauteur de la clôture sera fixée suivant les règlements particuliers ou les usages constants et reconnus et, à défaut d'usages et de règlements, tout mur de séparation entre voisins, qui sera construit ou rétabli à l'avenir, doit avoir au moins 32 décimètres de hauteur, compris le chaperon, dans les villes de 50 000 âmes et au-dessus, et 26 décimètres dans les autres.* »
Comme on le constate, l'obligation de se clore est limitée aux villes et faubourgs et de façon plus générale aux terrains dépendants d'habitations. Elle ne s'applique pas, en revanche, dans un hameau ou à la campagne.

ATTENTION
Ne pas gêner l'usage d'une servitude Une clôture forcée est impossible lorsqu'elle se heurte à une servitude légale ou conventionnelle interdisant l'édification d'une clôture (servitude de vue, droit de passage, par exemple).

› Comment la demander ?

Il convient en un premier temps de s'adresser à son voisin en lui demandant d'établir une clôture, et ce, de façon amiable. Le consentement doit donc porter aussi bien sur le principe que sur les modalités de la clôture à réaliser. S'il est obtenu, l'opération est réalisée à l'amiable et les frais partagés entre les propriétaires.
En cas de refus du voisin sur le principe ou le coût, il faut s'adresser au tribunal judiciaire.

› Comment se soustraire à une clôture forcée ?

Le propriétaire, mis en demeure, par son voisin, de participer à l'édification de la clôture, peut se soustraire à cette obligation, comme en matière de mur mitoyen, en faisant abandon, au profit de son voisin, de la bande de terrain lui appartenant et sur laquelle doivent reposer les fondations du mur, qui deviendra en ce cas propriété exclusive du voisin (art. 656, C. civ.).

Cas pratiques

- **J'ai entendu parler de la règle de la clôture forcée dans les villes et faubourgs. Je ne suis pas sûr d'être concerné, habitant en dehors d'une ville. En cas de doute, que dois-je faire ? En effet, je désire édifier une clôture pour me séparer du terrain voisin et son propriétaire la refuse à l'amiable. N'y a-t-il pas moyen de l'y obliger ?**
En cas de doute, il est conseillé tout simplement de construire la clôture en limite de propriété sur votre fonds. Elle sera ainsi privative. Votre voisin pourra acquérir la mitoyenneté, par la suite, s'il change d'avis (art. 661, C. civ.). En revanche, vous ne

pouvez le forcer à en acquérir la mitoyenneté (C. cass., civ. 3e, 25.10.1983, BC n° 198). Le risque, en effet, si vous construisez à cheval sur les deux terrains est que votre voisin réagisse en demandant la démolition du mur pour empiètement sur son terrain.

- **Mon voisin, sans me demander mon avis, a clôturé son terrain avec un grillage. J'habite en ville. J'ai appris qu'il était possible de demander, en vertu de l'article 663 du Code civil, la clôture forcée entre nos deux terrains par un mur. Puis-je utiliser cet article pour lui réclamer de remplacer ce grillage par un mur ?**

Oui, vous pouvez, sur la base de cet article instituant le principe de la clôture forcée dans les « villes et faubourgs », demander à votre voisin de remplacer ce grillage par un mur. Mais attention, votre demande ne doit pas être abusive et entraîner des inconvénients anormaux de voisinage (privation d'ensoleillement...).

› Modalités de la clôture forcée

Sauf convention contraire, la clôture est nécessairement un mur et non une haie, un fossé, une palissade... La définition du mur recouvre la notion vue en matière de mitoyenneté (voir *La mitoyenneté,* p. 3).
La hauteur de la clôture est fixée conformément aux règlements particuliers ou aux usages constants et reconnus. À défaut, tout mur de séparation entre voisins doit avoir au moins, chaperon compris :
- 3,20 mètres dans les villes de plus de 50 000 habitants ;
- 2,60 mètres dans les autres communes (art. 663, C. civ.).

L'article 663 du Code civil n'ayant pas un caractère impératif, les propriétaires des terrains contigus peuvent, cependant, par commun accord, fixer une hauteur différente, inférieure ou supérieure. En revanche, si la réglementation d'urbanisme impose une hauteur moindre, c'est elle qui s'applique.
En principe, les deux propriétaires doivent contribuer pour moitié aux dépenses de construction et d'entretien du mur. Mais il est toujours possible de se mettre d'accord sur une autre répartition des frais. La répartition peut ainsi être fixée selon les proportions prévues aux divers actes conclus entre les parties pour l'entretien d'un passage (C. cass., civ. 3e, 4.7.1978, D. 79, IR, p. 59).
Faute d'accord, le tribunal fixe la quote-part de chacun.

› Statut juridique de la clôture

La clôture réalisée conformément à l'article 663 du Code civil est édifiée à cheval sur la ligne séparative. Elle est donc mitoyenne au jour de sa construction.

Cas pratique

Le plan d'urbanisme qui s'impose à ma commune prescrit une certaine hauteur pour les clôtures. Le terrain de mon voisin et le mien ne sont pas à la même hauteur (terrain en pente). Comment calculer la hauteur du mur ?

Il a été jugé que, quand un règlement d'urbanisme détermine la hauteur qu'une clôture ne doit pas excéder, cette hauteur doit être respectée du côté du fonds inférieur, si les terrains présentent entre eux une dénivellation (C. cass., civ. 3e, 29.11.1983, BC n° 247).

Les servitudes entre voisins

Le cadre général

➢ Une servitude est une charge imposée à un bâtiment ou un terrain pour l'utilité et l'usage d'un fonds appartenant à un autre propriétaire. Le propriétaire d'un terrain enclavé peut ainsi obliger son voisin à le laisser passer chez lui.

➢ On appelle fonds « dominant » celui qui profite de la servitude, et fonds « servant » celui qui la subit.

➢ La servitude est un droit réel, c'est-à-dire qu'elle est attachée au terrain (et non à son propriétaire). Elle se transmet avec le fonds de façon indivisible. En cas de vente profitant de la servitude, l'acquéreur du terrain ou du bâtiment auquel elle est rattachée en bénéficiera de plein droit.

Les différentes sortes de servitudes

Le Code civil distingue trois sortes de servitudes :
– celles qui dérivent de la nature même des lieux : ce sera par exemple la servitude d'écoulement des eaux d'un terrain supérieur vers un terrain inférieur ;
– celles découlant de la loi : le droit de passage en cas d'enclave ou les servitudes de vues ;
– celles qui peuvent résulter de conventions passées entre propriétaires voisins (exemple : le droit de pacage).
Il s'agit des servitudes conventionnelles (art. 639, C. civ.).

Servitude continue ou discontinue

Une servitude continue est celle dont l'usage est, ou peut être, continu sans avoir besoin du fait actuel de l'homme : par exemple, la servitude de vue (art. 688, C. civ.), la servitude *non ædificandi* imposant au propriétaire du fonds servant de ne pas construire ou de ne bâtir qu'à une hauteur déterminée, la servitude d'écoulement des eaux pluviales.
À l'inverse, la servitude est discontinue quand elle s'exerce par à-coups, épisodiquement : par exemple, le droit de passage en cas d'enclave, le droit de puisage, ou encore la servitude d'écoulement des eaux usées.
Une servitude peut être discontinue même si elle est rendue artificiellement permanente par l'installation d'un outillage, dès lors que cet outillage ne peut fonctionner que par la main de l'homme et sous son contrôle.
Une servitude est discontinue lorsqu'elle ne peut s'exercer qu'avec une intervention renouvelée de l'homme.

Cas pratique

Il s'agissait ici de la revendication d'une servitude de puisage. Une servitude de puisage est une servitude discontinue qui ne peut s'acquérir que par un titre (convention, acte...).
La personne qui voulait en bénéficier ne possédait pas de titre et refusait de considérer qu'il s'agissait d'une servitude discontinue. Elle faisait état d'une canalisation partant du puits et aboutissant dans sa maison à une station de pompage. La présence de cette installation attestait du caractère permanent de la servitude qui devenait ainsi une servitude continue et apparente qui pouvait s'acquérir par une possession pendant 30 ans.
Les juges ont repoussé sa demande.
La présence d'un outillage qui ne peut fonctionner qu'avec l'intervention humaine ne transforme pas une servitude discontinue en une servitude continue (C. cass., civ. 3e, 19.5.2004, Bull. civ. n° 105, p. 95).

Servitude apparente ou non apparente

Une servitude est apparente quand elle peut être visualisée par des ouvrages extérieurs, tels une fenêtre, un aqueduc servant à l'irrigation. La servitude de vue est une servitude apparente.
À l'inverse, la servitude non apparente est constituée quand aucun ouvrage visible n'en révèle l'existence : par exemple, la servitude *non ædificandi*.
Ainsi une servitude peut être continue et apparente (exemple : la servitude de vue) ou continue et non apparente (exemple : la servitude *non ædificandi*) ou discontinue et apparente (exemple : le droit de passage) ou enfin discontinue et non apparente (exemple : le droit de puisage).
Une servitude non apparente n'est pas un vice caché. Il s'agit d'une charge non déclarée lors de la vente.

Cas pratique

Après avoir découvert qu'une canalisation du canal du Midi passait par leur terrain, les acquéreurs demandent aux vendeurs une indemnisation pour la perte de valeur de celui-ci.
Le passage de cette canalisation avait fait l'objet d'une servitude conventionnelle qui n'était ni mentionnée dans l'acte de vente ni publiée au Service de la publicité foncière.
La cour d'appel leur donne raison. La servitude non déclarée constituait un vice caché. Les acquéreurs n'auraient pas acquis ce terrain au même prix s'ils avaient eu connaissance de cette servitude.
Mais la Cour de cassation casse cet arrêt. Il ne s'agit pas d'un vice caché mais d'une charge liée au terrain vendu (C. cass., civ. 3e, 27.2.2013, n° 11-28783).

Servitude ou obligation personnelle

Il est permis aux propriétaires d'établir sur, ou en faveur de leurs propriétés, telles servitudes que bon leur semble, pourvu néanmoins que les services établis ne soient imposés ni à la personne, ni en faveur de la personne, mais seulement à un fonds et pour un fonds, et pourvu que ces services n'aient d'ailleurs rien de contraire à l'ordre public (art. 686, C. civ.).
La servitude doit être affectée à un fonds. Le fonds dominant est celui qui bénéficie de la servitude et le fonds servant est celui qui la subit. Lorsqu'il n'y a pas de fonds dominant, il n'y a pas de servitude.

Cas pratique

Dans l'acte de vente d'un terrain, était prévue l'interdiction, faite aux divers commerçants qui viendraient à s'installer sur le terrain vendu, de fabriquer ou vendre du pain et de la pâtisserie, dans leur forme artisanale et ce, quel que soit le type de commerce qui y serait exercé.

Après avoir édifié sur ce terrain un immeuble comprenant des locaux à usage commercial, l'acquéreur le revend à un nouvel acquéreur, par un acte reproduisant cette même clause.
Puis, le dernier acquéreur donne à une société le fonds de commerce en location-gérance, pour y exploiter un supermarché.
Les premiers vendeurs évoquent alors le non-respect de la clause d'interdiction figurant dans le contrat de vente d'origine, et assignent les acquéreurs successifs ainsi que le locataire gérant pour obtenir la cessation de ce manquement et la réparation de leur préjudice.
Les juges ont refusé de voir dans cette clause une servitude puisque l'interdiction d'exploiter une boulangerie n'était pas établie pour le bénéfice d'un autre fonds de commerce (non-concurrence) mais n'était insérée que pour le respect de la mémoire du propriétaire précédent (il s'agissait en l'occurrence d'une obligation personnelle) (C. cass., civ. 3e, 4.7.2001, Bull. civ. n° 94).

Servitude et copropriété

La servitude n'existe que sur des fonds appartenant à des propriétaires privés différents. Les tribunaux ont en effet considéré qu'une servitude, qui suppose l'existence de deux fonds distincts, ne pouvait pas être prévue sur une partie commune de l'immeuble au profit d'un lot privatif. Cela est aujourd'hui précisé sous l'article 6-1 A de la loi du 10 juillet 1965, créé par l'ordonnance n° 2019-1101 du 30 octobre 2019 et applicable depuis le 1er juin 2020 : « *Aucune servitude ne peut être établie sur une partie commune au profit d'un lot.* » Pour plus de renseignements sur la copropriété, on peut se reporter au livre : *La copropriété de A à Z*, chez le même éditeur.
Si une servitude ne peut pas concerner les parties communes d'un immeuble, elle peut en revanche exister entre deux parties privatives (puisque ces parties privatives appartiennent à deux copropriétaires différents).

Cas pratique

Deux garages (lot 2 et lot 3) faisant partie d'une copropriété, étaient contigus. Le lot 2 était enclavé et le propriétaire du lot 3 lui interdisait le passage.
Le propriétaire du lot 2 revendiquait le droit de passage sur le lot 3. Il s'appuyait sur le fait que les actes notariés reconnaissaient ce droit de passage.
La question était de savoir si une servitude pouvait être reconnue entre deux lots de copropriété.
Jusqu'à cet arrêt, les juges estimaient que la division d'un immeuble en lots de copropriété était incompatible avec la création, au profit de la partie privative d'un lot, d'une servitude sur la partie privative d'un autre lot.
Cependant, la Cour de cassation reconnaît désormais qu'une servitude peut exister entre deux lots privatifs : « Le titulaire d'un lot de copropriété disposant d'une propriété exclusive sur la partie privative de son lot et d'une propriété indivise sur la quote-part de partie commune attachée à ce lot, la division d'un immeuble en lots

de copropriété n'est pas incompatible avec l'établissement de servitudes entre les parties privatives de deux lots, ces héritages appartenant à des propriétaires distincts. »

Dans ce contentieux, les actes notariés de vente des lots prévoyaient que le lot 3 était grevé d'un droit de passage au profit du lot 2 pour permettre au propriétaire de ce lot d'accéder à son emplacement de garage qui se trouvait ainsi enclavé.

En conséquence, les juges ont expressément reconnu que « ce droit de passage s'exercerait par véhicule automobile sur le lot 3 et ce, à titre de servitude réelle et perpétuelle, et ce en tout temps et à toute heure par le propriétaire du lot 2, et par tous les propriétaires successifs de ce lot » (C. cass., civ. 3e, 30.6.2004, Bull. civ. n° 140, p. 124).

La Cour de cassation a confirmé la compatibilité entre servitude et partie privative de copropriété.

Cas pratique

Dans cet arrêt, une servitude de passage existait avant la mise en place de la copropriété.

Les époux propriétaires du 1er étage d'un immeuble et de la moitié des annexes (jardin, sous-sol et grenier) avaient assigné leurs voisins, propriétaires du rez-de-chaussée et de l'autre moitié des annexes, afin de faire constater que l'immeuble relevait du statut de la copropriété.

La cour d'appel avait rejeté leur demande en considérant que les actes d'acquisitions faisaient apparaître l'existence de servitudes de passage qui ne pouvaient en aucun cas se cumuler avec le statut de la copropriété.

Mais la Cour de cassation casse l'arrêt. Elle affirme qu'un immeuble divisé entre plusieurs propriétaires et comportant des servitudes réciproques peut parfaitement être qualifié de copropriété verticale (C. cass., civ. 3e, 1.7.2009, n° 08-14963).

La mise en place d'une servitude

En principe, une servitude est reconnue par un titre (titre de propriété ou accord écrit entre propriétaires voisins).
Toutefois, certaines d'entre elles sont valables, même si elles ne sont pas reconnues par écrit, dès lors qu'elles ont été exercées depuis plus de 30 ans. D'autres encore peuvent être créées à la suite de la division d'un terrain en plusieurs fonds.

Acquisition d'une servitude après 30 ans d'usage

Seules les servitudes continues et apparentes peuvent s'acquérir en l'absence de titre par une possession trentenaire. Cela signifie que la personne qui aura exercé son droit pendant 30 ans sur cette servitude aura autant de droit que si elle en était propriétaire.
La possession trentenaire (exercice du droit pendant 30 ans) doit se faire de façon continue et ininterrompue, publique et non équivoque, comme par un véritable propriétaire (art. 690, 2261 et 2272, C. civ.).

Cas pratique

Un propriétaire ouvre une fenêtre donnant chez le voisin, sans respecter les distances requises par les textes et sans que le voisin ne réagisse pendant 30 ans. Il acquerra une servitude de vue par prescription et son voisin ne pourra l'obliger à obturer cette fenêtre.

Pour apprécier la durée de la prescription acquisitive, il faut que la possession profite au même fonds dominant. Il n'est pas obligatoire qu'un seul propriétaire établisse pour lui-même la possession pendant ces 30 ans. Il est possible de cumuler la possession de l'ancien propriétaire avec celle de celui qui revendique la possession trentenaire.
Même une servitude qui existerait depuis plus de 30 ans ne peut pas conférer le droit d'empiéter sur la propriété d'autrui. Cette règle a été affirmée par la Cour de cassation dans un litige opposant deux voisins.

Cas pratiques

- L'un d'entre eux possédait une maison dont le toit surplombait le terrain de son voisin. Ce dernier demandait la destruction de ce toit constituant selon lui un empiètement sur son terrain. Le propriétaire du toit se défendait alors en prouvant que ce surplomb existait depuis plus de 30 ans et qu'il avait donc acquis par prescription trentenaire cette servitude. La cour d'appel lui a donné raison et elle a débouté le voisin de sa demande de démolition.

Mais la Cour de cassation, au contraire, a cassé l'arrêt d'appel et a reconnu que ce surplomb constituait, non pas une servitude susceptible d'être acquise par prescription, mais un empiètement chez autrui. Or les empiètements chez autrui ne sont pas prescriptibles et peuvent toujours être condamnés par les tribunaux (C. cass., civ. 3e, 12.6.2003, D. 2003, II, 2111).

• Dans cet arrêt, le propriétaire d'une parcelle enclavée bénéficiait, par convention datant de 1979, d'un droit de passage chez son voisin et du droit d'effectuer dans son bâtiment tous travaux d'amélioration et de surélévation. Pour accéder à l'étage de sa maison, il nivelle le terrain sur lequel il a un droit de passage et construit des marches supplémentaires pour son escalier. Le litige portait sur cet escalier. Son propriétaire estimait qu'il avait le droit d'effectuer tous les travaux d'amélioration pour lui permettre d'exercer la servitude de passage dont il bénéficiait. Mais la Cour de cassation affirme le principe selon lequel une servitude ne peut jamais conférer le droit d'empiéter sur la propriété d'autrui (C. cass., civ. 3e, 1.4.2009, n° 08-11079).

Toutefois, il a été jugé dans un premier arrêt que le surplomb peut être considéré comme une servitude (pouvant être acquise après 30 ans) et non comme un empiètement (imprescriptible) dès lors que le surplomb présente un avantage pour l'usage et l'utilité du fonds qui revendique la servitude.
Dans cet arrêt, la Cour de cassation a décidé qu'une servitude de surplomb peut être acquise au bout de 30 ans même si ce surplomb empiète sur le terrain voisin.

Cas pratiques

• Cet arrêt semble être un revirement de jurisprudence mais les faits étaient spécifiques. Une société d'HLM voulait construire un immeuble au ras de la maison voisine. Cette maison ancienne avait une corniche qui surplombait le terrain voisin et la société voulait araser cette corniche.
Les propriétaires de la maison s'y opposaient. Construite au début du siècle dernier, la corniche formait un tout avec l'ensemble architectural, était surmontée d'une balustrade de pierre dans laquelle était intégré un fronton. Les propriétaires pouvaient donc revendiquer une servitude de surplomb acquise par prescription.
Les juges leur ont donné raison. Cette corniche présentait un avantage pour l'usage et l'utilité du fonds en ce qu'elle faisait partie de l'architecture même de l'immeuble et n'était pas un simple élément décoratif. La servitude de surplomb fut reconnue car existante depuis plus de 30 ans (C. cass., civ. 3e, 12.3.2008, n° 07-10164).

• Cette jurisprudence a été confirmée depuis à propos des faits suivants : une toiture, édifiée depuis plus de 30 ans avec la maison dépassait de toutes parts sur le fonds des voisins. Ces derniers invoquaient l'existence de travaux de rénovation, ayant modifié l'orientation de la toiture, pour demander la cessation de l'empiètement. Les juges ont retenu que :
– la servitude étant continue, les propriétaires pouvaient se prévaloir d'une possession utile pour l'acquisition d'une servitude de surplomb sur le fonds voisin ;
– le débord actuel n'étant pas plus important que l'ancien débord sur la même façade, aucune preuve d'une aggravation de la servitude de surplomb acquise par prescription n'était rapportée (C. cass., civ. 3e, 5.3.2013, n° 12-12377).

Acquisition d'une servitude par contrat

› Domaine des servitudes conventionnelles

Le principe

Toute servitude peut être établie entre propriétaires de deux fonds.
Le Code civil autorise l'établissement de toutes servitudes entre propriétaires à condition que les services établis ne soient imposés ni à la personne, ni en faveur d'une personne, mais seulement à un fonds ou pour un fonds et à condition que la servitude ne soit pas contraire à l'ordre public (art. 686, C. civ.).

Les limites

La servitude ne doit pas supprimer tout droit de jouissance de sa propriété pour le propriétaire qui la subit.
La Cour de cassation refuse de reconnaître la possibilité de créer une servitude d'empiètement (construction sur le terrain voisin). En effet, l'assujettissement d'un fonds à un autre ne peut pas être total. La servitude d'empiètement empêche le propriétaire d'utiliser son bien et équivaut à une expropriation.
Une servitude est une charge imposée sur un terrain pour l'usage et l'utilité d'un second fonds appartenant à un autre propriétaire. Une servitude ne peut être constituée d'un droit exclusif interdisant au propriétaire du fonds servant (celui qui subit la servitude) toute jouissance de sa propriété.

Cas pratiques

- Les propriétaires d'un lot B revendiquaient un droit exclusif de jouissance d'un local avec cabinet d'aisance incorporé dans les locaux d'un lot A voisin. Ce cabinet d'aisances litigieux n'était ouvert et accessible que du côté du fonds B dominant. Ce droit exclusif interdisait aux propriétaires du fonds servant (fonds A) toute jouissance de leur propriété. Les propriétaires du fonds A ont obtenu satisfaction : suppression de l'empiètement et libération du local (C. cass., civ. 3e, 24.5.2000, D. 2001, II, p. 151, Bull. civ. n° 113).
- C'est également ce qui a été décidé dans une affaire plus récente à propos d'une clause ainsi rédigée : « Il existe au premier étage de la portion A, B, C, D du plan ci-joint une pièce dont la plus grande partie se prolonge au-dessus du sol restant à appartenir au vendeur... » En effet, selon les hauts magistrats, « lors de la vente, les parties avaient entendu créer, de manière expresse et non équivoque, un service à la charge du fonds acquis par Mme W... et au profit du fonds voisin initialement conservé par la société P... ». Or, la convention interdisait, compte tenu de la configuration des lieux, toute jouissance de la pièce objet de la clause par son propriétaire. Il en résultait que cette clause avait bien institué une servitude qui devait être annulée au regard de ses conséquences (C. cass., civ. 3e, 6.6.2019, n° 18-14547).

› Établissement d'une servitude conventionnelle

Établissement par un acte

Une servitude conventionnelle peut être établie par un acte qui doit être rédigé par un notaire puis être enregistré et publié au Service de publicité foncière (décret n° 55-22 du 4 janvier 1955).

Cas pratique

Des propriétaires d'une parcelle demandent à leurs voisins d'enlever une canalisation d'eau située sur leur terrain et alimentant la propriété de ces derniers. Les voisins refusent, estimant bénéficier d'une servitude conventionnelle de passage. Ils n'ont pas obtenu gain de cause. En effet, l'acte d'acquisition précisait qu'il n'existait aucune servitude sur le bien vendu et il n'était pas démontré que l'intention des parties, lors de la rédaction du compromis de vente, était de prévoir une servitude permettant le passage de canalisation d'eau (C. cass., civ. 3e, 15.12.2016, n° 15-24832).

Établissement par un titre recognitif

La servitude peut aussi être reconnue par un titre recognitif, c'est-à-dire un document dans lequel celui qui subit la servitude reconnaît son existence.
Ce titre recognitif de la servitude peut remplacer l'acte constitutif lui-même. Il doit émaner du propriétaire du fonds asservi (art. 695, C. civ.). Le titre recognitif est accepté pour les servitudes qui ne peuvent pas s'acquérir par prescription (par exemple, le droit de passage).

Cas pratique

Si dans un acte de partage, le propriétaire du fonds servant (celui qui doit supporter la servitude) reconnaît son existence, cet acte est recognitif. Il n'est pas nécessaire que le propriétaire du fonds dominant (celui qui profite de la servitude) soit dans ce partage (C. cass., civ. 3e, 18.11.1981, Bull. civ. n° 193).

Mais le titre recognitif, pour être retenu, doit faire référence au titre constitutif de la servitude qu'il remplace (art. 1337, C. civ.).

Cas pratique

Dans ce dossier, plusieurs actes authentiques constataient l'existence de la servitude de passage que réclamaient les propriétaires d'un terrain. Leur demande a été rejetée : « Ne peut remplacer le titre constitutif de la servitude, l'acte authentique qui se borne à mentionner l'existence de cette servitude, peu important à cet égard qu'une telle mention figure de manière concordante dans les actes authentiques émanant des différentes parties au litige » (C. cass., civ. 3e, 12.4.2012, n° 10-28015 ; 24.4.2013, n° 12-17264).

Acquisition d'une servitude par destination du père de famille

Il y a « destination du père de famille » lorsque deux fonds ont été divisés après avoir appartenu à un seul propriétaire et que c'est par lui que les choses ont été mises dans l'état duquel résulte la servitude (art. 693, C. civ.).
La destination du père de famille équivaut à un titre.
Seules les servitudes continues et apparentes (servitude de vue, servitude d'écoulement d'eau naturelle) peuvent être acquises par destination du père de famille.
Toutefois, une servitude de passage qui est en principe une servitude discontinue peut néanmoins être acquise par destination du père de famille s'il existe des signes apparents de cette servitude (par exemple, l'existence d'une porte entre deux immeubles).
Sur ce point, voir *Les servitudes de passage*, p. 93.
En cas de contestation de cette servitude de passage, c'est à celui qui revendique la servitude discontinue constituée par destination du père de famille de produire l'acte par lequel s'est opérée la séparation des deux héritages et d'établir qu'il ne contient aucune disposition contraire à l'existence de cette servitude. Ce n'est pas à celui qui combat la servitude de prouver l'absence de cette servitude (C. cass., civ. 3e, 16.9.2009, n° 08-16238).

Cas pratiques

- **Servitude apparente et discontinue**

Un escalier commun desservait 2 maisons. Celui qui avait cet escalier dans sa maison voulait interdire à son voisin de l'emprunter. Il s'agissait en l'espèce d'une servitude apparente mais discontinue. En conséquence, c'était à celui qui s'en prévalait (le voisin) de prouver son existence. En cas de servitudes apparentes et continues, la destination du père de famille vaut titre (art. 692, C. civ.). Mais en présence d'une servitude apparente mais discontinue, celui qui se prévaut de la servitude ne peut la faire reconnaître qu'en produisant l'acte qui a opéré la division du bien (C. cass., civ. 3e, 16.9.2009, n° 08-16238).

- **Servitude non apparente et discontinue**

Le propriétaire d'un fonds inférieur demandait au propriétaire du fonds supérieur de remettre en service une turbine qui alimentait son étang. Il estimait qu'il bénéficiait d'une servitude d'usage de l'eau provenant du fonds supérieur. Les juges ont constaté que la turbine était non pas reliée à la source qui alimentait l'étang supérieur mais à l'étang lui-même. Le voisin ne pouvait pas revendiquer le droit d'usage d'une source.
Par ailleurs, il estimait bénéficier d'une servitude acquise par destination du père de famille après la division des terrains. Cet argument est rejeté. Puisque la turbine était enterrée, la servitude n'était pas apparente. La turbine ne pouvait fonctionner que par l'intervention de l'homme. Elle était donc discontinue. En conséquence, elle ne pouvait être acquise par destination du père de famille. À défaut de titre, le voisin ne pouvait revendiquer le droit d'utiliser l'eau provenant de l'étang supérieur (C. cass., civ. 3e, 25.11.2009, n° 08-21674).

L'usage et l'extinction de la servitude

Le propriétaire de la servitude comme celui qui la subit ont des droits mais aussi des obligations.

Droits et obligations de chacun

• Le propriétaire profitant de la servitude a droit à tout ce qui est nécessaire pour en user.
Ainsi, la servitude conventionnelle permettant de puiser de l'eau à la fontaine d'autrui emporte nécessairement le droit de passage sur le terrain du voisin (art. 696, C. civ.).
En outre, celui auquel est due la servitude a le droit de faire tous les ouvrages nécessaires pour en user et pour la conserver (art. 697, C. civ.).
Ces ouvrages seront à ses frais et non à ceux du propriétaire du fonds assujetti, à moins que le titre établissant la servitude n'en dispose autrement (art. 698, C. civ.).
En contrepartie, le bénéficiaire de la servitude ne peut en user que suivant son titre et ne doit rien faire qui aggrave la servitude (art. 702, C. civ.).
Ainsi, il ne saurait, par exemple, unilatéralement déplacer l'assiette, c'est-à-dire l'emplacement, d'une servitude de passage.
En effet, à défaut, il pourrait être condamné, soit à remettre les choses en état, soit à régler une indemnité au propriétaire du fonds servant.
• Le propriétaire du terrain débiteur de la servitude ne peut rien faire qui tende à en diminuer l'usage ou à la rendre incommode.
À cet égard, il ne peut changer l'état des lieux, ni transporter l'exercice de la servitude dans un endroit différent de celui où elle a été primitivement fixée.
Sur ce point, il a été jugé par les tribunaux que le propriétaire d'un fonds grevé par une servitude de passage conservait le droit de se clore, à condition de ne pas porter atteinte au droit de passage et de ne pas en rendre l'exercice plus incommode.
Si l'emplacement de la servitude est devenue plus onéreuse pour le propriétaire du fonds assujetti ou si elle l'empêche de faire des réparations, il peut offrir à son voisin un endroit aussi commode pour l'exercice de ce droit et celui-ci ne pourrait pas le refuser.

En cas de vente d'un terrain soumis à une servitude

› Information de l'acquéreur

En tant que droit réel, c'est-à-dire liées au fonds (terrain, immeuble), les servitudes doivent être mentionnées dans l'acte de vente.

Cette obligation d'information concerne, au regard des termes de l'article 1638 du Code civil, les servitudes non apparentes. Cependant, les tribunaux peuvent être plus exigeants et l'étendre aux servitudes même apparentes (voir exemple ci-après).
Il est également conseillé de demander à sa mairie un certificat d'urbanisme afin de connaître les règles de construction applicable au terrain donné et notamment les servitudes d'utilité publique (demande de certificat d'urbanisme, Cerfa n° 13410*05, à télécharger sur www.service-public.fr/particuliers/vosdroits/R1970.
L'acquéreur à qui il est indiqué qu'il n'existe aucune servitude sur le bien acquis pourrait faire annuler la vente ou demander des dommages et intérêts s'il découvrait une servitude aliénant une partie de son fonds.

Cas pratique

Une SCI (société civile immobilière) avait consenti une promesse de vente d'un terrain constructible à une autre société. Dans la promesse de vente, il était indiqué qu'il n'existait aucune servitude de droit privé ou de droit public empêchant l'exercice du permis de construire.
La société acquéreur découvre, avant de signer la vente, que le terrain était grevé d'une servitude EDF sous-entendant la présence de nombreux câbles dans le sous-sol du terrain.
La société demande donc l'annulation de la promesse de vente, la restitution de l'indemnité d'immobilisation et le paiement de dommages et intérêts (du même montant que l'indemnité).
La SCI (vendeur) refusait de restituer le montant de l'indemnité d'immobilisation et d'annuler la vente en prétextant que la présence d'un transformateur EDF sur le terrain laissait supposer à l'évidence la présence de câbles souterrains.
Cet argument n'est pas retenu. L'acquéreur doit être informé expressément de l'existence de servitudes. À défaut, il peut demander l'annulation de la vente pour vices cachés ou l'octroi de dommages et intérêts (C. cass., civ. 3e, 1.7.1998, Bull. civ. n° 155).

Même si la servitude est évidente car très visible, le vendeur doit expressément la mentionner. À défaut, il commet une faute et doit indemniser l'acquéreur.

Cas pratique

L'acte de vente indiquait que l'immeuble vendu ne subissait aucune servitude autre que celles pouvant résulter de la loi ou de la situation des lieux. Or l'immeuble voisin bénéficiait d'une servitude de vue (ouverture de fenêtres donnant directement sur l'immeuble vendu) qui avait été créée par le propriétaire des deux immeubles avant leur séparation en deux lots (servitude créée par destination du père de famille).
Les acheteurs voulaient que cette servitude soit supprimée en raison des termes de l'acte de vente.
Deux questions se posaient :
– le fait que le vendeur qui avait créé cette servitude nie son existence dans l'acte de vente entraînait-il la disparition de la servitude ?
– si la servitude est reconnue, le vendeur doit-il indemniser ses acheteurs ?

Sur le premier point, les juges ont estimé que la servitude de vue doit subsister même si elle ne figure pas dans l'acte de vente. Elle est attachée au fonds.

Sur le second point, le vendeur estimait qu'il n'était pas nécessaire d'en faire état dans l'acte car ces fenêtres étaient largement visibles pour les acheteurs qui, de plus, habitaient dans les lieux depuis plusieurs mois. Les juges ont refusé ce raisonnement et condamné le vendeur à indemniser ses acquéreurs. En effet, le fait d'affirmer qu'il n'existe aucune servitude constitue une faute contractuelle devant être réparée (C. cass., civ. 3e, 21.3.2001, JCP 2001, I, 358 p. 1993).

Lorsque les servitudes existantes ne sont pas révélées dans la promesse de vente ou l'acte de vente, le vendeur, déclaré responsable, peut mettre en cause la responsabilité du notaire rédacteur de l'acte. En effet, celui-ci doit, avant d'établir son acte, vérifier au fichier immobilier les indications y figurant, les servitudes établies sur le terrain vendu devant être publiées au fichier.

Cas pratique

Un terrain était grevé d'une servitude *non ædificandi* (interdiction de construire) mais cette servitude n'avait pas été indiquée sur l'acte de vente. La caisse des dépôts et consignations (propriétaire vendeur) avait omis de signaler cette servitude.

Les juges ont déclaré le notaire rédacteur de l'acte entièrement responsable de cette omission : la société vendeur avait effectivement oublié l'existence de la servitude mais cette omission procédait non d'une faute volontaire mais d'une erreur tenant à l'ancienneté de l'acte qui remontait à plus de 30 ans.

En revanche, le notaire, tenu de vérifier les origines de propriété, la situation hypothécaire ainsi que les déclarations du vendeur, notamment celles relatives à l'absence de servitudes, avait commis une faute en s'abstenant de demander au Service de publicité foncière les renseignements figurant sur le fichier du propriétaire, pour la période antérieure aux 30 dernières années.

Les juges ont conclu que la faute du notaire « absorbait » la négligence de la société et le notaire a été déclaré seul responsable du préjudice subi par l'acquéreur (C. cass., civ. 3e, 23.11.1999, Bull. civ. n° 320).

› Bonne foi de l'acquéreur

Mais la servitude est opposable à l'acquéreur qui en connaissait l'existence. Une servitude est opposable à l'acquéreur de l'immeuble grevé si elle a été publiée, si son acte d'acquisition en fait mention ou s'il en connaissait l'existence au moment de l'acquisition.

La Cour de cassation a assoupli la règle antérieure qui voulait que la servitude, pour être opposable, devait être publiée et mentionnée dans le titre de propriété. Il s'agissait dans ce dossier d'une servitude de passage pour les canalisations d'eaux usées.

Le propriétaire du terrain sur lequel passaient ces canalisations s'était adressé au tribunal pour obtenir leur déplacement. Il estimait que la servitude de passage ne lui était pas opposable car non mentionnée dans l'acte de vente, ni publiée au fichier immobilier.

Or il s'est avéré que cet acquéreur connaissait parfaitement l'existence de cette servitude qui lui était donc opposable (C. cass., civ. 3e, 16.9.2009, n° 08-16499).

Extinction de la servitude

› Suppression de la servitude par non-usage

Les servitudes cessent lorsque les choses se trouvent dans un état tel que l'on ne peut plus en user : par exemple, en cas de changement naturel des lieux assimilable à une force majeure, ou encore si le propriétaire qui bénéficie d'un droit de passage construit un trottoir rendant impossible l'exercice de son droit de passage. Néanmoins dans ce cas, si les choses sont rétablies de manière que l'on puisse à nouveau user de la servitude, celle-ci revit, sauf non-usage pendant 30 ans (art. 703 et 704, C. civ.).

Certaines servitudes s'éteignent par un non-usage pendant 30 ans.

La durée des 30 ans commence à courir, soit du jour où l'on a cessé d'en jouir lorsqu'il s'agit de servitudes discontinues, soit du jour où il a été fait un acte contraire à la servitude lorsqu'il s'agit de servitudes continues (art. 706 et 707, C. civ.).

Cas pratiques

- La servitude *non ædificandi* est une servitude continue. L'acte contraire à la servitude est la construction édifiée en violation de la servitude. Les 30 ans commencent à courir à compter de la date de la construction litigieuse (voir *La servitude non ædificandi*, p. 129).
- Le droit de passage est une servitude discontinue. Le délai de prescription extinctive d'une servitude discontinue commence à courir à compter du jour du dernier acte d'exercice de cette servitude (ou d'utilisation du passage) (C. cass., civ. 3e, 11.1.2006, n° 04-16.400).

Enfin, toute servitude est éteinte lorsque le fonds à qui elle est due et celui qui la doit sont réunis dans la même main, c'est-à-dire appartiennent au même propriétaire (art. 705, C. civ.).

› Extinction des servitudes conventionnelles

Les servitudes peuvent s'éteindre en cas d'accord entre les propriétaires voisins par l'abandon pur et simple de la servitude.

La servitude conventionnelle ne peut pas s'éteindre en cas de non-respect de ses modalités.

Lorsqu'une servitude est établie par un acte moyennant contrepartie de la part du bénéficiaire de cette servitude, elle reste valable même si la contrepartie n'est pas respectée (art. 686, C. civ.).

Par exemple, si un droit de passage est accordé par contrat moyennant l'obligation d'entretenir la haie bordant le chemin, la servitude ne disparaît pas même si l'obligation n'est pas respectée.

En principe, les servitudes conventionnelles (prévues dans un acte, une convention) ne peuvent pas s'éteindre par impossibilité d'usage.
Mais la Cour de cassation semble assouplir cette jurisprudence puisqu'elle a considéré qu'une servitude qui ne pouvait plus être conforme à l'acte qui l'avait institué devait s'éteindre.

> **Cas pratique**
> Il s'agissait en l'espèce d'une servitude de passage créée en vue d'assurer au propriétaire d'une parcelle une desserte pour un atelier. Or cet atelier avait, par la suite, été vendu à un tiers. Le bénéficiaire de la servitude ne pouvait donc plus en user. Les juges ont constaté que la servitude était affectée à une destination déterminée, « que les choses se trouvaient dans un tel état qu'on ne pouvait plus en user conformément au titre », et qu'ainsi, la servitude était éteinte (C. cass., civ. 3e, 9.7.2003, Bull. civ. n° 157, p. 139).

En revanche, la servitude conventionnelle doit être reconnue même si son inscription ne figure plus dans les documents d'urbanisme.
Le fait qu'une servitude de puisage antérieurement constituée par titre et publiée ne soit pas reprise dans le procès-verbal de remembrement ne suffit pas pour éteindre le droit d'accès au puits ni à le déclarer désormais non opposable. Une servitude conventionnelle reste reconnue dès lors qu'elle figure dans un titre émanant du fonds qui la doit, le fonds servant.

> **Cas pratique**
> Les propriétaires d'un terrain (époux X) disposaient d'un titre de propriété reconnaissant l'existence de la servitude de puisage sur le fonds voisin appartenant aux époux Y.
> Or, à l'occasion d'un remembrement, cette servitude n'est pas reprise dans le procès-verbal.
> Les juges devaient dire si cette servitude devait être reconnue ou non.
> Les époux Y estimaient qu'ils auraient dû demander la rectification du procès-verbal de remembrement dans les 5 ans de l'affichage en mairie. Par ailleurs, les servitudes discontinues ne se prouvent que par titre de propriété du fonds servant (appartenant aux époux Y). Or, le titre produit était le titre de propriété du fonds dominant (appartenant aux époux X).
> Ces arguments ont été rejetés. Dans le titre de propriété des époux X, était intervenu le propriétaire précédant les époux Y (propriétaire du fonds servant).
> Par ailleurs, les seules causes d'extinction des servitudes sont celles prévues dans les articles 703 et suivants du Code civil. Le fait qu'elles ne soient pas reprises dans le procès-verbal du remembrement n'est pas une cause d'extinction (C. cass., civ. 3e, 27.3.2013, n° 11-28559).

Les servitudes de passage

➤ Le droit de passer chez son voisin peut être justifié en cas d'enclave, c'est-à-dire à défaut d'accès à une voie publique.

➤ Le droit de pénétrer chez son voisin est aussi autorisé en cas de travaux nécessaires.

Le droit de passage en cas d'enclave

La servitude de passage est une servitude prévue par la loi.
Le droit de passage est le droit de tout propriétaire dont le terrain est enclavé et qui n'a sur la voie publique aucune issue, ou une issue insuffisante, de réclamer sur les fonds voisins un passage suffisant pour assurer la desserte complète de son fonds soit pour l'exploitation agricole, industrielle ou commerciale de sa propriété, soit pour la réalisation d'opérations de construction ou de lotissement (art. 682, C. civ.).
Le droit de passage sera également reconnu quand la desserte d'un immeuble d'habitation enclavé ne pourra être assurée.
La servitude de passage peut aussi être créée par convention, ou par destination du père de famille. Dans ces derniers cas, la servitude continue d'exister, même en cas de cessation de l'enclave.

Acquisition de la servitude

› Droit créé par l'enclave

Le droit de passage est reconnu en cas d'enclave.
La reconnaissance de l'état d'enclave ne pose aucun problème quand le terrain n'a aucune issue sur la voie publique.

Cas pratique

La voie publique n'est pas obligatoirement une voie appartenant au domaine public. Il peut s'agir d'une voie privée dès lors qu'elle est ouverte au public.
En l'espèce, il s'agissait de voies communales privées contiguës. Pour apprécier l'état d'enclave, il faut rechercher si ces voies étaient ouvertes au public et permettaient l'accès au fonds (C. cass., civ. 3e, 13.5.2009, n° 08-14640).

L'enclave peut aussi être reconnue dans d'autres contextes et notamment lorsque l'accès à la voie publique est classé en espace boisé classé (C. cass., civ. 3e, 11.1.2018, n° 17-14173). L'état d'enclave est également reconnu quand l'issue est insuffisante en raison notamment de son caractère impraticable, ne permettant pas la desserte du terrain notamment pour le passage des machines ou animaux.
L'usage normal d'un fonds destiné à l'habitation doit permettre d'accéder à ce fonds par un véhicule automobile.

Cas pratique

Dans ce contentieux, les propriétaires d'un terrain ne pouvaient y accéder que par un escalier escarpé de 99 marches. Ils demandaient le désenclavement et l'autorisation de passer par le terrain voisin. La cour d'appel avait rejeté leur demande en considérant que l'accès à leur propriété restait possible moyennant certains aménagements. L'arrêt est cassé.

Chacun doit pouvoir accéder à sa propriété avec une voiture. Si ce n'est pas le cas, le terrain doit être considéré comme enclavé (C. cass. civ. 3e, 14.1.2016, n° 14-25089).

Un terrain doit être considéré comme enclavé lorsque le coût des travaux permettant un accès à la voie publique présente un caractère disproportionné par rapport à la valeur du fonds.

Le terrain ne sera pas considéré comme enclavé si une dépense minime suffit à rendre l'issue praticable et suffisante, notamment si son mauvais entretien est le fait du propriétaire (art. 682, C. civ.).

L'état d'enclave ne sera pas reconnu non plus s'il résulte d'un fait volontaire du propriétaire du terrain enclavé.

Ce sera, par exemple, le cas du propriétaire qui, par des constructions qu'il aurait établies sur son terrain pour des commodités qui lui sont personnelles, crée l'état d'enclave. Dans ce cas, l'état d'enclave ne lui sera pas reconnu et il ne pourra exiger un droit de passage.

Cas pratique

Des propriétaires possédaient un local commercial en façade sur la voie publique et à l'arrière de ce terrain leur maison. Ils avaient pris l'habitude de passer par le terrain voisin pour atteindre leur habitation. Ils estimaient qu'ils ne pouvaient pas passer par leur local commercial car celui-ci était loué. S'ils voulaient passer par leur terrain, ils devaient mettre fin à la location et transformer la boutique en garage. La cour d'appel avait estimé que leur terrain se trouvait en état d'enclave relatif. Par ailleurs, ils avaient utilisé le terrain voisin sans contestation de la part des propriétaires de 1965 à 2002.

La Cour de cassation casse cet arrêt et écarte la notion d'état d'enclave relatif. La cour d'appel n'avait pas recherché, comme il le lui était demandé, si l'état d'enclave du fonds dont se prévalaient les propriétaires ne résultait pas de leur propre fait (C. cass., civ. 3e, 12.5.2009, n° 08-13421).

De même, l'état d'enclave ne sera pas reconnu si le propriétaire du terrain a bien une issue sur la voie publique, mais si celle-ci est impraticable en raison de son mauvais état et du défaut d'entretien de son propriétaire.

ATTENTION

Servitude ou simple tolérance ? Une simple tolérance n'est pas une servitude. Si entre voisins, l'un permet à l'autre de passer chez lui, cela n'est pas suffisant pour créer une servitude. Pour qu'une servitude soit créée, il faut qu'elle soit destinée à procurer une utilité à un fonds. Si le droit de passage n'a pas vraiment d'utilité pour le fonds qui en bénéficie, il ne s'agit que d'une simple tolérance qui peut être révoquée unilatéralement à tout moment.

› Droit acquis par un titre (servitude conventionnelle de passage)

L'article 686 du Code civil permet aux propriétaires d'établir des servitudes conventionnelles sur leurs propriétés ou en faveur de leurs propriétés. Pour que la servitude soit reconnue, il faut qu'elle figure dans un titre, c'est-à-dire un acte enregistré (exemple : un acte notarié).

L'usage et l'étendue des servitudes ainsi créées sont réglés par la convention.

Lorsqu'un terrain est enclavé, la servitude légale de passage sous-entend le passage sur le sol mais aussi dans le sous-sol (notamment le droit de faire passer des canalisations).

Mais lorsque la servitude est établie par titre, le droit de passage ne porte que sur ce qui est indiqué dans l'acte. Il faut donc rechercher dans le titre les limites éventuelles du droit de passage.

Cas pratiques

- Le procès-verbal de conciliation signé entre les propriétaires intéressés n'avait établi sur le fonds servant qu'une servitude de passage à usage de chemin muletier, sans constater l'existence d'une convention autorisant le passage de canalisations.
La Cour de cassation a rappelé qu'une servitude conventionnelle ne porte que sur ce qui est indiqué dans l'acte. Celle-ci n'incluait pas le droit d'établir des canalisations souterraines (C. cass., civ. 3e, 24.11.1999, Bull. civ. n° 227).
- Un propriétaire assigne ses voisins en reconnaissance d'une servitude de passage sur leurs fonds pour assurer l'accès et les raccordements aux réseaux de sa parcelle à la voie publique.
Les juges de la cour d'appel avaient reconnu le droit pour ce propriétaire de faire passer ses canalisations chez ses voisins puisqu'il bénéficiait déjà d'un droit de passage sur ces mêmes terrains et que l'alimentation en eau, gaz, électricité, téléphone et égout était nécessaire à l'habitation de cette parcelle.
L'arrêt est cassé. Une servitude de passage ne confère le droit de faire passer aussi des canalisations dans le sous-sol de l'assiette de la servitude que si le titre instituant la servitude le prévoit. Puisque le titre ne prévoyait pas le passage des canalisations, le propriétaire concerné ne pouvait l'exiger de ses voisins (C. cass., civ. 3e, 8.4.2010, n° 09-65261).

› Droit de passage acquis par une reconnaissance du propriétaire (titre recognitif)

Lorsqu'une contestation s'élève entre voisins sur l'existence d'un droit de passage alors qu'aucun terrain n'est enclavé, celui qui réclame la servitude doit produire un titre (acte notarié, jugement).

À défaut de titre, celui-ci peut être remplacé par un acte recognitif, c'est-à-dire un document qui doit émaner du propriétaire débiteur de la servitude et qui reconnaît l'existence de cette servitude.

Tout document ne peut pas servir de titre recognitif.

Par exemple, un acte recognitif est reconnu lorsqu'il est inclus dans un acte de partage aux termes duquel le propriétaire du fonds servant reconnaît l'existence de la servitude.
Mais une lettre du propriétaire du fonds servant adressée à son notaire par laquelle il reconnaissait l'existence d'un droit de passage au profit des voisins n'est pas suffisante et ne constitue pas un titre recognitif.

Cas pratiques

- Le litige portait sur l'existence d'une servitude de passage.

La cour d'appel avait admis que la lettre adressée au notaire par le propriétaire du terrain où devait laisser s'exercer le passage suffisait pour établir la reconnaissance de sa part de la servitude. Les juges s'appuyaient aussi sur l'attitude de ce propriétaire qui avait étudié avec un géomètre-expert la création d'un accès praticable, sur une attestation délivrée par ce géomètre-expert et sur un certificat délivré par l'ingénieur de la Direction départementale de l'équipement (DDE).
Mais pour la Cour de cassation, la lettre adressée au notaire ne constitue pas un titre recognitif. Elle constitue un aveu. D'autre part, l'attestation du géomètre et le certificat de la DDE émanaient de tiers et n'avaient pas la même valeur que des titres fournis par le propriétaire lui-même. Ces documents auraient pu venir compléter un titre émanant du propriétaire concerné. Ils ne pouvaient pas compléter un simple aveu (C. cass., civ. 3e, 14.2.1998, Bull. civ. n° 25).

- Le titre recognitif doit obligatoirement faire référence au titre instituant la servitude. Un acte qui se contenterait de faire état d'un fait ou même d'un droit ne serait pas suffisant pour constituer un titre recognitif (C. cass., civ. 3e, 30.4.2003, Bull. civ. n° 93).
- Le titre recognitif doit émaner du propriétaire du fonds servant c'est-à-dire du propriétaire qui doit supporter la servitude.

Dans cet arrêt, plusieurs actes émanant des propriétaires successifs du fonds dominant faisaient référence à la servitude de passage accordé au propriétaire d'une parcelle. Pour les juges d'appel, ces actes suffisaient à établir la réalité de la servitude et son emplacement. Mais la Cour de cassation constate qu'il n'était jamais fait référence à l'acte établissant la servitude, acte émanant du propriétaire du fonds servant. L'arrêt d'appel est cassé. La servitude de passage n'est pas établie (C. cass., civ. 3e, 13.5.2009, n° 08-15819).

ATTENTION

Publication de la convention au Service de la publicité foncière En principe, la convention qui crée la servitude de passage doit être publiée au Service de publicité foncière pour pouvoir être opposable aux tiers. Mais, même non publiée, la convention est opposable aux acquéreurs du fonds servant car la convention qui la créait était annexée à l'acte de vente et l'acquéreur y déclarait avoir été informé du protocole d'accord intervenu entre leurs vendeurs et leurs voisins (C. cass., civ. 3e, 16.3.2011, n° 10-13771).

› Droit acquis par la prescription

Il n'est pas possible d'acquérir un droit de passage par prescription. En tant que servitude discontinue non apparente, la servitude de passage ne peut s'acquérir que par titre. Seul l'état d'enclave fait exception à cette règle.

> **Cas pratique**
> Les servitudes discontinues, apparentes ou non apparentes ne peuvent s'établir que par titres. Le bénéficiaire ne peut pas acquérir la nouvelle assiette de la servitude par prescription.
> S'agissant d'une servitude de passage instituée par titre (servitude conventionnelle), les bénéficiaires avaient modifié l'assiette de cette servitude et voulaient faire reconnaître leurs droits sur ce nouveau passage. Leur demande est rejetée. Ils ne pouvaient pas acquérir une nouvelle servitude par possession, même si cette possession durait depuis des temps immémoriaux (C. cass., civ. 3e, 19.1.2011, n° 10-10528).

Même si le propriétaire du fonds enclavé utilise un passage chez son voisin depuis plus de 30 ans, il n'a pas acquis par prescription le droit de passage. Si son terrain est désenclavé, il devra cesser d'exercer son droit de passage.
En revanche, si le terrain reste enclavé, l'emplacement de la servitude peut devenir définitif après 30 ans d'usage (art. 685, C. civ.).
Il ne s'agit pas ici d'acquérir la servitude de droit de passage, mais l'assiette proprement dite ou la modalité du passage, dans la mesure où pendant 30 ans le propriétaire du terrain enclavé se comporte comme un véritable propriétaire en passant sur le terrain voisin (par exemple : en clôturant le passage) et en l'absence de contestation du voisin pendant ce délai. La possession du passage pendant 30 ans devra en outre être publique, continue et non équivoque (art. 2261 et 685, C. civ.).

› Droit acquis par destination du père de famille

Il y a destination du père de famille quand il est prouvé que deux fonds actuellement divisés ont appartenu au même propriétaire et que c'est par lui que les choses ont été mises dans l'état duquel résulte la servitude. En principe, seules les servitudes continues et apparentes peuvent être acquises par destination du père de famille.
Le droit de passage est une servitude discontinue, il ne peut pas être acquis par destination du père de famille (art. 692, C. civ.).
Cela signifie, en principe, que le propriétaire d'un terrain, qui n'est pas enclavé, ne peut pas revendiquer le bénéfice d'une servitude de passage (sauf si cette servitude est constatée par un titre ou une convention).
Ce principe reçoit toutefois une exception quand il existe des signes apparents de cette servitude. Dans cette hypothèse, la servitude de passage peut être acquise par destination du père de famille.

Cas pratique

Les acquéreurs d'un des immeubles revendiquaient un droit de passage par l'autre immeuble voisin. Ils avançaient l'argument selon lequel cette servitude existait quand les fonds appartenaient à la même personne et qu'elle était donc acquise par la destination du père de famille.

Aucun titre de propriété ni aucune convention ne faisait état de cette servitude.

Les juges de la cour d'appel ont refusé de reconnaître l'existence de cette servitude de passage en se fondant sur l'article 692 du Code civil qui veut que seules les servitudes continues et apparentes peuvent être acquises par destination du père de famille. Les servitudes de passage (en dehors de la situation d'enclave) ne peuvent s'acquérir que par titres.

La Cour de cassation a cassé cet arrêt. Si le propriétaire de deux immeubles, entre lesquels il existe un signe apparent de servitude, vend un de ces immeubles, la servitude continue d'exister en faveur du fonds bénéficiaire. En l'espèce, le signe apparent était la présence d'une porte permettant le passage. La servitude de passage a donc été admise (C. cass., civ. 2e, 28.5.2003, D. 2003, IR, 1605 ; voir aussi : C. cass., civ. 3e, 19.4.2005).

Droits et obligations respectifs des propriétaires des fonds

› Emplacement du passage

Lorsqu'un terrain est enclavé, son propriétaire ou son utilisateur peut demander un passage sur le ou les terrains voisins. Il faut que le passage soit suffisant pour lui permettre d'atteindre son terrain, d'exploiter son fonds, ce qui sous-entend que le passage soit assez large pour laisser passer des véhicules nécessaires.

Le passage doit être pris du côté où le trajet est le plus court, du fonds enclavé à la voie publique. Les propriétaires voisins ne peuvent pas s'opposer à l'exercice de ce droit (art. 682, C. civ.).

En cas de division d'un fonds

Toutefois, cette règle ne s'applique pas si l'enclave résulte de la division d'un fonds par suite d'une vente, d'un échange, d'un partage ou de tout autre contrat. Par exemple, si un propriétaire découpe son terrain en plusieurs lots, l'un de ces lots peut se retrouver enclavé si la voie publique ne dessert que le lot voisin (art. 684, C. civ.). Dans cette hypothèse, le propriétaire du lot enclavé a le droit de revendiquer un passage mais ce passage doit obligatoirement se situer sur le ou les terrains faisant partie de la division et non pas sur les autres terrains non concernés. Ce n'est que si le passage se révèle impossible dans cette configuration qu'il pourra se situer sur d'autres terrains et emprunter un chemin plus direct sur la voie publique. De même, si l'enclave existait avant la division du fonds, le passage pourra être placé sur les terrains voisins, du côté où le trajet est le plus court (C. cass., civ. 3e, 31.5.2007, n° 06-11668).

En cas de contraintes d'urbanisme et environnementales

Lorsque les juges fixent l'assiette du passage pour cause d'enclave, ils doivent vérifier que le passage est compatible avec les contraintes d'urbanisme et environnementales.
Le tracé doit se placer du côté du trajet le plus court et à l'endroit le moins dommageable.
À ces conditions, la Cour de cassation ajoute la nécessité de respecter les contraintes d'urbanisme et environnementales.

> **Cas pratique**
> Dans ce dossier, la parcelle concernée par le droit de passage se situait dans une zone de protection du patrimoine et ce classement empêchait l'implantation de l'assiette de passage dans cette parcelle (C. cass., civ. 3e, 5.9.2012, n° 11-22276).

› Usage du passage

Il appartient au propriétaire qui use du droit de passage de respecter les conditions d'usage de ce passage, fixées soit par convention, soit par jugement. C'est à lui qu'incombent les frais relatifs à l'usage et à la conservation de la voie.
Le passage est prévu pour assurer la desserte d'un terrain enclavé, lui permettant d'accéder à la voie publique. Cette desserte servira donc notamment aux véhicules (agricoles ou non), aux piétons.
Elle peut également affecter le sous-sol ou l'espace aérien. Ainsi, le propriétaire du terrain enclavé pourra faire passer des canalisations souterraines indispensables à l'utilisation normale de son fonds. Le propriétaire ne peut donc s'opposer à la pose de canalisations enterrées d'adduction d'eau, d'électricité, de téléphone et même de câbles pour les émissions de télévision. De même, le passage aérien de lignes électriques fait partie du droit de passage reconnu au fonds enclavé. Encore faut-il que l'acte constitutif de la servitude le prévoie.

> **Cas pratique**
> Il a été jugé qu'une servitude de passage ne confère le droit de faire passer des canalisations dans le sous-sol que si le titre instituant cette servitude le prévoit. Tel n'était pas le cas en l'espèce (C. cass., civ. 3e, 14.6.2018, n° 17-20280).

› Obstacles au passage

De son côté, le propriétaire du terrain sur lequel s'exerce le droit de passage est tenu de ne pas entraver le libre passage du propriétaire du terrain enclavé.
Il n'est pas tenu d'améliorer ou d'entretenir le passage. Sa seule obligation est de ne rien faire qui diminue l'usage de cette servitude par le bénéficiaire.

> **Cas pratique**
> Des blocs de pierre avaient été posés sur le passage. La cour d'appel avait condamné le propriétaire du passage pour atteinte à la libre jouissance de la servitude de son voisin.

> Cet arrêt est cassé. La cour d'appel aurait dû rechercher si le dépôt des blocs de pierre était imputable ou non au propriétaire du passage (C. cass., civ. 3e, 5.6.2013 n° 11-25627).

Le propriétaire du terrain a la possibilité de le clore, à partir du moment où la clôture n'empêche pas le droit de passage ou ne le rend pas plus incommode. Le fait que la clôture soit gênante ne suffit pas à l'interdire, dès lors que cette gêne n'est pas excessive (voir *Les clôtures*, p. 65).

> **Cas pratiques**
> - Le propriétaire du terrain traversé avait installé une barrière qui ne pouvait s'ouvrir qu'avec un code pour les résidents. Les fournisseurs ou visiteurs devaient téléphoner à un gardien qui seul pouvait ouvrir la barrière. La gêne a été considérée excessive et le propriétaire du fonds enclavé a pu obtenir la suppression de cette barrière (C. cass., civ. 3e, 13.5.1998, JCL Constructions et urbanisme 1998, n° 304).
> - Mais la simple pose d'un portail ne constitue pas l'aggravation de la servitude. La gêne n'est pas excessive et le bénéficiaire de la servitude doit l'accepter (C. cass., civ. 3e, 16.12.1998, JCP 1999. IV. 1274).

Même si un litige oppose les deux propriétaires concernés et que le droit à l'exercice d'une servitude de passage n'est pas établi, il est interdit d'empêcher le passage en y mettant des obstacles.

> **Cas pratique**
> Un propriétaire refusait de reconnaître un droit de passage à son voisin. Il avait fait poser une barrière sur le chemin servant au passage.
> Le voisin a pu obtenir en référé sa condamnation. La pose de l'entrave constituait un trouble manifestement illicite pour celui qui avait l'habitude d'emprunter le chemin.
> Même si le droit de passage était contesté, le trouble commis a été condamné (CA, Fort-de-France, 25.6.1999 ; voir aussi : C. cass., civ, ass. plén., 28.6.1996, n° 94-15935).

› Modification du droit de passage

Le propriétaire qui bénéficie de la servitude peut demander la modification de la servitude pour satisfaire aux besoins de son exploitation. Le but du droit de passage est en effet de permettre l'utilisation normale du terrain enclavé et, par conséquent, en cas de changement dans l'exploitation du terrain (par exemple s'il utilise des tracteurs en remplacement d'engins auparavant plus réduits), le propriétaire peut demander une modification de la desserte à son voisin. Dans ce cas, il doit indemniser son voisin proportionnellement aux dommages que cette modification peut occasionner (art. 697, C. civ.).
En principe, le propriétaire du fonds débiteur de la servitude (propriétaire du terrain traversé) ne peut rien faire qui tende à en diminuer l'usage ou le rendre plus incommode. Il ne peut changer l'état des lieux ni modifier l'assiette de passage initialement fixée.

Mais si le droit de passage devient plus onéreux pour lui ou si ce droit de passage l'empêche de faire des réparations ou des aménagements avantageux, il a le droit de proposer un autre passage au propriétaire du fonds enclavé, celui-ci ne pouvant pas refuser dès lors qu'il conserve un usage normal du passage (C. cass., civ. 3e, 18.3.1997, Bull. civ. n° 57).
Sauf stipulation contraire, le propriétaire du fonds supportant la servitude qui sollicite la modification de l'emplacement du passage doit en supporter seul les frais.

Cas pratiques

- Si le propriétaire qui doit supporter le passage de la canalisation sur son terrain estime que cette canalisation pourrait être déplacée afin de lui permettre de faire des travaux ou des aménagements sur son fonds, il doit proposer un nouvel emplacement aussi commode pour l'exercice des droits du voisin et doit, seul, en assumer les frais. Ces frais n'ont pas à être partagés entre les deux voisins (C. cass., civ. 3e, 31.10.2006, n° 05-17519).
- Le propriétaire du fonds servant ne peut pas de lui-même supprimer la servitude puis s'appuyer sur l'article 701 du Code civil pour demander son déplacement (C. cass., civ. 3e, 8.7.2009, n° 08-15763).

L'assiette du droit de passage peut être fixée à l'amiable ou judiciairement.
La proposition du nouveau passage doit porter sur un autre terrain appartenant au même propriétaire.

Cas pratique

Un droit de passage s'exerçait sur une parcelle et le propriétaire de cette parcelle voulait proposer le passage sur une autre parcelle dont il n'était pas encore propriétaire.
La cour d'appel avait accepté sa demande de modification de l'assiette de passage en lui donnant un délai de 2 mois pour acquérir la nouvelle parcelle permettant cette modification.
Cet arrêt est cassé. La modification du passage ne peut avoir lieu que sur un terrain appartenant au propriétaire du fonds servant. En l'espèce, la nouvelle parcelle ne lui appartenait pas encore (C. cass., civ. 3e, 10.11.1999, Bull. civ. n° 216).

ATTENTION

Modification ou suppression ? Le propriétaire du fonds servant (celui qui doit respecter la servitude) ne peut pas demander une modification de l'assiette de la servitude après avoir modifié les lieux et rendu impossible l'exercice de la servitude. Une servitude ne peut être supprimée qu'avec l'accord de celui qui en bénéficie (C. cass., civ. 3e, 8.7.2009, n° 08-15763).

› L'indemnité due au propriétaire du fonds servant

Le propriétaire du fonds servant (terrain sur lequel s'exerce le droit de passage) a droit à une indemnité en cas d'établissement du passage ou en cas d'aggravation de ce passage.

L'indemnité sera proportionnée au dommage qu'il subit : troubles dus au bruit, dommages matériels, dépréciation de la valeur du terrain (art. 682, C. civ.).

Cas pratique

Par exemple, il a été jugé, à propos d'un passage d'engins agricoles du propriétaire enclavé ayant lieu tant dans la cour que juste devant le domicile du voisin, que le montant de l'indemnité devant revenir à ce dernier d'un montant de 10 € par jour était proportionné (C. cass., civ. 3e, 12.1.2017, n° 15-24065).

Le délai de prescription d'une action en indemnité est de 30 ans. Cela signifie qu'elle doit être intentée avant l'expiration de ce délai, à compter de l'établissement de la servitude ou de son aggravation.
Lorsqu'un terrain est divisé puis vendu et que l'enclave résulte de cette division, l'indemnité reste due mais peut être prise en compte pour la fixation du prix de vente. Dans cette hypothèse, il est nécessaire que l'acte le stipule ou que l'acquéreur renonce expressément à demander cette indemnité. À défaut, l'acquéreur du terrain sur lequel s'exerce le droit de passage du vendeur sera en droit de lui demander une indemnité (C. cass., civ. 3e, 21.7.1999, Bull. civ. n° 186).

À NOTER

Aggravation de la servitude Si un terrain est enclavé, le propriétaire peut obtenir soit la création d'un passage, soit l'aménagement du passage existant. Il n'y a pas aggravation de servitude quand il faut élargir le passage qui n'est plus suffisant pour assurer la desserte du terrain enclavé (C. cass., civ. 3e, 10.6.2008, n° 07-15204).

Extinction de la servitude

› Fin de la servitude fondée sur la loi

La servitude de passage est supprimée lorsque prend fin l'enclave et que la desserte du fonds dominant (qui bénéficie de la servitude) est assurée (art. 685-1, C. civ.).
Le propriétaire du fonds servant (fonds traversé) peut alors demander la fin de la servitude à tout moment.
Déterminer si l'enclave a cessé ou non dépend de chaque cas d'espèce, de la configuration des terrains, des circonstances de fait, de la nature de l'exploitation du terrain.
En revanche, le changement de destination n'entraîne pas automatiquement l'extinction.

Cas pratique

Des propriétaires saisissent le tribunal pour que soit prononcée l'extinction d'une servitude de passage sur leur terrain dont l'objet était de faciliter l'exploitation d'une parcelle de vigne. Ils invoquaient le fait que la disparition de cette vigne devait

entraîner la disparition de l'objet de la servitude de passage et partant son extinction. Et ce, même si ce passage pouvait toujours être utilisé à une autre destination que celle prévue par l'acte constitutif.
Cet argument n'est pas celui qui a été retenu par les juges. Pour la Cour de cassation en effet, l'acte instituant la servitude ne subordonnait pas celle-ci à une condition d'exercice particulière. Il prévoyait d'ailleurs l'usage et les conditions de la servitude en cas de construction d'un immeuble. La servitude de passage était toujours utilisée pour la desserte des parcelles où se trouvaient une maison et un jardin et rien n'empêchait cet usage. La servitude conventionnelle n'était donc pas éteinte malgré son changement de destination consécutif à la cessation de l'exploitation de vignes en vue de laquelle elle avait été consentie (C. cass., civ. 3e, 17.11.2016, n° 15-12368).

Fin de l'état d'enclave

Si le propriétaire du fonds enclavé acquiert d'autres parcelles lui permettant d'accéder à la voie publique, il ne pourra plus revendiquer le droit de passage chez son voisin, même si cela l'oblige à effectuer quelques travaux limités pour rendre le nouvel accès praticable.

Cas pratique

Une parcelle n'est pas enclavée lorsque l'accès à la voie publique est possible moyennant des travaux de faible importance sans dépenses excessives. En l'espèce, les terrains enclavés disposaient d'une porte donnant directement sur la voie publique ainsi que d'une porte permettant de circuler entre les bâtiments. Les portes donnant directement sur la voie publique étaient insuffisantes pour procurer une desserte répondant à une utilisation normale du fonds mais, au dire des demandeurs, il suffisait de réaliser des aménagements minimes et d'agrandir le passage déjà existant pour obtenir une issue suffisante sur la voie publique.
L'arrêt d'appel qui s'était contenté de constater que l'issue sur la voie publique était insuffisante sans étudier les travaux nécessaires pour la rendre suffisante a été cassé (C. cass., civ. 3e, 8.7.2009, n° 08-11745).

En revanche, si les travaux se révèlent trop onéreux par rapport à la valeur du fonds, ils sont écartés et le caractère enclavé du terrain est maintenu.
Il y a aussi cessation de l'état d'enclave quand la commune a effectué des travaux sur la voie publique en la rendant carrossable. Le propriétaire du fonds anciennement enclavé ne peut pas prendre pour argument que l'accès à cette voie publique est plus long ou moins commode.
Ce droit d'exiger la cessation du passage est reconnu même si le droit de passage s'exerce depuis plus de 30 ans. La servitude ne peut être acquise par prescription. En effet, le droit de passage en cas d'enclave constitue une servitude légale et discontinue ; en conséquence, le fait d'user pendant 30 ans de la servitude de passage, sans contestation du voisin, ne crée pas au profit du propriétaire du terrain enclavé un droit à la servitude de passage.

Maintien de l'état d'enclave

En revanche, il n'y a pas cessation de l'enclave quand le propriétaire ne peut que se rendre à pied sur la voie publique, le passage étant trop étroit pour laisser passer des véhicules.
De même, il n'y a pas accès sur la voie publique lorsque le chemin d'accès présente une trop grande déclivité pour les véhicules automobiles et notamment les engins agricoles.

› Fin de la servitude fondée sur une convention

Fin de l'enclave

La jurisprudence distingue les servitudes établies légalement et celles fondées sur une convention signée entre les parties.
Lorsque la desserte du terrain devient possible, la servitude légale disparaît, mais non la servitude conventionnelle. Celle-ci reste donc en vigueur même si l'état d'enclave a disparu (C. cass., civ. 3e, 6.2.2013, n° 11-21252).
Il est donc important de distinguer la servitude légale de la servitude conventionnelle. Même si un acte ou une convention a été établi entre les propriétaires concernés, ce n'est pas suffisant pour considérer que la servitude est conventionnelle et non fondée sur la loi.
En effet, les actes signés entre les propriétaires peuvent :
- soit établir et créer la servitude elle-même ;
- soit se contenter de régler les modalités du droit de passage.
Si la convention n'a fait que traiter des modalités du droit de passage, de son assiette, mais n'a pas établi la servitude elle-même, la fin de l'enclave entraîne la fin du droit de passage (C. cass., civ. 3e, 13.12.1983, Bull. civ. n° 260 ; C. cass., civ. 3e, 10.7.1984, Bull. civ. n° 139).
Généralement, les juges présument que la convention n'a été établie que pour aménager la servitude. Ils ne reconnaissent l'établissement de la servitude par convention que lorsque la configuration des terrains n'aurait pas permis d'imposer judiciairement un droit de passage (par exemple, lorsque la servitude de passage a été accordée pour procurer une facilité au fonds dominant et non pour le désenclaver).
Dès lors que l'état d'enclave a été la cause déterminante de la convention, il ne s'agit pas d'une servitude conventionnelle et le droit de passage cesse lorsque le terrain est désenclavé.

Non-usage pendant 30 ans

La servitude s'éteint par le non-usage pendant 30 ans (art. 706, C. civ.). Le droit de passage étant une servitude discontinue, le délai de 30 ans commence à courir le jour où l'on a cessé d'en jouir (art. 707, C. civ.).
S'il s'agit d'une servitude conventionnelle (accordée par convention), le fait de modifier l'assiette de cette servitude signifie que la servitude d'origine n'est plus utilisée. Si ce non-usage dure pendant plus de 30 ans, la servitude s'éteint.

Cas pratique

Les propriétaires d'un terrain bénéficiaient de deux servitudes conventionnelles de passage. Le litige portait sur l'existence ou non d'une des deux servitudes, la « servitude Sud ».

Les bénéficiaires avaient modifié l'assiette de la servitude accordée et revendiquaient l'acquisition de cette nouvelle servitude puisque l'usage durait depuis plus de 30 ans.

Ces arguments n'ont pas été retenus. Si l'assiette de la servitude conventionnelle a été modifiée, la servitude d'origine n'est plus utilisée. Elle s'éteint si ce non-usage dure depuis plus de 30 ans (C. cass., civ. 3e, 19.1.2011, n° 10-10528).

La question s'est posée de savoir si le point de départ de la prescription commençait le jour où les bénéficiaires de la servitude avaient cessé de passer sur le terrain voisin ou bien du jour où le passage avait matériellement disparu, prouvant le non-usage effectif (disparition du signe extérieur de la servitude).
La Cour de cassation a choisi la première solution. La prescription est acquise si, pendant 30 ans, plus personne n'a utilisé le passage.

Cas pratique

La servitude n'avait plus été utilisée depuis 30 ans mais le chemin était resté présent jusqu'en 1983, soit 16 ans avant l'assignation en justice en reconnaissance de servitude (1999). La cour d'appel avait admis que la prescription n'était pas acquise puisque le point de départ se situait au moment où le passage avait disparu. Mais la Cour de cassation casse cet arrêt : le délai de prescription extinctive d'une servitude discontinue commence à courir à compter du jour du dernier acte d'exercice de cette servitude (C. cass., civ. 3e, 11.1.2006, n° 04-16400).

Extinction par impossibilité d'exercice

L'article 703 prévoit que les servitudes cessent lorsque les choses se trouvent en tel état qu'on ne peut plus en user. C'est donc l'impossibilité d'utiliser la servitude qui entraîne son extinction.

Cas pratiques

- Ce sera le cas lorsque le propriétaire du terrain bénéficiaire de la servitude de passage procède à des travaux sur son terrain condamnant le droit de passage en construisant un trottoir ou en créant une dénivellation rendant impossible le passage chez son voisin.
- Ce sera aussi le cas lorsqu'une servitude de passage a été accordée pour accéder à un lavoir et que le lavoir a été détruit après l'installation de l'eau courante.
- La servitude de passage pour accéder à une grange avait été prévue dans une convention de 1887 pour les « chars et bœufs attelés ou non attelés ». Ceux qui revendiquaient ce passage assignaient leur voisin pour obtenir la suppression de clôtures édifiées par lui en travers du passage. Leur demande a été écartée et les juges ont constaté l'extinction de la servitude. En effet, la servitude de passage avait été instituée pour un besoin agricole qui avait aujourd'hui totalement disparu.

Par ailleurs, l'accès à la grange était possible par une autre voie. La servitude modernisée réclamée par les propriétaires de la grange n'était pas en conformité avec la convention (C. cass., civ. 3e, 3.11.2005, n° 04-11424).

Extinction pour inutilité

La notion d'inutilité pour une servitude n'est pas prévue dans le Code civil. Cette notion a été créée par la jurisprudence qui a assimilé inutilité à impossibilité d'exercice.
Les juges considéraient que si le passage n'était plus nécessaire, la servitude devait s'éteindre (C. cass., civ. 3e, 9.7.2003, D. 2004, II, p. 1115).
Mais cette jurisprudence est aujourd'hui abandonnée. Pour prononcer l'extinction d'une servitude, il faut constater l'impossibilité d'en user et non simplement son inutilité.

Cas pratique

Une convention prévoyait que le droit de passage devant la maison des voisins était accordé pour permettre la « bonne exploitation des fermes ». La cour d'appel avait constaté que la nécessité d'emprunter ce passage n'était pas démontrée et que les engins agricoles ainsi que le bétail empruntaient un autre chemin. Les juges remarquaient également que les fermiers disposaient de plusieurs voies d'accès à leurs bâtiments ou terres. Ils avaient ainsi constaté l'inutilité de cette servitude de passage et avaient prononcé son extinction.
Mais cet arrêt est cassé. Les juges auraient dû constater que les bénéficiaires étaient dans l'impossibilité d'user de la servitude, ce qui n'était pas le cas puisque le chemin devant la maison des voisins existait toujours (C. cass., civ. 3e, 28.9.2005, n° 04-14558).

Extinction pour non-respect de la servitude

Le non-respect des conditions d'exercice de la servitude ne peut pas entraîner son extinction. La fin de la servitude ne peut pas intervenir en tant que sanction pour celui qui utilise le droit de passage.

Cas pratique

Un ensemble était composé de deux lots (A et B).
Le lot B (appartenant à des particuliers) était grevé d'une servitude de passage en faveur du lot A (immeuble en copropriété).
Les propriétaires du lot B demandaient la suppression de la servitude de passage en raison de l'attitude de la copropriété.
En effet, le syndicat avait construit un portail sur la propriété des voisins sans autorisation de ces derniers ni déclaration de travaux, il s'était abstenu de tout règlement de sa quote-part de travaux contractuellement mise à la charge de la copropriété et avait empiété sur le fonds des voisins résultant de l'absence d'alignement de poteaux installés par la copropriété sur le passage.
La cour d'appel avait retenu que la gravité de ces manquements, imputables au syndicat des copropriétaires, justifiait la résolution de la servitude conventionnelle aux torts du syndicat.

Mais cet arrêt est cassé.
Le non-respect de ses conditions d'exercice ne peut entraîner l'extinction d'une servitude quelles que soient l'importance et la gravité des manquements. Les servitudes cessent lorsque les choses se trouvent en tel état qu'on ne peut plus en user (C. cass., civ. 3e, 10.3.1999, Bull. civ. n° 64).

Tribunal compétent

Les litiges concernant la reconnaissance d'un droit de passage ou la protection de ce droit sont de la compétence du tribunal judiciaire (art. R. 211-3-26, COJ).
L'assistance par avocat est obligatoire en la matière (art. 760, CPC, issu du décret n° 2019-1333 du 11 décembre 2019).

› Établissement du droit de passage

Le droit de passage fixé judiciairement doit :
- être régulièrement pris du côté où le trajet est le plus court, du terrain enclavé à la voie publique ;
- être fixé dans l'endroit le moins dommageable pour le terrain sur lequel il est accordé (art. 683, C. civ.).

Le jugement doit donc tenir compte de la configuration des lieux et des intérêts en présence.
Et le tracé choisi par les juges doit être compatible avec les contraintes d'urbanisme, d'environnement et de sécurité applicables.

Cas pratiques

- Il a ainsi été jugé que l'assiette de la servitude légale de passage devait être compatible, lorsque les fonds concernés se trouvaient situés dans une zone de protection du patrimoine architectural, urbain et paysager, avec les éventuelles contraintes d'urbanisme et d'environnement applicables (C. cass., civ. 3e, 5.9.2012, n° 11-22276).
- Il a également été jugé que cette assiette devait être compatible avec les contraintes de sécurité applicables à une citerne de gaz souterraine implantée sur le fonds des voisins (C. cass., civ. 3e, 11.5.2017, n° 16-12627).

À NOTER

Prescription d'une action en nullité d'un acte établissant un droit de passage Un point a été soulevé devant la Cour de cassation, à savoir celui du délai pour attaquer en justice un acte portant sur un droit de passage lorsque l'on estime qu'il est nul.
Les faits étaient les suivants. Un couple cède à un particulier « ainsi qu'à tous futurs propriétaires de sa parcelle » un droit de passage sur la voie coupant leur propriété. L'acte prévoit le versement d'une indemnité.
Estimant avoir découvert par la suite que la servitude était préexistante à la convention, l'acquéreur assigne le couple en nullité de l'acte pour défaut d'objet et en remboursement de l'indemnité et des frais notariés.

Elle a échoué car sa demande était prescrite (C. cass., civ. 3e, 24.1.2019, n° 17-25793). À l'occasion de cette affaire, la Cour de cassation a en effet précisé que le délai est celui prévu pour les nullités relatives, à savoir 5 ans aujourd'hui (art. 1179 et 2224, C. civ.). Ce dernier article stipule que « *les actions personnelles ou mobilières se prescrivent par 5 ans à compter du jour où le titulaire d'un droit a connu ou aurait dû connaître les faits lui permettant de l'exercer* ».

› Protection du droit de passage

Le litige peut aussi provenir d'entraves au libre exercice du droit de passage. Le propriétaire du fonds qui bénéficie du droit de passage (fonds dominant) peut agir en référé devant le président du tribunal. Les conditions d'ouverture de cette procédure sont souvent réunies puisqu'il faut prouver soit l'urgence (art. 808, CPC) soit le trouble manifestement illicite ou le dommage imminent avec, dans ces cas, la possibilité pour le juge de prescrire en référé les mesures conservatoires ou de remise en état qui s'imposent (art. 809, CPC ; voir *Envisager les référés*, p. 305).

Cas pratique

Les propriétaires d'un fonds enclavé détenaient un droit de passage sur un chemin : droit de passage accordé par la commune.

Parallèlement, des voisins revendiquaient la propriété du chemin. Leur droit de propriété est finalement reconnu et ils décident alors, en tant que propriétaires, de clôturer le passage. Ils refusaient de reconnaître l'existence d'un droit de passage puisque ce droit n'avait pas été accordé par les véritables propriétaires.

Les bénéficiaires du droit de passage s'adressent alors au juge du tribunal de grande instance, compétent à l'époque, en référé pour que soient ordonnées la remise en état du chemin et la reprise du libre passage. Ils ont obtenu gain de cause. Même s'il existe une contestation sur l'existence de la servitude, le juge des référés peut faire cesser un trouble manifestement illicite (C. cass., ass. plén., 28.6.1996, Bull. civ. n° 6).

À NOTER

Permanence d'une servitude de passage Le non-usage pendant 30 ans d'un droit de passage peut-il entraîner son extinction ? Non, a répondu la Cour de cassation (C. cass., civ. 3e, 6.5.2021, n° 20-15.705). Dans cette affaire, un terrain est divisé par sa propriétaire avec une servitude de passage à son profit sur la parcelle dont elle conserve la propriété. Après plus de 30 ans, alors qu'elle n'a jamais utilisé ce droit de passage durant cette période, elle en réclame le rétablissement. Les propriétaires du terrain contigu refusent. La cour d'appel, confirmée par la Cour de cassation, ordonne le rétablissement du passage, car l'enclavement du fonds (le terrain) était la cause déterminante de la servitude établie dans l'acte de vente. Le droit de passage accordé par la loi ne s'éteint pas par le non-usage, même si plus de 30 ans se sont écoulés, dès lors que l'accès du terrain n'est possible qu'en passant par la propriété voisine.

Le tour d'échelle

Le « tour d'échelle » (appelée aussi « échelage ») est la possibilité pour le propriétaire d'un bâtiment situé à la limite séparative de passer chez son voisin pour pouvoir effectuer des travaux indispensables sur son bâtiment, travaux qu'il ne peut pas faire de chez lui (par exemple : réfection d'un mur pignon, de la toiture, ravalement...).

Reconnaissance du droit de passage

Il n'existe aucun texte du Code civil autorisant ce droit de passage.
Ce droit de passage pourra donc être reconnu par convention ou par accord signé entre les intéressés.
Mais à défaut d'accord et en cas de refus, l'autorisation de pénétrer chez son voisin sera donnée par le juge, par ordonnance de référé ou par jugement.
Cette autorisation, qu'elle soit donnée à l'amiable ou en justice, doit rester temporaire et exceptionnelle.

Décisions des tribunaux

Les tribunaux accordent le droit de passage chez le voisin dans les conditions suivantes :
- les travaux doivent avoir un caractère indispensable ;
- ils ne peuvent être réalisés, pour un coût raisonnable, qu'en passant chez le voisin ;
- ils ne doivent pas provoquer une gêne excessive ;
- la durée et le lieu de passage doivent être limités ;
- une juste et raisonnable indemnité doit être versée au profit du voisin, en cas de trouble de jouissance ou des dommages accidentels qui peuvent survenir (haie abîmée, parterres piétinés...).

La servitude de tour d'échelle étant une atteinte au droit de propriété, toutes ces conditions doivent être réunies et les tribunaux appliquent de façon stricte ces principes.
Ainsi, la servitude de tour d'échelle ne peut pas être reconnue pour l'édification d'une nouvelle construction. Le droit de pénétrer chez son voisin ne peut concerner que les réparations effectuées sur une construction existante (rép. min. n° 75162, JOAN Q, 9.1.2007, p. 391).
La servitude de tour d'échelle n'est pas un réel droit de passage mais une occupation très temporaire du terrain voisin. Elle ne peut, en aucun cas, empêcher le voisin d'exercer ses droits sur son propre terrain.

Cas pratique

Deux voisins avaient signé une convention par laquelle l'un d'entre eux devait laisser libre une bande de terrain afin que l'autre propriétaire puisse accéder à son toit. En principe, la bande devait avoir une largeur de 0,975 mètre. Le propriétaire qui devait laisser la bande de terrain avait construit une grange qui empiétait légèrement sur cette bande. Le propriétaire qui bénéficiait de cette servitude estimait ne pas pouvoir exercer pleinement ses droits et demandait la démolition du bâtiment. Sa demande a été rejetée. Même si la largeur était diminuée, il pouvait toujours exercer ses droits, les progrès techniques et les échafaudages modernes permettant d'atteindre en toute sécurité le toit de sa grange, au besoin en prenant appui sur l'immeuble voisin (C. cass., civ. 3e, 28.9.2005, n° 04-14769).

Lorsque la convention prévoit l'interdiction de toute nouvelle construction qui gênerait le passage du voisin, les juges doivent vérifier si l'installation édifiée sur le terrain peut être ou non qualifiée de « nouvelle construction » et à ce titre, être interdite.

En cas de litige et si la convention est ambiguë, les juges doivent statuer en fonction de la situation des lieux et des intérêts respectifs des parties.

Cas pratique

Le propriétaire d'une bande de terrain, où s'exerçait la servitude de tour d'échelle du voisin, y avait installé un escalier mécanique démontable, fixé sur une dalle de béton de quelques centimètres.

Le voisin demandait sa démolition, en vertu de leur convention qui interdisait l'élévation de « toute construction nouvelle ». Cette demande est rejetée.

L'escalier métallique démontable ne constituait pas une construction de nature immobilière qui seule était visée par la convention. Il était en effet facilement démontable pour le temps nécessaire à l'exécution des travaux sur le mur des voisins et son assise en béton, de quelques centimètres de hauteur, ne faisait pas obstacle à la pose d'un échafaudage.

L'escalier n'était pas implanté en contradiction avec la servitude (C. cass., civ. 3e, 9.7.2008, n° 07-17761).

En revanche, si ces conditions sont réunies, les tribunaux considèrent que celui qui s'oppose au passage ou encore qui exige des précautions inutiles peut ainsi commettre un abus de droit et être condamné au profit de son voisin à des dommages et intérêts.

Pour que l'abus de droit soit reconnu, il n'est pas nécessaire qu'il n'existe aucune solution.

Il suffit qu'il n'existe aucune autre solution qui soit d'un coût proportionné, raisonnable.

Une nécessité absolue n'est plus nécessaire pour pouvoir contraindre son voisin à supporter un échafaudage.

Cas pratiques

- **Refus d'accès**

Le propriétaire d'un terrain refusait à son voisin le droit d'installer un échafaudage chez lui. Il estimait qu'il y avait d'autres moyens pour parvenir à effectuer les réparations sur sa toiture et que son immeuble n'était pas physiquement inaccessible.

Les juges ont d'abord constaté la nécessité de réaliser des travaux sur la toiture du pavillon des voisins et le refus du maire de la commune de voir installer une nacelle en vue d'effectuer ces travaux à partir de la voie publique. Puis ils ont évalué le coût que représenterait une troisième solution et conclu que ce coût serait disproportionné par rapport à la valeur des travaux à effectuer. En conclusion, le propriétaire a été obligé de laisser le passage sur son terrain et l'installation de l'échafaudage le temps nécessaire aux travaux (C. cass., civ. 3e, 15.2.2012, n° 10-22899).

- **Précautions abusives**

Le voisin acceptait le principe d'une occupation de son jardin pendant quelques jours pour procéder au ravalement d'un mur. Mais les deux voisins s'opposaient sur les modalités de cette occupation.

L'affaire est donc portée devant le juge.

Le voisin demande au juge d'obliger le propriétaire à utiliser une nacelle mais sans placer l'appareil de levage de la nacelle dans son jardin.

Sa demande a été rejetée. Le juge a en effet constaté que la configuration des fonds ne permettait pas de procéder autrement et que les mesures nécessaires de protection du jardin avaient été prises.

La cour a jugé abusives les nombreuses réticences de ce voisin. Il a été condamné à payer 4 000 F (600 €) de dommages et intérêts (CA Paris, 20.11.1997, D. 1998, som., p. 351).

- **Sanction du refus injustifié**

Le propriétaire qui refuse de façon injustifiée l'accès de sa propriété à son voisin demandant à y pénétrer pour réaliser des travaux engage sa responsabilité civile.

Pour parfaire le ravalement de la façade de sa maison, le propriétaire A d'une villa demande à son voisin B l'autorisation d'installer un échafaudage sur sa propriété. En contrepartie de cette autorisation, A propose à son voisin de faire dresser à ses frais un constat d'huissier avant travaux et de l'indemniser à hauteur de 500 €. Le voisin B, sans motif véritable, refuse ces propositions et sollicite une expertise.

La cour d'appel rejette la demande, condamne B à permettre l'accès à sa propriété, et lui impose de verser une indemnité de 600 € à son voisin pour le préjudice causé par son refus injustifié.

La Cour de cassation confirme la décision et rappelle que le refus injustifié expose son auteur à indemnisation (C. cass., civ. 3e, 26.3.2020, n° 18-25.996).

Les plantations

➤ Le terme « plantations » regroupe la réglementation relative aux arbres, arbustes ou haies, mais aussi celle relative aux racines ou aux branches de ces végétaux.

➤ Les usages ou règlements locaux s'appliquent avant les règles du Code civil, qui ne sont que supplétives.

Les arbres

La règlementation applicable aux plantations concerne tous les terrains privés, qu'ils soient situés en ville ou à la campagne et quelle que soit l'utilisation de ces terrains (professionnelle ou de loisirs).

Définition de la servitude

› Distances entre les plantations et la limite des terrains

L'article 672 du Code civil prévoit qu'il n'est permis d'avoir des arbres, arbrisseaux et arbustes près de la limite de la propriété voisine qu'à la distance prescrite par les règlements et usages locaux.
Ce n'est qu'à défaut de ces usages que s'appliquent les règles du Code civil.
Le Code civil prévoit qu'une distance minimale de 2 mètres de la ligne séparative doit être respectée pour les plantations dont la hauteur dépasse 2 mètres, et de 0,50 mètre pour les autres plantations (art. 671 et 672, C. civ.).
Les articles du Code civil ne sont pas d'ordre public. Ils ne s'appliquent qu'en l'absence d'autres textes.

> Cas pratique
>
> **Application du règlement de lotissement**
>
> Le règlement de lotissement prévoyait que les plantations ne devaient pas dépasser 1,30 mètre (contre 2 mètres dans le Code civil).
> Les arbres litigieux avaient dépassé la hauteur de 1,30 mètre en 1979 et la hauteur de 2 mètres en 1980.
> L'action du voisin ayant été engagée en 2010 et la prescription étant de 30 ans, son action était prescrite si on appliquait le règlement de lotissement et recevable si on appliquait le Code civil.
> Les juges ont considéré que les règles du Code civil avaient un caractère supplétif et n'avaient pas vocation à s'appliquer dans ce dossier. La prescription était donc acquise (C. cass., civ. 3e, 27.3.2013, n° 11-21221).

En matière de hauteur de plantations, lorsque les stipulations du règlement de lotissement ne sont pas précises, les règles du Code civil doivent s'appliquer.

> Cas pratique
>
> **Application du Code civil**
>
> En l'espèce, le règlement du lotissement indiquait que la hauteur des clôtures ne devait pas dépasser 1,50 mètre, et qu'en cas de dépassement, le constructeur devait justifier d'une autorisation administrative.

> Les juges ont considéré que ces règles étaient trop imprécises pour fixer une hauteur maximale autorisée.
> Ils ont donc appliqué les règles du Code civil qui prévoient que les plantations de plus de 2 mètres doivent se situer à une distance de 2 mètres minimum de la limite séparative des deux terrains.
> La haie de thuyas incriminée avait une hauteur de 1,70 mètre. La demande de la voisine, qui voulait la faire supprimer, a été rejetée (C. cass., civ. 3e, 2.7.2013, n° 12-17808).

› Les règlements locaux

Les règles posées par l'article 671 du Code civil ne s'appliquent qu'à défaut d'usages locaux.
Pour connaître la distance applicable aux arbres plantés dans la commune où se situe le terrain, il faut donc savoir d'abord s'il existe des règlements locaux.
Pour cela, il faut s'adresser au service de l'urbanisme de sa mairie pour connaître la réglementation applicable à sa commune (notamment les arrêtés municipaux).
Il faut également vérifier, dans l'hypothèse où l'on se trouve dans un lotissement ou dans une copropriété, si cette question est traitée dans le règlement de lotissement ou de copropriété (c'est fréquemment le cas).
Il convient également de se renseigner sur l'existence d'éventuels usages locaux auprès :
- d'un notaire ou d'un géomètre ;
- de la chambre d'agriculture en zone rurale.

(Voir *Comment faire respecter vos droits ?*, p. 291).

Les usages en Île-de-France

Les usages locaux d'Île-de-France s'imposent aux propriétaires : aucune limitation en termes de hauteur et de distances dès lors que leurs plantations ne causent aucun trouble à leurs voisins.
En banlieue parisienne, en raison de l'exiguïté des terrains sur lesquels sont bâties les maisons individuelles, l'usage est de pouvoir planter des haies et arbres à moins de 50 cm de la limite des jardins.
Cet usage est ancien, constant, de notoriété publique et consacré par la jurisprudence qui autorise la plantation d'arbres et de haies jusqu'à l'extrême limite des jardins.

> **Cas pratique**
> Il a été ainsi jugé (l'affaire se passait à Savigny-sur-Orge) qu'un voisin pouvait planter sa haie en limite séparative. La demande en arrachage d'une haie vive plantée à moins de 50 cm de la limite séparative des deux fonds a donc été rejetée en application de cet usage (C. cass., civ. 3e, 14.2.84).

La banlieue parisienne s'étend désormais à un nombre de plus en plus grand de communes d'Île-de-France qui se sont couvertes de lotissements pavillonnaires aux parcelles exiguës.

Cas pratique

C'est ainsi que dans une commune située à 45 km de Paris (Rochefort-en-Yvelines, dans la commune de Rambouillet), les règles applicables à Paris et à sa banlieue ont été reconnues valables (CA Versailles, 21.11.1997, D. 1998, II, p. 349).

Pour prouver l'usage, tous les moyens de preuve sont admis.

Cas pratique

Les juges ont retenu une attestation délivrée par le maire et divers témoignages. Ils en ont conclu que l'usage était de laisser les haies séparatives s'élever jusqu'à 3 mètres. Le voisin qui voulait obliger le propriétaire des haies à les tailler et qui, par ailleurs, ne justifiait d'aucun préjudice ni d'aucune gêne a été débouté (TI Rambouillet, 27.1.1998).

Mais cet usage ne doit pas causer une gêne excessive au propriétaire du fonds voisin. Si tel était le cas, l'étêtage ou l'abattage des arbres sera justifié par la notion de trouble anormal de voisinage.
Le propriétaire des arbres doit donc les élaguer régulièrement, les entretenir et les maintenir à une hauteur minimale.

Cas pratique

Le propriétaire d'un terrain situé à Saint-Maur (94) laissait pousser des arbres plantés contre le mur de séparation sans les entretenir.
Son voisin se plaignait de fissures apparues dans le mur, du dépassement de branches, de salissures sur sol rendu glissant, de mauvaises odeurs… tous ces désagréments étant causés par le développement excessif des arbres.
En raison des usages locaux de la région parisienne, le voisin ne pouvait se fonder sur les distances minimales fixées par le Code civil pour demander l'arrachage des arbres. En revanche, il a obtenu gain de cause en se fondant sur la notion de troubles de voisinage.
Les juges ont condamné le propriétaire des arbres à les arracher ou à les élaguer (à son choix) ainsi qu'au paiement de dommages et intérêts pour le préjudice subi. Les juges précisent par ailleurs que si le trouble ne cesse pas, l'abattage constituerait le seul moyen de faire cesser ce trouble anormal de voisinage (CA Paris, 23.10.1997, D. 1998, II, p. 349).

MON CONSEIL

Les usages locaux Les règles du Code civil ne s'appliquent que s'il n'existe pas de règlements particuliers ou d'usages locaux constants et reconnus. Il peut être utile de se renseigner auprès de sa mairie ou auprès des chambres d'agriculture dont le rôle est de coordonner et de codifier les coutumes et usages locaux.
Des règlements peuvent avoir été pris sur la base de ces usages. Ils sont valables même s'ils n'exigent aucune distance entre les plantations.
À défaut de règlements particuliers, les usages locaux peuvent aussi se prouver par leur description dans un acte ou par témoins.

› Les règles du Code civil

S'il n'y a pas d'usages locaux, les règles du Code civil doivent s'appliquer. Le Code civil prévoit qu'une distance minimale de 2 mètres de la ligne séparative doit être respectée pour les plantations dont la hauteur dépasse 2 mètres, et de 0,50 mètre pour les autres plantations (art. 671 et 672, C. civ.).

Plantations en espalier contre un mur

La seule exception à ce principe concerne les plantations en espalier. Les arbres, arbustes et arbrisseaux de toutes espèces peuvent être plantés en espalier de chaque côté du mur séparatif, sans que l'on soit tenu d'observer aucune distance, mais ils ne pourront dépasser la crête du mur.
Si le mur est mitoyen, chaque propriétaire pourra ainsi adosser les plantations en espalier contre le mur (voir *La mitoyenneté*, p. 3).
À l'inverse, si le mur est privatif, le propriétaire seul peut y adosser des plantations (art. 671, C. civ.).

Calcul des distances et hauteurs

La distance de séparation entre les plantations et le terrain voisin se calcule du centre de l'arbre à la ligne séparative du terrain, c'est-à-dire soit le milieu du mur mitoyen, du fossé ou du lit du ruisseau, de la rivière (art. 671, C. civ.).
La hauteur des arbres se calcule du pied de l'arbre jusqu'à son faîte, même si les terrains ne sont pas à la même hauteur. On ne calcule donc pas la hauteur de l'arbre par rapport au mur séparatif mais la hauteur totale de l'arbre, même s'il est planté en contrebas du terrain voisin (C. cass., civ. 3e, 4.11.1998, JCP 1998, IV, 3456, D. 1998, IR, p. 265, Bull. civ. n° 208).

Droits et obligations respectifs des propriétaires des fonds

› Respect des hauteurs et distances légales

Le voisin peut exiger que les arbres, arbrisseaux et arbustes plantés à une distance moindre que la distance légale soient arrachés ou réduits à la hauteur légale. Il n'a pas le droit de le faire lui-même, mais doit demander à leur propriétaire d'abattre ou d'étêter les arbres qui dépassent cette hauteur. Le choix entre ces différentes solutions appartient à ce dernier.
Pour ce faire, il suffit au voisin de prouver que les distances n'ont pas été respectées, même en l'absence d'un quelconque préjudice. Seul un propriétaire peut le demander, et non un simple locataire ou un fermier.
Si les arbres meurent ou s'ils sont coupés ou arrachés, il faut les remplacer en observant les distances légales (art. 672, C. civ.).
L'option entre l'arrachage et la réduction ne s'applique qu'aux plantations de plus de 2 mètres plantées à au moins 50 cm de distance. Les végétaux plantés à moins de 50 cm doivent être arrachés.
Cette règle est d'application stricte.

Cas pratique

Le propriétaire des végétaux plantés à moins de 50 cm de la ligne séparative de deux fonds contigus refusait de les arracher car, selon lui, ils contribuaient à retenir la terre. Cet argument n'a pas été retenu. Les arbres doivent être arrachés et non être simplement coupés. Ce n'est que s'ils bénéficient de la prescription trentenaire (végétaux plantés depuis plus de 30 ans) qu'ils pourront être conservés (CA Grenoble, 31.1.1995).

Le droit de faire couper les arbres qui dépassent la hauteur de 2 mètres alors qu'ils sont plantés à moins de 2 mètres est un droit absolu.

- Ce droit est reconnu même si la survie de l'arbre est en cause, même si le voisin a acquis le terrain en connaissance de cause, même en l'absence de préjudice économique.
- Ce n'est que si l'arbre en cause fait partie d'un espace boisé classé que la demande d'élagage peut être rejetée.

Cas pratique

En l'espèce, il s'agissait de deux arbres qui étaient plantés sur un chemin communal et dont les branches avançaient sur un terrain privé.

La commune refusait de les élaguer : ces arbres étaient des cèdres du Liban. Ils avaient une hauteur de 25 mètres et étaient bicentenaires.

Mais cet argument est rejeté et la commune a dû faire élaguer les branches des deux cèdres (C. cass., civ. 3e, 2.10.2013, n° 11-28704).

- Les propriétaires des arbres ne peuvent pas obliger leurs voisins à attendre la saison propice pour la taille.

Cas pratique

Les intéressés gênés par la hauteur de la haie de thuyas de leur voisin avaient demandé leur réduction.

En février 2001 (date de l'audience de première instance), les thuyas avaient été taillés.

Mais en avril 2001, les thuyas avaient dépassé de 15 cm la hauteur limite de 2 mètres.

Ils avaient donc, devant la cour d'appel, demandé à nouveau la réduction de la haie.

La cour d'appel les avait déboutés en considérant qu'il s'agissait d'une pousse normale et que les propriétaires des arbres avaient le droit d'attendre l'automne pour les tailler.

Ce raisonnement est repoussé par la Cour de cassation. Les règles qui s'appliquent sont les règles du Code civil et non les règles du jardinage.

Dès lors que les arbres dépassent la hauteur autorisée, les voisins peuvent les faire couper (C. cass., civ. 3e, 19.5.2004, D. 2004, IR, p. 1646).

- Le propriétaire de l'arbre ne peut pas non plus faire état du caractère unique de l'arbre en infraction.

Cas pratique

Même si l'arbre est bicentenaire, répertorié comme « arbre remarquable dans le plan vert de la commune », le voisin peut toujours obliger le propriétaire à couper les branches qui dépassent (C. cass., civ. 3e, 31.5.2012, n° 11-17313).

Si l'arrachage est ordonné par décision de justice, le propriétaire des arbres litigieux, qui ne la mettrait pas lui-même en application, ne peut interdire l'accès de son fonds pour qu'il soit procédé à cet arrachage.

À NOTER

Limite des obligations Le voisin peut obliger le propriétaire de l'arbre à élaguer les branches qui dépassent chez lui mais il ne peut l'obliger à nettoyer régulièrement les résidus tombés sur le terrain voisin ni à arracher le lierre (C. cass., civ. 3e, 30.5.2012, n° 11-11788).

ATTENTION

Responsabilité du locataire Le propriétaire est seul responsable de l'élagage des arbres. Le voisin ne peut pas intenter une action contre le locataire. De la même façon, le locataire n'a pas qualité pour agir contre les voisins (C. cass., civ. 3e, 5.2.2014, n° 12-28701).

› Troubles de voisinage

Lorsque les arbres ou autres plantations respectent les distances et hauteurs légales ou lorsque le litige se situe à Paris ou dans la région parisienne (où les plantations peuvent se situer à la limite des terrains), le voisin gêné par ces plantations peut faire appel à la notion de troubles de voisinage pour tenter d'obtenir leur suppression.

De nombreux exemples sont donnés dans la partie *Les troubles de voisinage*, p. 187. On peut préciser ici que le trouble, pour être retenu, doit excéder les inconvénients normaux de voisinage et être qualifié d'anormal.

Savoir si un trouble est normal ou anormal dépend de chaque cas. De nombreux autres exemples sont donnés dans *Exemples de troubles anormaux*, p. 201.

Cas pratique

Le fait de recevoir les feuilles mortes provenant d'un arbre situé sur le terrain voisin est un trouble considéré comme normal.

Mais si les arbres sont très nombreux et que les feuilles causent des dégradations étendues à la propriété voisine, la chute des feuilles peut être considérée comme un trouble anormal de voisinage et entraîner la condamnation du propriétaire de ces arbres à supprimer ces plantations.

Un trouble anormal peut aussi être reconnu quand la présence des végétaux est la cause de la prolifération de lapins ou encore d'insectes.

La privation de l'ensoleillement peut enfin, parfois, être aussi considérée comme un trouble anormal.

Dans cet arrêt, des arbres (peupliers) étaient plantés à environ 2,20 mètres de la limite séparative de deux terrains.

Les voisins se plaignaient d'un trouble anormal de voisinage causé par la chute des feuilles mortes sur leurs toits, leur terrasse, ainsi que dans leur cour et par l'envahissement de leur fonds par les racines qui entraînaient des boursouflures du revêtement de sol. Ils demandaient l'abattage des arbres pour que cesse leur préjudice.

Le propriétaire des arbres estimait que ceux-ci étaient plantés à la distance légale et qu'ils ne pouvaient pas être déclarés illégaux. Il proposait par ailleurs de réduire à 5 mètres la hauteur des arbres.
Ces arguments sont repoussés. Le trouble de voisinage, considéré comme anormal, doit cesser même si les arbres respectent les distances prescrites par le Code civil. Le propriétaire a été condamné à indemniser ses voisins du préjudice subi et à abattre ses peupliers (C. cass., civ. 3e, 4.1.1990, Bull. civ. n° 4).

Extinction de la servitude

Même si les plantations ne respectent pas les distances requises, le propriétaire voisin doit subir cet état de fait dans un certain nombre de cas. Par exemple, lorsque les propriétaires ont passé une convention permettant que soient plantés des arbres, arbustes ou arbrisseaux à une distance inférieure à la distance légale.
L'article 673 qui oblige le voisin à élaguer ses arbres dont les branches dépassent sur la propriété voisine n'est pas d'ordre public. Il est donc possible d'y déroger :
- quand les arbres ont été plantés avant la séparation du terrain unique en deux terrains appartenant actuellement à des personnes différentes (dans ce cas, le propriétaire des arbres a acquis le droit de les conserver par destination du père de famille) ;
- si les arbres dépassent la hauteur maximale depuis plus de 30 ans, il y a prescription. En effet, il s'agit là d'une servitude continue et apparente qui s'impose au propriétaire voisin.
À noter que le délai de 30 ans court à compter du moment où la situation est devenue irrégulière, c'est-à-dire du jour où les distances maximales ont été dépassées (art. 672, C. civ.).
Ainsi, si les arbres dépassent la hauteur autorisée depuis moins de 30 ans, on peut en demander la suppression, même s'ils ont été plantés depuis plus de 30 ans (C. cass., civ. 3e, 8.12.1981, Bull. civ. n° 207 ; voir aussi 6.5.2014, n° 13-11066).

Cas pratique

Dans ce contentieux, le propriétaire d'un terrain avait assigné ses voisins pour les faire condamner à couper les branches d'un pin avançant sur sa propriété et pour obtenir une indemnité pour le préjudice subi. Sa demande a été rejetée. En effet, les juges ont constaté que les articles 12 et 13 du cahier des charges du lotissement imposaient le maintien et la protection des plantations, quelles que soient leurs distances aux limites séparatives. Or, l'arbre litigieux se trouvait sur le plan de masse et la coupe des branches du pin parasol entraînerait une mutilation contraire à l'objectif de conservation de la végétation existante prévu dans le cahier des charges.
Par ailleurs, il n'a pas été reconnu l'existence d'un trouble anormal de voisinage justifiant le paiement d'une indemnité. Le propriétaire ne démontrait pas l'existence d'une atteinte à la sécurité de son bien, ni celle d'un danger imminent, ni l'impossibilité de poser des panneaux solaires et d'installer une cheminée (C. cass., civ. 3e, 13.6.2012, n° 11-18791).

Les branches et racines

Si le voisin peut supprimer lui-même les racines qui dépassent sur son terrain, il doit obtenir l'autorisation de couper les branches qui le gênent.

Branches dépassant sur le terrain voisin

Celui sur la propriété duquel avancent des branches d'arbres, arbustes ou arbrisseaux du voisin, peut contraindre celui-ci à les couper. Il lui est cependant interdit de les couper lui-même (art. 673, C. civ.).
Le droit de demander en justice l'élagage des branches d'arbres, arbustes ou arbrisseaux est imprescriptible. Cela signifie que même si les arbres sont plus que trentenaires, il peut être demandé à tout moment au voisin de couper les branches (C. cass., civ. 3e, 20.6.2019, n° 18-12278).

Cas pratiques

- Le fait que les branches incriminées soient des branches maîtresses de l'arbre et que leur réduction constituerait une mutilation irrémédiable pouvant entraîner la mort de l'arbre n'est pas suffisant pour écarter le droit de les faire couper. Même si l'arbre est centenaire, le droit est imprescriptible (C. cass., civ. 3e, 16.1.1992, Bull. civ. n° 25).
- Le fait d'attendre longtemps avant de demander la coupe des branches ne peut constituer un abus de droit, même si la demande intervient à un moment où cette coupe entraînera le dépérissement d'arbres devenus trop grands pour résister à l'opération (C. cass., civ., 3e, 18.10.2006, n° 04-20370).

Si les distances de plantations des arbres par rapport à la limite séparative peuvent être régies par des usages locaux (et ainsi autoriser la plantation sans distance minimale), ces usages locaux n'ont pas à intervenir lorsque des branches dépassent sur le terrain voisin.
Quel que soit l'usage local, le droit de faire couper les branches qui dépassent est toujours reconnu.
Aucune restriction à ce droit ne peut être avancée, quelles que soient les circonstances.

Cas pratiques

- Des propriétaires demandaient que leurs voisins soient condamnés à procéder à l'élagage du cèdre dont les branches avançaient sur leur propriété et à les indemniser du préjudice subi lié à la chute des aiguilles de l'arbre.

Les juges de la cour d'appel avaient rejeté leurs demandes pour les raisons suivantes :
– La propriété était située au sein d'un lotissement créé dans un objectif de valorisation du site boisé classé autour du cèdre de grande hauteur, plus que centenaire.
– Les branches de ce cèdre surplombaient déjà la propriété voisine à l'origine.
– Les propriétaires ne pouvaient ignorer, lorsqu'ils avaient acquis leur fonds, que l'environnement arboré de leur propriété et du lotissement les obligerait à nettoyer régulièrement leur terrain et leur piscine construite par le précédent propriétaire à proximité de l'arbre.
– La seule solution pour mettre fin à cette situation était d'abattre cet arbre.
– La demande de réduction des branches de l'arbre constituait un abus de droit.
Mais ce raisonnement est écarté par la Cour de cassation. Tout propriétaire sur le fonds duquel s'étendent les branches de l'arbre du voisin peut contraindre celui-ci à les couper. Ce droit ne doit subir aucune restriction (C. cass., civ. 3e, 30.6.2010, n° 09-16257).

• Il a été jugé que le voisin peut exiger l'élagage des branches d'arbres avançant sur sa propriété, même s'ils sont situés dans une zone soumise, par le Code de l'urbanisme, à une déclaration préalable des coupes et abattages. Car en l'espèce, la demande d'élagage n'emportait pas obligation de les détruire et il n'était pas établi que l'opération soit nuisible à la conservation des arbres (C. cass., civ. 3e, 27.4.2017, n° 16-13953).

Une réponse a été apportée par les tribunaux concernant cette fois-ci le destinataire de l'action en élagage. Elle peut vous intéresser si vous entendez engager une procédure contre votre voisin mais que vous apprenez qu'il est locataire. C'est le propriétaire qui est tenu de procéder à l'élagage par rapport à ses voisins, et non son locataire. Peu importe que l'obligation de taille et d'élagage pèse sur son locataire au regard du décret n° 87-712 du 26 août 1987 définissant les réparations locatives (C. cass., civ. 3e, 5.2.2014, n° 12-28701). Cette obligation ne concerne que les rapports propriétaires/locataires.
Par ailleurs, le droit de faire couper les branches qui dépassent profite aussi au bénéficiaire d'une servitude de passage. L'action en élagage est ouverte quel que soit le droit à protéger.

Cas pratique

Une personne bénéficiait d'un droit de passage sur le terrain de son voisin. Les branches de conifères débordaient sur l'assiette de la servitude et obstruaient le passage. Le propriétaire des arbres a été condamné à les élaguer. L'obligation d'élaguer les arbres est reconnue indépendamment de l'obligation d'entretien du passage qui, elle, ne lie pas le propriétaire du terrain (C. cass., civ. 3e, 5.6.2013, n° 11-25627).

En revanche, l'article 673 du Code civil ne s'applique pas lorsque les deux terrains sont séparés par un chemin (privé ou public) ou une rivière. L'obligation de couper les branches suppose que les deux terrains soient contigus.

Cas pratique

Il faut en effet que la parcelle sur laquelle est planté l'arbre jouxte celle du voisin demandant l'élagage. Tel n'était pas le cas dans le cas suivant soumis à la Cour de cassation. Un couple assigne le propriétaire d'un cèdre situé sur un terrain séparé de leur jardin par une voie publique. Il demande l'élagage des branches de l'arbre venant surplomber leur jardin (et leur piscine) et leur indemnisation sur le fondement du trouble anormal de voisinage.

Ils échouent en un premier temps, les premiers juges estimant que l'avancée des arbres n'est pas « significative ».

La Cour de cassation sanctionne cette interprétation et casse l'arrêt d'appel mais pour une autre raison. Elle applique en effet l'article 673 du Code civil. Car cet article, conférant au propriétaire du fonds sur lequel s'étendent les branches d'un arbre implanté sur le fonds de son voisin, le droit imprescriptible de contraindre celui-ci à les couper, n'est applicable qu'aux fonds contigus (C. cass., civ. 3e, 20.6.2019, n° 18-12278).

L'article 673 du Code civil peut également être mis en échec en présence de prescriptions résultant d'un règlement de lotissement. C'est ce que précise une décision de la Cour de cassation se fondant sur le fait que cet article n'est pas d'ordre public. En conséquence, le voisin qui refuse l'élagage de l'arbre est dans son droit dès lors qu'il s'appuie sur les clauses du cahier des charges du lotissement qui imposaient le maintien et la protection des plantations quelles que soient leurs distances aux limites séparatives. En l'espèce, la coupe des branches du pin parasol aurait entraîné « une mutilation contraire à l'objectif contractualisé de conservation de la végétation existante » (C. cass., civ. 3e, 13.6.2012, n° 11-18791).

À NOTER

Propriété des fruits tombés des branches Les fruits tombés naturellement de ces branches appartiennent au propriétaire du terrain sur lequel avancent les branches. Le propriétaire de l'arbre ne peut demander leur restitution (art. 673, C. civ.).

Racines dépassant sur le terrain voisin

À la différence des branches qui dépassent, le voisin a le droit de couper lui-même les racines qui se trouvent sur son terrain. Il ne peut pas forcer le propriétaire des arbres à couper les racines. Il doit le faire lui-même.

Cette possibilité de couper les racines ne l'empêche pas, par ailleurs, de demander aussi des dommages et intérêts si ces racines lui ont causé un préjudice (par

exemple : les dommages causés par la prolifération des rejets issus des racines du voisin ou encore la détérioration d'une terrasse soulevée par ces racines).
Mais en coupant les racines, le voisin ne doit pas causer un préjudice aux arbres. Il commettrait un abus de droit.
Par exemple, il peut y avoir abus de droit :
- quand une personne coupe les racines maîtresses d'un pin, provoquant la chute de l'arbre, alors qu'il était possible techniquement de l'éviter ;
- quand une personne répand un désherbant entraînant la mort de l'arbre.
Lorsqu'il y a abus de droit, la responsabilité de son auteur est engagée et entraîne le paiement de dommages et intérêts en faveur du propriétaire des arbres.

Tribunal compétent

Les litiges en matière de plantations doivent être portés devant le tribunal judiciaire. Ils ne requièrent pas l'assistance obligatoire par avocat (art. R. 211-3-8, COJ ; art. 761, CPC, Annexe Tableau IV-II, 15°, issu du décret n° 2019-1333 du 11 décembre 2019). Attention : cette action fait partie de celle nécessitant une tentative d'accord amiable préalable avant de saisir le juge (voir l'encadré À noter dans *Recours au conciliateur de justice*, p. 293).

À NOTER
Une amende de 500 € en cas de non-élagage Désormais, le maire peut appliquer une amende administrative pouvant atteindre 500 € au propriétaire qui n'effectue pas l'élagage et l'entretien des arbres et des haies de sa propriété donnant sur la voie ou le domaine public. À condition toutefois que cette situation présente un risque pour la sécurité des personnes (art. L. 2212-2-1, 1°, CGCT).

Enfin, il faut aussi savoir que le PLU (plan local d'urbanisme) peut interdire l'abattage des arbres pour protéger le paysage caractéristique d'une commune.

Cas pratique
Un voisin demande l'arrachage de trois chênes verts de grande hauteur implantés à moins de 2 mètres de la limite séparative de sa propriété, qui le gênent.
Sa demande est refusée, car ces arbres sont situés en zone de boisement à protéger définie par le plan local d'urbanisme d'une station balnéaire, afin de préserver le paysage caractéristique de la commune (C. cass., civ. 3e, 7.1.2021, n° 19-23.694).
La réglementation du PLU applicable à cette zone y impose la conservation de la trame végétale et soumet la suppression des grands arbres adultes à autorisation et à l'obligation de les remplacer par une nouvelle plantation.

Les constructions

➢ **La servitude de cour commune et la servitude *non ædificandi* ont pour effet d'interdire toute construction dans un espace précis.**

➢ **Ces interdictions peuvent résulter d'un accord entre voisins ou être imposées par l'Administration.**

La servitude de cour commune

La servitude de cour commune oblige à laisser libre un espace entre des bâtiments, avec interdiction de construire ou interdiction de bâtir au-delà d'une certaine hauteur.

Établissement de la servitude

› Servitude imposée par l'Administration

La servitude de cour commune peut être imposée par l'Administration à l'occasion d'une demande de permis de construire ou d'une demande de surélévation de bâtiment.
La servitude peut être imposée quelle que soit la construction envisagée (habitation, bureaux, commerces, atelier…).
La personne qui demande un permis de construire doit respecter les distances minimales entre les constructions. Le permis de construire peut être subordonné à la création, sur le terrain voisin, de servitudes de ne pas bâtir ou de ne pas dépasser une certaine hauteur en construisant. Ces servitudes sont appelées servitudes de cour commune.
Le voisin qui se voit imposer sur son terrain de telles servitudes peut soit accepter (une convention sera conclue entre les intéressés), soit refuser.
En cas de refus du voisin, le propriétaire peut l'imposer par voie judiciaire (art. L. 471 et s. et R. 471, C. urb.).

› Servitude conventionnelle

La servitude de cour commune peut aussi être conclue entre deux propriétaires. La convention doit être un acte authentique (acte notarié) et être publiée au Service de publicité foncière.

Droits et obligations respectifs des propriétaires des fonds

› Obligation du propriétaire demandeur de la servitude

Le propriétaire qui a demandé l'institution de la cour commune doit, dans le délai d'1 an à compter de l'établissement de la servitude, obtenir son permis de construire.
Lorsque le permis de construire a été délivré, le propriétaire doit commencer les travaux dans le même délai d'1 an à compter de cette délivrance.

Enfin, les travaux ne doivent pas être interrompus pendant plus d'1 an.
Si ces délais ne sont pas respectés, le jugement (même définitif) qui a institué la servitude sera annulé.
Le propriétaire du terrain grevé pourra par ailleurs demander des dommages et intérêts s'il a subi un préjudice du fait de l'établissement de cette servitude.
En cas d'institution de la servitude, le propriétaire de terrain grevé pourra, par ailleurs, demander des dommages et intérêts s'il a subi un préjudice du fait de son établissement. Cependant, pendant la durée de sursis à exécution de la décision portant octroi du permis de construire, ordonnée par décision juridictionnelle ou administrative, ou en cas de l'annulation de celui-ci prononcé par le tribunal administratif frappé d'appel, cette demande est suspendue.

› Indemnité

Bien que l'Administration soit très souvent à l'origine de la servitude de cour commune, les indemnités se règlent entre propriétaires concernés.
Les indemnités définitives dues par les bénéficiaires des servitudes aux propriétaires des terrains grevés sont fixées, à défaut d'accord amiable, par voie judiciaire.
À l'occasion de l'institution de la servitude, le juge saisi fixe également les indemnités approximatives et provisionnelles qui doivent être payées avant le commencement des travaux par les bénéficiaires de servitudes aux propriétaires des terrains grevés, ou consignés par eux.
Le fait d'accepter l'indemnité approximative et provisionnelle n'empêche pas le propriétaire du terrain grevé de réclamer, à la fin des travaux, une indemnité définitive pour les préjudices subis.
Lorsque la servitude concerne une copropriété, l'ordonnance est opposable à tous les copropriétaires. Chaque copropriétaire peut recevoir une indemnité mais ces indemnités ne seront pas identiques puisqu'elles doivent être fixées en fonction de l'importance du préjudice subi par chacun d'eux.

› Charge perpétuelle

La servitude de cour commune est une charge perpétuelle pour l'immeuble concerné.
Une servitude s'éteint si les terrains sont réunis dans une seule main mais s'il s'agit d'une charge grevant à perpétuité l'immeuble, ces règles ne s'appliquent pas.
Elle s'impose à tous les copropriétaires.

Cas pratique

La servitude interdisait de bâtir au-delà d'une certaine hauteur sur la cour commune.
Cette convention avait été conclue entre les trois propriétaires de la cour.
Ils signent ensuite une convention avec la ville de Paris par laquelle ils s'engagent à ménager et maintenir à perpétuité dans ces immeubles des cours et courettes en continuité, d'une certaine superficie, libres de toute construction.
Les trois immeubles sont par la suite réunis en une seule copropriété.

> Un des copropriétaires demandait la destruction de constructions édifiées sur la cour commune (ses fenêtres donnaient sur les constructions litigieuses). Le propriétaire des constructions estimait que la servitude de cour commune avait disparu car les immeubles avaient été réunis en une seule main.
> Mais les juges rejettent ces arguments et ordonnent la démolition des constructions. La servitude de cour commune avait été créée pour satisfaire aux prescriptions des règlements, et ne profitait pas à un fonds dominant. Elle avait par ailleurs un caractère perpétuel.
> Instituée dans l'intérêt de la collectivité, l'obligation de maintenir cours et courettes libres de toute construction s'analysait comme une charge grevant à perpétuité le fonds de l'immeuble et devait s'imposer à la copropriété. Elle ne pouvait (comme d'autres servitudes) s'éteindre par la réunion des trois fonds en une seule main ni par l'existence de constructions pendant plus de 30 ans (C. cass., civ. 3e, 15.12.1999, Bull. civ. n° 250).

Tribunal compétent

La demande tendant à l'institution d'une servitude dite de cours communes est portée par le propriétaire intéressé à la création de cette servitude devant le président du tribunal judiciaire.
Le tribunal géographiquement compétent est celui du lieu de situation des parcelles.
Le président doit, en rendant son ordonnance, concilier les intérêts des parties en cause tout en assurant le respect des prescriptions d'urbanisme. Il entend les propriétaires intéressés, l'autorité administrative compétente et peut ordonner toutes mesures d'instruction, et notamment se transporter sur les lieux.
Les servitudes sont instituées par ordonnance, laquelle doit être publiée aux hypothèques.
L'ordonnance peut également fixer le montant des indemnités provisionnelles.
La demande d'indemnité définitive est également portée devant ce tribunal.
L'assistance par avocat est obligatoire en la matière (art. 760, CPC, issu du décret n° 2019-1333 du 11 décembre 2019).

La servitude *non ædificandi*

La servitude* non ædificandi *est une servitude empêchant les constructions sur un terrain déterminé.

Établissement de la servitude

› Servitude imposée par l'Administration

Cette servitude peut être prévue dans le plan local d'urbanisme (servitude d'urbanisme). Elle a pour but :
- d'assurer la protection d'un site, d'un monument (monuments classés, terrains réservés, etc.) ;
- d'empêcher les constructions en cas de danger (terrains inondables, instables) ;
- d'empêcher la présence d'habitations auprès des zones telles que les aéroports, autoroutes ou autres zones de bruit… ;
- de permettre le passage d'agents d'entretien, de services incendies, etc.

› Servitude conventionnelle

La servitude *non ædificandi* peut aussi être conclue entre particuliers (servitude conventionnelle). Elle peut être convenue, par exemple, pour éviter d'avoir à supporter des obstacles à la vue dont disposent les propriétés concernées. Elle peut d'ailleurs être jumelée à une servitude de vue. C'est pour cette raison que certains la qualifient de servitude d'agrément.

Il s'agit d'une servitude continue (elle s'exerce sans intervention de l'homme) et non apparente (aucun signe extérieur de son existence).

Elle doit être constatée par acte authentique (acte notarié) et être publiée au Service de publicité foncière.

À la différence d'une servitude administrative qui n'a pas à être publiée aux hypothèques, une servitude conventionnelle n'est pas opposable aux tiers si elle figure sur un plan annexé à un acte notarié alors que cet acte n'en fait pas état (C. cass., civ. 3e, 4.2.1971, n° 69-11259).

Droits et obligations des propriétaires

Les propriétaires de terrains soumis à la servitude de non-construction doivent s'abstenir d'édifier un quelconque ouvrage sur les terrains concernés.

S'ils ne respectent pas cette servitude, le voisin peut obtenir du tribunal l'obligation de démolir les constructions litigieuses (quelle que soit leur importance) ainsi que leur condamnation à lui payer des dommages et intérêts.

L'interdiction de construire est totale et ne peut être écartée sous prétexte que le voisin ne respecte ses propres obligations.

Cas pratique

Un syndicat de copropriétaires, invoquant la violation d'une servitude *non ædificandi*, a assigné la société voisine pour obtenir la démolition d'ouvrages édifiés par cette société et la remise en état des lieux.

La société estimait que la copropriété ne respectait pas ses propres obligations et que la servitude empêchant toute construction devait être levée.

L'argument reposait sur le droit des contrats. Il est possible d'être libéré de ses obligations si le cocontractant ne respecte pas les siennes.

Mais cet argument est rejeté. Une servitude conventionnelle n'est pas un contrat. Si son existence n'est pas contestée, elle doit être respectée indépendamment de l'attitude de celui qui en bénéficie (C. cass., civ. 3e, 21.1.1998, Bull. civ. n° 18).

En principe, la servitude de non-construction s'applique à l'ensemble du terrain. Mais si un terrain a été dans un premier temps divisé en plusieurs parcelles et la servitude établie dans un second temps, il faut considérer qu'il existe plusieurs servitudes (une servitude applicable à chaque terrain issu de la division).

Cas pratique

Un propriétaire sépare en trois parties un terrain lui appartenant et vend la partie centrale en la grevant de deux zones *non ædificandi* sur une distance de 2 mètres à partir des lignes de division intérieures est et ouest.

Puis les terrains situés à l'est et à l'ouest du terrain central sont vendus à des propriétaires différents.

Le propriétaire du terrain central édifie, avant 1960, un garage sur la partie ouest de son terrain, au mépris de la servitude *non ædificandi*. Aucun des deux voisins ne proteste.

Plus tard, il construit un bâtiment le long de son terrain, de la limite est à la limite ouest.

Le voisin, propriétaire du terrain situé à l'est, l'assigne alors pour obtenir la démolition de la construction illégitime.

La question était de savoir si l'existence d'un garage pendant plus de 30 ans sur l'une des deux zones *non ædificandi*, a éteint la servitude dans son ensemble ou simplement sur la partie où il se trouve.

La Cour de cassation considère que le fonds central est grevé de deux servitudes distinctes et autonomes, l'une à l'est et l'autre à l'ouest. La division du fonds en trois parcelles est en effet intervenue avant la création de la servitude conventionnelle.

La Cour considère que la prescription trentenaire pour agir en violation d'un contrat grevé de deux zones *non ædificandi*, ne s'applique pas à la totalité du fonds.

Il est donc possible qu'une servitude le long d'une limite soit éteinte (pour non-usage pendant 30 ans) et l'autre pas (C. cass., ass. plén., 23.3.2002, Bull. civ. n° 6).

Extinction de la servitude

La servitude est éteinte par le non-usage pendant 30 ans (art. 706, C. civ.). S'agissant d'une servitude continue, les 30 ans commencent à courir à partir du jour où il a été fait un acte contraire.
S'agissant d'une servitude interdisant toute construction, les 30 ans commencent à courir à partir du jour où a été construit un bâtiment sur le terrain grevé de la servitude.
Dans l'hypothèse où une construction illégale a été remplacée par la suite par une nouvelle construction, le délai de prescription de 30 ans débute à compter de la première construction.

> **Cas pratique**
>
> Cette solution a été rappelée par la Cour de cassation dans un arrêt du 27 février 2002.
>
> Une servitude *non ædificandi* avait été instaurée entre deux fonds.
>
> L'un des propriétaires construit une petite véranda sur la zone *non ædificandi* en 1953 puis agrandit cette véranda en 1988.
>
> Son voisin voulait que les 30 ans ne soient calculés qu'à compter de 1988 et obtenir ainsi la démolition de la véranda.
>
> Les juges l'ont débouté de sa demande et ont déclaré la prescription acquise en 1983, soit 30 ans après 1953.

La servitude *non ædificandi* s'éteint également en cas d'acquisition par le propriétaire du fonds dominant (celui qui bénéficie de la servitude) de parcelles issues de la division du fonds servant (celui qui doit respecter la servitude) (C. cass. civ. 3e, 8.9.2016, n° 15-20371).

Tribunal compétent

En cas de contestation de l'acte administratif instituant la servitude, le tribunal compétent est le tribunal administratif.
En cas de litige entre particuliers à propos du respect de la servitude conventionnelle ou pour une demande d'indemnités, le tribunal compétent est le tribunal judiciaire dont dépend le terrain.
L'assistance par avocat est obligatoire en la matière (art. 760, CPC, issu du décret n° 2019-1333 du 11 décembre 2019).

Les vues et les jours

➢ Pour garantir la tranquillité des particuliers et pour les protéger contre les indiscrétions de leurs voisins immédiats, le Code civil réglemente le droit de pratiquer des ouvertures dans les murs donnant sur les propriétés voisines.

➢ Parmi ces ouvertures, on distingue les vues qui permettent le regard et le passage de la lumière, et les jours qui ne laissent passer que la lumière.

➢ La réglementation s'applique à toutes les propriétés privées contiguës.
Elle ne s'applique pas lorsqu'une propriété privée borde un terrain ou une voie publics.

Les vues

Les vues sont définies comme des ouvertures (fenêtres, balcons, mais aussi vasistas, lucarnes, terrasses, plates-formes ou autres exhaussements de terrain...) permettant le regard sur le terrain voisin.

Définition de la servitude

Le Code civil réglemente de façon précise les vues que l'on peut avoir chez son voisin, dans le but de protéger celui-ci d'éventuelles indiscrétions.
Les règles du Code civil s'appliquent à toutes les propriétés privées, à la ville ou à la campagne, bâties ou non bâties, à usage ou non d'habitation.
Il s'agit d'une servitude légale.
Il n'y a pas de « vue » au sens du Code civil pour les soupiraux des caves ou les intervalles existant entre les barreaux d'une grille de clôture (art. 675 à 680, C. civ.).

› Propriétés contiguës

La servitude s'applique si les propriétés concernées sont contiguës (voir *La mitoyenneté*, p. 3). Échappent ainsi à la réglementation du Code civil :
- les ouvertures donnant sur la voie publique ;
- les ouvertures donnant sur un chemin rural ;
- les ouvertures entre deux terrains non contigus.

Encore faut-il s'entendre sur la notion de contiguïté.

Cas pratiques

- Il n'y a pas contiguïté lorsque les fonds sont séparés par une bande de terrain, même s'il est à usage commun. Des propriétaires ont construit un balcon et ouvert des vues sur le terrain d'à côté. Leurs voisins les ont assignés en démolition et remise en état. Ils ont échoué car les deux terrains étaient séparés par une bande de terrain servant de chemin commun et qui n'appartenait à aucun d'eux (C. cass., civ. 3e, 23.11.2017, n° 15-26240, 15-26761).
- Le propriétaire d'un immeuble comportant deux corps de bâtiments et une cour a assigné ses voisins, propriétaires de la maison voisine, pour obtenir la suppression d'une fenêtre ouverte en 1992 au motif qu'elle créait des vues droites sur sa propriété.

Les voisins s'opposaient à la demande en prétendant que cette fenêtre donnait sur un trottoir dépendant du domaine public.

Le litige à trancher concernait donc la nature du trottoir devant la maison du plaignant.

Si ce trottoir faisait partie du domaine public, les règles légales de distance concernant les fenêtres donnant sur la propriété voisine étaient écartées. Il n'y avait pas de servitude de vue.

En revanche, si ce trottoir appartenait au propriétaire de l'immeuble, ces règles devaient s'appliquer, et les voisins devaient supprimer la fenêtre qu'ils avaient ouverte.

Les juges se sont appuyés sur la configuration des lieux, sur les arrêtés d'alignement, sur les métrés des plans (qui englobaient la partie du trottoir litigieux dans la propriété de l'intéressé), ils ont examiné des photographies (le terrain litigieux était pavé, alors que l'autre partie du trottoir ne l'était pas) et ont pu en conclure que le trottoir ne faisait pas partie du domaine public, mais appartenait au propriétaire gêné par la fenêtre du voisin. Ce dernier a été, en conséquence, condamné à supprimer sa fenêtre (C. cass., civ. 3e, 4.11.1998, Bull. civ. n° 206).

Le régime des servitudes de vue ne s'applique pas aux vues donnant sur la voie publique.
Les riverains des voies publiques bénéficient des « aisances de voiries ». Parmi ces droits figure celui de pratiquer des vues sur la voie publique à des distances inférieures de celles du Code civil (C. cass., civ. 3e, 28.9.2005, n° 04-13942, D. 2005, IR, p. 2631).

Cas pratique

La demande de suppression d'une fenêtre a été rejetée aux motifs que les propriétés concernées étaient séparées par un sentier public. Elles n'étaient donc pas contiguës quelle que soit l'étroitesse du sentier (C. cass., civ. 3e, 23.3.1989, Bull. civ. n° 74).

Si les propriétés sont séparées par un chemin privé commun, la servitude de vue est reconnue. C'est une précision apportée par la Cour de cassation qui permet de protéger de façon plus importante les propriétaires de terrains qui doivent subir la vue de leurs voisins.
En présence d'un espace privatif séparant deux terrains, la distance légale pour l'établissement des vues droites se calcule en tenant compte de toute la largeur de ce chemin privatif. Elle doit donc s'apprécier non pas au milieu de la voie commune, mais de l'autre côté de celle-ci (C. cass., civ. 3e, 14.1.2004, Bull. civ. n° 9, p. 6).
Lorsqu'il s'agit d'un chemin privé ouvert au public il n'y a pas voie publique. Le fait qu'il soit ouvert au public ne lui fait pas perdre son caractère de chemin privatif.
En conséquence, les deux propriétés étant mitoyennes, les voisins doivent respecter les distances légales pour l'ouverture d'une vue (C. cass., civ. 3e, 5.4.2006, n° 05-12441).

› Propriétaires différents

La servitude de vue s'applique si les fonds appartiennent à deux propriétaires différents.
Elle ne s'applique donc pas, en principe, aux copropriétaires d'une même copropriété.
Elle ne s'applique pas non plus lorsque la vue donne sur un terrain en indivision entre l'auteur de la vue et son voisin (C. cass., civ. 3e, 24.10.1990, Bull. civ. n° 207).

› Vues droites et vues obliques

Il convient de distinguer les vues droites des vues obliques car les distances à observer pour ces deux vues ne sont pas identiques.

La vue est droite quand on peut voir le terrain voisin sans se pencher ni à droite ni à gauche, le terrain voisin étant dans l'axe de la vue.
La vue est dite oblique quand on ne peut voir le terrain voisin qu'en se plaçant dans une direction différente de l'axe de cette vue en se penchant à gauche ou à droite.
Ne sont pas considérés comme des vues : les soupiraux des caves et notamment les intervalles existant entre les barreaux d'une grille de clôture (art. 675 à 680, C. civ.).

Droits et obligations respectifs des propriétaires des fonds

› Distances à respecter

Une distance minimale de 1,90 mètre doit exister entre le mur où est pratiquée la vue droite et la limite séparative de la propriété voisine (art. 678, C. civ.).
Cette distance se compte depuis la façade extérieure du mur où l'ouverture se fait, et s'il y a des balcons ou des saillies, depuis leurs lignes extérieures jusqu'à la ligne de séparation des deux propriétés et jusqu'à la limite du fonds sur lequel s'exerce la vue, même en présence de balcons ou autres saillies avançant au-delà de cette limite (on ne tient pas compte des balcons se situant là où s'exerce la vue) (art. 680, C. civ.).
Quand la vue est oblique, la distance légale à respecter est de 0,60 mètre (art. 679, C. civ.).
Cette distance se calcule depuis le bord de l'ouverture le plus rapproché du terrain voisin jusqu'au point le plus rapproché de la ligne séparative des deux propriétés.
Lorsque deux terrains sont séparés par un chemin (privé et commun), la distance de 1,90 mètre s'apprécie non pas à partir du milieu du chemin mais du bord du chemin situé contre la limite de la propriété qui veut ouvrir une fenêtre. Ainsi, si le chemin mesure en largeur plus de 1,90 mètre, la vue peut être ouverte en limite de propriété.
Si on veut construire un balcon en limite de sa propriété, la distance se calcule à partir de l'extrémité de ce balcon jusqu'à la limite du terrain voisin.

› Contentieux

Les tribunaux décident s'il y a lieu ou non d'ordonner la démolition de la vue illégale. Puisque le but de ces règles est d'éviter les indiscrétions chez son voisin, les distances ne sont pas applicables quand la vue donne :
- sur un toit dépourvu d'ouverture ;
- sur un toit pourvu d'ouvertures trop éloignées pour que la vue puisse s'exercer sans accéder à ce toit ;
- ou encore sur un mur aveugle.
En revanche, la présence d'arbres entre la vue et la propriété voisine ne suffit pas à écarter l'application des règles légales.

En cas d'ouvertures illégales, les solutions préconisées peuvent être :
- le rehaussement du mur séparatif. Lorsque des vues plongeantes ont été créées sur une propriété voisine, seul le rehaussement du mur séparatif constitue une solution durable à la suppression de cette gêne. La solution proposée de poser au-dessus du mur existant un grillage garni de végétation ne peut constituer cette solution durable dans la mesure où le voisin gêné par ces vues ne peut imposer une plantation de végétaux à feuillage persistant et n'a, par ailleurs, aucune maîtrise sur les phénomènes naturels qui peuvent détruire ces plantations (CA Versailles, 12.5.1995) ;
- la pose sur un balcon d'une cloison en plexiglas opaque ;
- le reculement de 1,90 mètre du fonds voisin d'une barrière de terrasse ;
- la suppression ou le rebouchage de l'ouverture.

› Aggravation de la servitude

La servitude acquise ne peut pas être aggravée par celui qui en bénéficie. Celui qui a un droit de servitude ne peut en user que suivant son titre, sans pouvoir faire, dans le fonds qui doit la servitude, ni dans le fonds à qui elle est due, de changement qui aggrave la condition du terrain qui doit subir cette servitude (art. 702, C. civ.).

Cas pratique

Un propriétaire bénéficiait d'une servitude de vue permettant l'ouverture d'une fenêtre donnant sur le fonds de son voisin. Il avait ouvert trois autres fenêtres supplémentaires procurant une augmentation globale d'ouverture de 2,63 mètres.
Les juges de la cour d'appel avaient constaté l'aggravation de la servitude mais avaient jugé que cette aggravation n'était pas telle qu'elle justifiait une condamnation de leur propriétaire à les supprimer ou à les remplacer par des verres dormants.
Cette solution a été rejetée par la Cour de cassation. Ces trois nouvelles fenêtres ne pouvaient bénéficier de la servitude de vue et les juges doivent ordonner la fermeture de ces trois ouvertures (C. cass., civ. 3e, 16.7.1998, Bull. civ. n° 168 ; JCP 1998, IV, 3123).

Acquisition de la servitude

› Par prescription

Si la fenêtre irrégulière a été ouverte depuis plus de 30 ans, le propriétaire peut invoquer la prescription, et il ne pourra pas être obligé de supprimer sa fenêtre.
L'acquisition de la servitude a pour conséquence d'empêcher le voisin d'agir pour obtenir la suppression, mais aussi de l'obliger à respecter cette servitude acquise par prescription. Ce voisin ne pourra pas construire dans un rayon de 1,90 mètre à partir du parement extérieur du mur où l'ouverture irrégulière a été faite. Les constructions nouvelles implantées à une distance moindre deviendraient illicites.
Par ailleurs, le propriétaire des fenêtres ouvertes illégalement (mais existantes depuis plus de 30 ans) est autorisé à les modifier.

› Par convention

La servitude peut aussi être acquise par convention. Ce titre s'impose aux propriétaires successifs s'il a été publié aux hypothèques.

› Par destination du père de famille

Il y a destination du père de famille lorsqu'il est prouvé que les deux fonds actuellement divisés ont appartenu dans le passé à un seul et unique propriétaire et que c'est ce dernier qui a créé la servitude.

> **Cas pratique**
>
> Un propriétaire possède deux bâtiments et ouvre une fenêtre sur la façade de l'un d'entre eux (fenêtre donnant sur l'autre bâtiment) avant de vendre les deux bâtiments à deux propriétaires différents. Les nouveaux propriétaires devront respecter la servitude de vue ainsi créée. Cela signifie :
>
> – qu'ils ne pourront pas demander la suppression de cette fenêtre ;
>
> – qu'ils ne devront rien faire pour gêner cette servitude. Par exemple, ils ne pourront pas construire un mur devant cette fenêtre pour empêcher la vue de leur voisin. Si c'était le cas, le voisin, bénéficiaire de la servitude de vue serait en droit de demander la démolition du mur (C. cass., civ. 3e, 21.3.2001, Bull. civ. n° 38).

Pour pouvoir se prévaloir de l'acquisition de la servitude par destination du père de famille, il faut que la servitude ait été créée avant la division du terrain et qu'elle soit apparente au moment de la division (art. 692 et 693, C. civ.).
L'existence d'une servitude par destination du père de famille ne peut pas conférer le droit d'empiéter sur la propriété d'autrui.

> **Cas pratique**
>
> Un immeuble comportait deux bâtiments. Son propriétaire le divise et le vend à deux propriétaires différents. Le litige portait sur une véranda construite sur un des immeubles et surplombant la cour de l'autre immeuble. Les propriétaires de la véranda estimaient bénéficier d'une servitude par destination du père de famille car cette véranda existait avant la séparation des immeubles. Mais les juges ont refusé de reconnaître l'existence de la servitude car ce surplomb constituait un empiètement de propriété. Or une servitude ne peut pas conférer le droit d'empiéter chez autrui (C. cass., civ. 3e, 27.6.2001, JCP 2003, II, 10141).
>
> La Cour de cassation a toutefois reconnu la possibilité d'acquérir au bout de 30 ans une servitude de surplomb (voir *Acquisition d'une servitude après 30 ans d'usage*, p. 82).

Respect de la servitude établie

Lorsque les propriétaires d'un fonds bénéficient d'une servitude de vue, les propriétaires voisins qui doivent subir cette servitude ne peuvent pas élever de constructions sur leur terrain à moins de 1,90 mètre du mur où se situe la fenêtre. Mais cette limitation au droit de propriété doit être interprétée de façon restrictive.

Cas pratique

Le fait de faire stationner des véhicules ne peut pas être assimilé à une construction. Le voisin qui bénéficie de la servitude de vue ne peut s'opposer au stationnement des véhicules sous prétexte que ces véhicules se trouvent à moins de 1,90 mètre de sa fenêtre (C. cass., civ. 3e, 13.7.2005, JCP Éd. G. 2005, IV, n° 3068, p. 1710).

La solution est différente si le voisin du fonds grevé gare un camion ou une grande voiture qui empêche la lumière de pénétrer chez son voisin, propriétaire du fonds dominant. Dans ce cas, il peut être condamné pour abus de son droit de propriété.

Extinction de la servitude

› Renonciation à la servitude de vue

Le voisin peut renoncer à la servitude de vue.
Mais pour que cette renonciation soit valable vis-à-vis des tiers et notamment vis-à-vis des propriétaires successifs, il faut que l'acte de renonciation soit établi par acte authentique et publié. Il s'agit d'une mutation d'un droit réel immobilier et à ce titre elle doit obligatoirement être publiée au Service de publicité foncière (C. cass., civ. 3e, 5.2.1970, Bull. civ. n° 92).
Cette règle s'applique qu'il s'agisse d'une servitude légale ou conventionnelle.

› Extinction en cas d'impossibilité d'usage

Les servitudes peuvent s'éteindre lorsque les choses (l'aménagement des lieux, les constructions…) rendent l'usage de cette servitude impossible.
La servitude de vue sera impossible si le propriétaire du fonds bénéficiant de la servitude construit sur son terrain un mur aveugle empêchant toute vue sur son terrain.

› Extinction par prescription

La servitude de vue peut s'éteindre par le non-usage pendant 30 ans à condition qu'il s'agisse d'une servitude accordée par convention. En effet, les servitudes légales ne peuvent pas s'éteindre par le non-usage. En cas de convention accordant le droit de pratiquer une ouverture dans le mur, le bénéficiaire de ce droit le perd s'il s'écoule un délai de 30 ans après la signature de la convention sans qu'aucuns travaux n'aient commencé.

Tribunal compétent

Le tribunal judiciaire est compétent pour statuer sur la légalité ou l'illégalité d'un jour ou d'une vue. Il statue après avoir mandaté un expert.
L'assistance par avocat est obligatoire en la matière (art. 760, CPC, issu du décret n° 2019-1333 du 11 décembre 2019).

Les jours

Les jours ne laissent pas, contrairement aux vues, passer le regard. Ils peuvent éventuellement être ouvrables et permettre l'aération. Ils laissent passer la lumière. Pour déterminer s'il s'agit d'une vue ou d'un jour, on relève la hauteur d'installation. Des ouvertures situées à plus de 1,90 mètre de hauteur du sol ne permettant pas de regarder de façon normale chez son voisin constituent des jours de souffrance, même si elles servent à l'aération. De la même façon, les « velux » (ouvertures pratiquées dans le toit) sont des jours de souffrance et non des vues s'ils sont situés à plus de 1,90 mètre du plancher. La réglementation concernant les jours est moins stricte.

Conditions d'implantation

› Mur privatif ou mur mitoyen

Le propriétaire d'un mur non mitoyen (privatif) joignant immédiatement le terrain d'autrui, peut pratiquer dans ses murs des jours à verre maillé et verre dormant, dans la mesure où ses fenêtres sont garnies d'un treillis de fer, dont les mailles auront 1 décimètre d'ouverture au plus, et d'un châssis à verre dormant (c'est-à-dire fixe et comportant un matériau non transparent) (art. 676, C. civ.).
Les tribunaux ont été amenés, compte tenu de l'évolution des techniques de construction, à apprécier, cas par cas, si tel matériau actuellement utilisé, incorporé dans le mur, constitue ou non un jour. C'est ainsi que des briques de verre épais et non transparent ne constituent pas des jours.
Les briques en verre translucide ne sont ni des vues ni même des jours. Il s'agit d'une paroi translucide qui peut être installée dans le mur mitoyen (C. cass., civ. 1re, 26.11.1964, JCP 1965, II, 14185).
Le jour de souffrance peut être ouvert dans un mur privatif, même contigu au terrain voisin, sans autorisation du voisin. Mais il n'acquiert aucune servitude et en contrepartie, le voisin n'a pas à respecter cette ouverture et peut, s'il le désire, construire ou obstruer le jour (C. cass., civ. 3e, 7.4.2004, JCP Éd. G. 2005, II, 10195).
S'il s'agit d'un mur mitoyen, un voisin ne peut, sans le consentement de l'autre, pratiquer dans ce mur aucune fenêtre ni ouverture en quelque matière que ce soit, même à verre dormant.
Si le jour a été pratiqué sans le consentement du voisin ou bien s'il ne respecte pas les distances légales, ce dernier peut exiger la suppression du jour ou sa mise en conformité avec les règles légales (art. 675, C. civ.).

› Distances à respecter

Ces fenêtres ou ces jours ne peuvent être établis qu'à 2,60 mètres au-dessus du plancher ou sol de la pièce qu'on veut éclairer, s'il s'agit d'un rez-de-chaussée ou à 1,90 mètre si la pièce est en étage (art. 677, C. civ.).
Si l'ouverture a été pratiquée de façon irrégulière, le voisin peut en exiger la suppression à l'amiable ou, à défaut, en assignant son voisin devant le tribunal judiciaire qui pourra ordonner cette suppression.
La jurisprudence applique ces règles de façon impérative.

Cas pratique

La détermination du caractère des ouvertures relève de l'appréciation souveraine des juges du fond et peut donc être appréciée au cas par cas. En revanche, les dispositions de l'article 677 du Code civil qui définissent de manière précise la hauteur par rapport au plancher et la configuration des jours ou fenêtres sont impératives.
Il ne saurait donc y être dérogé aux motifs que les hauteurs des constructions actuelles sont inférieures à celles ayant existé lors de l'établissement de ces règles de droit et que la largeur des linteaux posés selon les normes en vigueur ne permet pas d'établir l'ouverture à 1,90 mètre du sol (CA Montpellier, 4.12.2000).

› Prescription

La prescription ne joue pas en matière de jour. Ce n'est en effet qu'une simple tolérance légale et une action en suppression d'un jour irrégulier pourra être exercée plus de 30 ans après son installation.

Tribunal compétent

Comme pour les vues, le tribunal judiciaire dont dépend le bâtiment est compétent pour statuer sur la légalité ou l'illégalité d'un jour.
L'assistance par avocat est obligatoire en la matière (art. 760, CPC, issu du décret n° 2019-1333 du 11 décembre 2019).

Les servitudes concernant les eaux

➤ Les eaux peuvent être pluviales, courantes, stagnantes ou de source. Elles peuvent servir à l'irrigation ou être souterraines. Elles peuvent être naturelles ou usées. Leur utilisation et leur protection sont réglementées par la loi.

➤ La loi organise aussi les droits et les obligations des particuliers riverains d'un cours d'eau ou propriétaires d'une source.

➤ Sont également réglementées les relations entre voisins à propos de l'eau (eaux d'écoulement ou eaux usées).

La servitude d'écoulement des eaux naturelles

Les eaux sont destinées à s'écouler d'un terrain vers un autre.
Le Code civil organise les droits et obligations des propriétaires de terrains privés en ce qui concerne le passage des eaux d'un fonds à l'autre (art. 640 à 645 et 681).

Définition de la servitude

La servitude d'écoulement des eaux consiste à obliger les terrains inférieurs à recevoir des terrains qui sont plus élevés les eaux qui découlent naturellement sans que la main de l'homme y ait contribué. Cette servitude s'applique à tous les terrains, y compris ceux faisant partie du domaine public.

› Servitude naturelle et apparente

La servitude d'écoulement des eaux existe en raison de la situation des lieux et un simple examen de la configuration des terrains suffit à la révéler.
Elle est la seule servitude naturelle du Code civil.
Lorsqu'un propriétaire vend son fonds à un nouvel acquéreur, il n'est pas tenu de lui indiquer que l'immeuble doit subir une servitude d'écoulement des eaux.
Si, dans l'acte de vente, il est indiqué « *Il n'existe sur le fonds aucune servitude* », cette clause ne vise que les servitudes non apparentes (par exemple, un droit de passage) (art. 1638, C. civ. – voir *Information de l'acquéreur*, p. 87).
Le vendeur ne met pas sa responsabilité en cause s'il ne précise pas que le terrain vendu est soumis à une servitude d'écoulement des eaux.
Les conséquences sont différentes si le vendeur dissimule l'existence d'une canalisation d'eau pluviale puisque, dans ce cas, il y a aggravation de la servitude (voir *Aggravation de la servitude*, p. 146).

› Eaux naturelles

Cette servitude ne s'applique donc qu'aux eaux dont l'écoulement est le résultat naturel de la configuration des lieux (eaux pluviales, eaux provenant de la fonte des neiges, eaux de source, eaux des étangs naturels, eaux d'infiltration...) et non aux eaux non naturelles qui ont subi l'intervention humaine (eaux usées, eaux ménagères, eaux industrielles...).
Les fonds inférieurs ne peuvent pas être obligés de recevoir les eaux ménagères ou industrielles sauf si la servitude a été acceptée (servitude conventionnelle) ou est acquise par destination du père de famille ou encore par prescription.

Cas pratique

Les propriétaires d'un terrain sur lequel passait une canalisation appartenant à leurs voisins demandaient sa suppression.

Les propriétaires de la canalisation refusaient cette demande en avançant les arguments suivants :

– la canalisation dont il s'agit n'a pas pour seul objet d'évacuer des eaux usées, mais aussi de permettre l'évacuation des eaux de pluie. Ils peuvent donc revendiquer l'existence d'une servitude à leur profit ;

– lorsque l'écoulement des eaux usées s'effectue par une canalisation installée à demeure sur un fonds traversé par elle, la servitude revendiquée au profit du fonds desservi par la canalisation est continue et peut donc être acquise par prescription.

Mais les juges ont rejeté ces arguments. Une servitude d'égout des eaux usées a un caractère discontinu, ne pouvant se perpétuer sans l'intervention renouvelée de l'homme, nécessaire à son exercice.

Par ailleurs, les propriétaires de la canalisation ne disposaient pas de titre leur conférant cette servitude d'écoulement des eaux usées. Même si la canalisation servait également à l'écoulement des eaux pluviales, cette servitude n'est pas prévue par la loi et la suppression de la canalisation a été ordonnée (C. cass., civ. 3e, 21.6.2000, Bull. civ. n° 127).

Si le propriétaire est riverain d'une voie publique, les règles sont les mêmes. Il peut laisser s'écouler sur la voie publique les eaux naturelles. Il ne peut pas déverser des eaux usées sur la voie publique. Ces eaux usées doivent être évacuées par un système d'assainissement (privé ou public).

Droits et obligations respectifs des propriétaires des fonds

› Obstacle à la servitude

Le propriétaire du terrain inférieur (fonds servant) doit supporter la servitude d'écoulement et n'y apporter aucun obstacle.

Il ne peut pas élever de digue qui empêche cet écoulement.

Il n'a pas le droit non plus d'installer une dérivation qui ferait refluer les eaux vers le fonds dominant. En cas de préjudice, en effet, il pourrait voir sa responsabilité engagée et être condamné à payer des dommages et intérêts.

Cas pratique

Le propriétaire inférieur ne peut pas empêcher l'écoulement naturel de l'eau.

Dans ce dossier, les propriétaires du fonds inférieur avaient installé une ardoise à l'extrémité d'une buse et cette ardoise présentait une saillie de quelques centimètres par rapport au niveau naturel du terrain. Les juges ont considéré que cette installation ne permettait pas le libre écoulement des eaux de ruissellement et justifiait la condamnation des propriétaires à supprimer cette ardoise (C. cass., civ. 3e, 3.4.2012, n° 11-14328).

Mais, cela étant admis, rien ne l'empêche de procéder à des aménagements sur son terrain, dans la mesure où il n'est causé aucun dommage au propriétaire du fonds supérieur et où les ouvrages respectent la servitude de ce dernier. Ainsi, par exemple, s'il décide de clôturer son fonds, il doit laisser des ouvertures suffisantes permettant le libre écoulement des eaux (art. 640, C. civ.).
L'article 640 qui interdit au propriétaire du fonds inférieur de gêner l'écoulement des eaux ne concerne que les eaux pluviales et ne s'applique pas aux eaux débordant d'une rivière.

Cas pratique

Cette règle a été rappelée par la Cour de cassation qui statuait sur un litige opposant deux propriétaires. L'un d'entre eux, propriétaire du terrain situé en amont, se plaignait des débordements d'une rivière sur son terrain dus à des travaux de remblaiement effectués par le propriétaire du terrain situé en aval.
La Cour a écarté l'application de l'article 640 du Code civil (C. cass., civ. 3e, 18.3.1987, Bull. civ. n° 56).

Sur les droits des propriétaires riverains d'une rivière, voir *Les cours d'eau privés*, p. 154.

› Aggravation de la servitude

Le propriétaire du terrain supérieur (qui bénéficie de la servitude) ne peut rien faire qui aggrave la servitude du fonds inférieur : écoulement des eaux usées, installation de caniveaux ou de gouttières qui entraînent un débit d'eau trop considérable, accumulation de boue… (art. 640, C. civ.).
Il peut, sur son terrain, creuser des fosses ou rigoles selon les besoins de son exploitation mais il ne peut pas modifier la configuration de son terrain et détourner les eaux de leur pente naturelle.
Il a le droit d'user ou de disposer des eaux pluviales (ou de source) tombant (ou nées) sur son fonds mais il ne doit pas, de par l'usage qu'il fait des eaux ou la direction qui leur est donnée, aggraver la servitude naturelle d'écoulement sauf à verser une indemnité au propriétaire du fonds inférieur. Les eaux pluviales ou eaux de source mélangées aux eaux usées ne sont plus des eaux naturelles. Si par exemple un propriétaire lave sa voiture avec de l'eau de pluie, le voisin peut lui demander une indemnité en cas de dommage pour aggravation de la servitude.

› Versement d'une indemnité

Aucune indemnité n'est due pour l'écoulement des eaux naturelles.
La servitude d'écoulement des eaux naturelles est une servitude naturelle.
Celui qui la subit ne peut exiger le paiement d'aucune indemnité.
Cette règle s'applique :
- même si le débit des eaux augmente en lui causant un préjudice (inondation, éboulement…) ;
- même si le propriétaire qui bénéficie de la servitude a aménagé sur son terrain l'écoulement de ces eaux (par exemple : en creusant des fossés ou rigoles) dès lors qu'il n'a pas modifié la pente naturelle de son terrain.

Cas pratique

Le propriétaire du fonds inférieur qui reçoit les eaux de pluie provenant du fonds supérieur ne peut pas se faire indemniser pour les dommages causés par ce ruissellement. Il ne peut, non plus, exiger de son voisin qu'il participe aux frais d'aménagement d'un caniveau destiné à limiter ces dommages (C. cass., civ. 3e, 14.12.1983, Bull. civ. n° 264).

Mais une indemnité peut être versée si le trouble causé par l'écoulement des eaux pluviales excède les inconvénients normaux de voisinage.

Cas pratique

Les propriétaires d'un terrain en contrebas d'un centre équestre se plaignaient de recevoir, en cas de pluie, des eaux polluées par des matières fécales. Ils demandaient la cessation de cet écoulement et une indemnité. Ils ont obtenu gain de cause. Même s'il s'agissait d'eau de pluie, cet écoulement excédait les troubles normaux de voisinage. Le centre équestre a été condamné sous astreinte à prendre les mesures utiles pour faire cesser cet écoulement et à payer une indemnité de 4 000 € (C. cass. civ. 2e, 1.9.2016, n° 14-29532).

De même, une indemnité peut être versée en cas d'aggravation de la servitude par intervention de la « main de l'homme ».
L'intervention de la main de l'homme est reconnue dès que l'écoulement naturel de l'eau a été modifié (par une gouttière, un fossé, une canalisation).
C'est ainsi qu'il n'y a pas de servitude d'écoulement des eaux lorsqu'un réseau d'évacuation des eaux pluviales déborde et inonde le fonds inférieur. Les dégradations causées par ce débordement devront être indemnisées par le propriétaire du fonds supérieur qui ne pourra pas opposer l'existence d'une servitude.

Cas pratique

L'installation de gouttières par le propriétaire d'un immeuble afin de détourner les eaux pluviales de son toit pour les faire écouler sur le toit et dans la gouttière de son voisin constitue une aggravation de la servitude d'écoulement des eaux.
Le fait que la direction des monuments historiques ait donné un avis favorable à ces travaux importe peu. La pose des gouttières a aggravé la servitude et le propriétaire devra supprimer ces gouttières (CA Paris, 24.3.1998, D. 1998, som., p. 350).

Si la main de l'homme a été la cause d'un nouvel écoulement ou d'une augmentation du volume naturel des eaux ou encore si le voisin du terrain supérieur a pollué l'eau qui s'écoule sur le terrain inférieur, une indemnité peut être réclamée par le propriétaire du fonds inférieur. Il doit bien sûr prouver son préjudice.
Même moyennant indemnité, l'aggravation de la servitude est totalement interdite pour les terrains bâtis, les cours, jardins et enclos attenant aux habitations. Cela signifie que les propriétaires du fonds supérieur doivent remédier à cette aggravation, en exécutant les travaux nécessaires, voire en supprimant l'ouvrage illicite.

Cas pratique

À la suite de la construction d'une maison et d'une piscine, les terrains situés en contrebas étaient régulièrement inondés. Un expert est nommé. La solution préconisée pour mettre fin à ces inondations prévoit qu'un système de drainage devra être installé sur le terrain inondé.

La cour d'appel retient cette solution en constatant que les drainages n'endommageront pas la propriété concernée par les travaux.

Mais l'arrêt est cassé. Même si cette solution est la meilleure, il n'est pas possible d'obliger le propriétaire du fonds qui subit l'aggravation de la servitude d'accepter la réalisation d'un ouvrage sur son propre fonds (C. cass., civ. 3e, 29.9.2010, n° 09-69608).

Par ailleurs, quand, par des sondages ou des travaux souterrains, le propriétaire fait surgir des eaux dans son fonds, les propriétaires des fonds inférieurs doivent les recevoir (application de la servitude) mais ils ont droit à une indemnité également en cas de dommages résultant de leur écoulement (art. 640 à 645 et 681, C. civ.).

En cas de conflit, les tribunaux doivent déterminer si les travaux effectués étaient conformes aux nécessités de l'exploitation et s'ils n'ont pas modifié la pente des terrains.

Acquisition de la servitude

› Par prescription

Écoulement des eaux naturelles

Une servitude d'écoulement des eaux naturelles (eaux pluviales, eaux de source…) est une servitude continue et apparente (même si un ouvrage a été installé pour canaliser leur écoulement).

La servitude peut donc s'acquérir par prescription trentenaire.

Si un toit est construit sans gouttière ni chéneau depuis plus de 30 ans, le propriétaire du fonds inférieur ne peut pas obliger le propriétaire du toit à y poser des gouttières.

Ou encore, un caniveau qui aurait été construit depuis plus de 30 ans ne peut pas être obstrué ou bouché, même si l'eau provenant de ce caniveau cause des dommages au fonds inférieur.

C'est au propriétaire du fonds dominant de prouver que son toit ou son caniveau existe depuis plus de 30 ans (par une facture de travaux, des témoignages, des photos, etc.) et non à son voisin de prouver le contraire.

Écoulement des eaux usées

L'écoulement des eaux usées n'est pas une servitude continue. Elle n'intervient que par l'intervention de l'homme. En conséquence, elle ne peut pas s'acquérir par prescription et devra être prouvée par une convention, un titre recognitif ou encore par destination du père de famille.

Cas pratique

Un propriétaire revendiquait pour sa parcelle une servitude de tout-à-l'égout. L'installation de l'égout existait depuis plus de 30 ans et il considérait qu'il avait acquis la servitude par prescription trentenaire. Le voisin, au contraire, considérait que cette servitude était éteinte par le non-usage, par prescription.

La cour d'appel avait considéré qu'une installation d'égout d'eaux usées sur un fonds étranger était une servitude continue et apparente comme des ouvrages extérieurs (porte, fenêtre, aqueduc) et, en tant que telle, pouvait s'acquérir par titre ou par possession trentenaire. Elle reconnaît donc l'existence de la servitude acquise par prescription.

Mais la Cour de cassation refuse cette qualification. Une servitude d'égout d'eaux usées, dont l'exercice exige le fait de l'homme et ne peut se perpétuer sans son intervention renouvelée, a un caractère discontinu ne permettant pas son acquisition par prescription.

Cette servitude ne peut s'acquérir que par titre (C. cass., civ. 3e, 8.12.2004, Bull. civ. n° 234, p. 209).

› Par convention ou titre recognitif

La convention sera l'acte autorisant l'installation, par exemple, d'une canalisation des eaux usées sur le terrain voisin. Les parties signataires (ainsi que les propriétaires successifs) devront respecter cette convention.

À NOTER

Le fichier immobilier La convention doit faire l'objet d'une publication au fichier immobilier.

Le titre recognitif signifie que le voisin reconnaît, par un acte, l'existence de la servitude d'écoulement des eaux usées et laisse, par exemple, le propriétaire de la canalisation procéder à son curage et organise l'aménagement de son terrain pour permettre ce curage.

À défaut de titre ou de convention, le voisin pourra exiger la suppression de la canalisation, n'étant pas obligé de supporter la servitude d'écoulement des eaux usées.

› Par destination du père de famille

La destination du père de famille suppose qu'une servitude a été créée sur un fonds par son propriétaire (le « père de famille ») avant la séparation de ce fonds en deux nouvelles propriétés. Si une canalisation existait avant la séparation des deux terrains, les deux nouveaux propriétaires devront bénéficier ou subir cette servitude.

Extinction de la servitude

› Par le non-usage

La servitude d'écoulement des eaux naturelles est une servitude légale. Elle ne peut donc pas s'éteindre par le non-usage.
Celui qui doit supporter la servitude ne peut pas considérer que la servitude est éteinte puisque son voisin ne l'a pas utilisée pendant 30 ans et le fonds dominant (fonds supérieur) ne peut pas perdre le droit de bénéficier de cette servitude sous prétexte de son inaction.

› Par la présence pendant 30 ans d'un ouvrage s'opposant à l'écoulement

En revanche, le propriétaire du fonds inférieur peut se libérer de cette servitude par la prescription extinctive résultant d'un ouvrage construit depuis plus de 30 ans (par exemple, la construction d'un barrage empêchant l'écoulement et faisant refluer les eaux vers le fonds supérieur…).
Si l'ouvrage empêchant l'écoulement existe depuis plus de 30 ans, le propriétaire du fonds dominant ne pourra plus demander la suppression de cet ouvrage. Le délai de 30 ans court à compter de l'achèvement des travaux.
Les actions dérivant de ces servitudes doivent être exercées dans un délai de 30 ans à compter du fait dommageable. C'est au propriétaire du fonds inférieur de prouver que l'ouvrage existe depuis plus de 30 ans.
Mais si l'ouvrage vient à disparaître (démolition ou écroulement du barrage, par exemple), son propriétaire ne peut pas le reconstruire. Il perd sa prescription et ne peut plus conserver ni reconstruire le barrage.

Tribunal compétent

Le tribunal judiciaire est compétent pour toute contestation à laquelle peut donner lieu l'établissement ou l'exercice des servitudes d'écoulement des eaux (art. R. 211-3-8, COJ). C'est ainsi qu'il est compétent pour statuer sur les litiges nés de la modification apportée par un propriétaire à la direction des eaux, à l'aggravation de la servitude…
C'est lui qui fixera le montant de l'indemnité en cas d'aggravation de la servitude ou les dommages et intérêts en cas de non-respect de ces obligations par le propriétaire du terrain inférieur. Un expert pourra être désigné par ce tribunal.
Le tribunal compétent est celui dont dépendent les fonds concernés (art. 641, C. civ.).
De même, le tribunal est compétent si la servitude affecte un terrain relevant du domaine privé d'une personne publique (par exemple, un terrain faisant partie du domaine privé d'une commune).

Cas pratique

Le litige opposait une entreprise à un établissement public. L'entreprise reprochait à l'établissement public d'avoir comblé un ruisseau qui, auparavant, servait à l'écoulement de ses eaux pluviales. Ce remblaiement empêchait les eaux de s'écouler et risquait d'entraîner l'inondation du terrain appartenant à l'entreprise.

Le ruisseau appartenait à l'établissement public mais le juge judiciaire (et non le tribunal administratif) a été reconnu compétent par le tribunal des conflits (T. conflits, 6.5.2002, JCL, D. adm. 11.2002, p. 27, n° 186).

À NOTER

Des difficultés dorénavant résolues ? Pour la jurisprudence antérieure à la réforme de la justice de 2019 (qui a fusionné tribunaux d'instance et de grande instance en tribunaux judiciaires depuis le 1er janvier 2020), la compétence du tribunal d'instance était strictement limitée aux litiges relatifs à l'aggravation de la servitude naturelle d'écoulement des eaux pluviales ou eaux de source (art. 641, C. civ.).

En conséquence, s'il ne s'agissait pas exclusivement d'un conflit relatif à la servitude légale d'écoulement des eaux pluviales, le tribunal compétent était le tribunal de grande instance. C'est ainsi que ce tribunal était compétent, par exemple, pour trancher un litige concernant l'aménagement d'une servitude des eaux usées, ou relatif à une inondation due aux ruissellements du fonds supérieur, eux-mêmes aggravés par le mauvais entretien du réseau de drainage, ou encore pour statuer sur l'existence d'une servitude conventionnelle.

A priori, la question de la dualité de juridictions compétentes devrait dorénavant être résolue puisqu'il n'y a plus, depuis le 1er janvier 2020, qu'un seul tribunal : le tribunal judiciaire. Pour autant, la question se pose de l'assistance obligatoire par un avocat. Les règles posées depuis le 1er janvier 2020 sont les suivantes :

– le principe est qu'il faut toujours prendre un avocat devant le tribunal judiciaire, sauf exceptions (art. 760, CPC) ;

– constituent une telle exception les contestations relatives à l'établissement et à l'exercice des servitudes instituées par les articles 640 et 641 du Code civil, ainsi que les indemnités dues à raison de ces servitudes (art. 761, CPC, Annexe Tableau IV-II, 18°, issu du décret n° 2019-1333 du 11 décembre 2019). Attention : cette action fait partie de celle nécessitant une tentative d'accord amiable préalable avant de saisir le juge (voir l'encadré À noter dans *Recours au conciliateur de justice*, p. 293).

L'usage d'une source

La source appartient au propriétaire du terrain sur lequel elle se trouve. Tout propriétaire peut faire des fouilles sur son propre terrain pour y trouver une source d'eau.

La propriété des eaux

Le propriétaire d'une source peut toujours user des eaux à sa volonté, dans les limites et les besoins de son fonds. Il peut capter l'eau à sa source ou utiliser les eaux souterraines qui passent par son terrain.
Si, dès la sortie du terrain où elles surgissent, les eaux de source forment un cours d'eau offrant le caractère d'eaux publiques et courantes, le propriétaire ne peut pas les détourner de leur cours naturel (art. 643, C. civ.).
Cette règle ne peut s'appliquer que si le débit de la source est assez fort pour constituer un véritable cours d'eau.

Droits des terrains voisins ou inférieurs

› Tarissement d'une source

Si les travaux effectués par le propriétaire du terrain où se situe la source ont eu pour conséquence de tarir une source déjà existante sur un terrain voisin, le voisin n'a aucune action possible sauf :
- si l'auteur des travaux a agi par malveillance ou si l'eau n'a aucune utilité pour lui ;
- ou encore si le voisin utilise cette eau depuis plus de 30 ans.

Les propriétaires des terrains inférieurs qui, depuis plus de 30 ans, ont fait et terminé, sur le fonds où jaillit la source, des ouvrages apparents et permanents destinés à utiliser les eaux ou à en faciliter le passage dans leur propriété, peuvent revendiquer un droit sur cette eau et empêcher sa suppression.
Tel sera le cas du propriétaire du fonds voisin qui aura établi une canalisation ou un aqueduc dans le but de recevoir les eaux sur sa propriété. Il bénéficie de la servitude d'usage des eaux de source.

› Survenance d'une nouvelle source

Si des travaux ont pour effet de faire jaillir une source, le voisin du fonds inférieur (qui reçoit l'eau) peut obtenir une indemnité si cette eau lui a causé un dommage (art. 641, C. civ.).

Droit collectif d'usage d'une source

Lorsqu'une source alimente une collectivité ou un groupement, le propriétaire de la source ne peut pas en user ou l'utiliser de manière à enlever aux membres de cette collectivité (habitants d'une commune, village ou hameau) l'eau qui leur est nécessaire. Les habitants concernés doivent donc pouvoir puiser ou collecter l'eau de source.
Pour que ce droit d'usage soit reconnu, il faut que l'eau leur soit nécessaire (et pas simplement commode ou agréable) à eux-mêmes ou à leurs animaux.
Le propriétaire de la source peut réclamer une indemnité à la commune, sauf si l'usage de la source est exercé depuis plus de 30 ans (art. 642, C. civ.).

Cas pratique

Ce droit n'est accordé qu'à un hameau, un village ou une commune. Il ne peut pas être reconnu au bénéfice d'une seule habitation et d'une seule exploitation agricole. Est donc justifiée la décision d'écarter la prescription d'usage d'une source et de constater qu'il n'existe pas de hameau (C. cass., civ. 3e, 19.1.2000).

Le droit d'user des eaux d'une source est reconnu aux habitants d'une commune même si la commune a installé un système public de distribution d'eau dès lors que cette eau de source sert pour l'arrosage des jardins ou l'abreuvage des animaux. Le caractère de nécessité de l'article 642 du Code civil est reconnu.
Le droit d'usage d'une source reconnu aux habitants d'une commune, d'un hameau ou d'un village ne comporte pas le droit de pénétrer sur le fonds où jaillit la source même si les eaux leur sont nécessaires.

Cas pratique

La cour d'appel avait reconnu le droit aux propriétaires des fonds inférieurs (situés en aval de la source) de procéder aux travaux de curage de la source. Les juges considéraient que le droit d'user des eaux de source sous-entendait le droit de procéder aux travaux d'entretien de cette source et de pénétrer sur le fonds appartenant au propriétaire de cette source.
Mais cet arrêt est cassé. Le droit d'user de l'eau ne donne pas le droit de pénétrer chez autrui (C. cass., civ. 3e, 14.12. 2005, n° 04-18.994).

Le droit d'usage d'une source ne s'applique pas aux eaux d'un étang.

Cas pratique

Le propriétaire d'un fonds inférieur demandait au propriétaire du fonds supérieur de remettre en service une turbine qui alimentait son étang. Il estimait qu'il bénéficiait d'une servitude d'usage de l'eau provenant du fonds supérieur. Les juges ont constaté que la turbine était reliée à l'étang lui-même et non pas à la source qui alimentait l'étang supérieur. Le voisin ne pouvait pas revendiquer le droit d'usage d'une source (C. cass., civ. 3e, 25.11.2009, n° 08-21674).

Les cours d'eau privés

Les cours d'eau privés sont tous les cours d'eau non classés dans le domaine public.
Pour connaître le classement d'un cours d'eau (domaine public ou privé), il faut se renseigner auprès de la Direction départementale de l'équipement.

Lit du cours d'eau

› Propriété du lit du cours d'eau

Le lit des cours d'eau appartient à celui qui est propriétaire des rives.
Si les deux rives appartiennent à des propriétaires différents (dans la mesure où la rivière sert de limite séparative à leurs deux terrains), chacun d'eux a la propriété de la moitié du lit, suivant une ligne que l'on suppose tracée au milieu du cours d'eau.
Chaque riverain a le droit d'utiliser l'eau, de prendre dans la partie du lit qui lui appartient tous les produits naturels et d'en extraire de la vase, du sable ou des pierres, à condition de ne pas modifier le régime et le débit des eaux (art. L. 215-1 et s., C. envir.).

› Modification du lit du cours d'eau

Un propriétaire riverain peut modifier le lit du cours d'eau qui traverse sa propriété toujours dans la mesure où il ne cause pas de dommages aux tiers et ne porte pas atteinte aux droits des autres riverains.
Il ne saurait bien entendu rendre l'eau inutilisable pour les propriétaires inférieurs.
Il devra, en tout état de cause, rendre l'eau à son cours normal à la sortie de sa propriété.
En cas de contestation entre propriétaires auxquels les eaux peuvent être utiles, les tribunaux doivent concilier l'intérêt de l'agriculture avec le respect dû à la propriété et dans tous les cas les règlements particuliers et locaux sur le cours et l'usage des eaux doivent être observés (art. 645, C. civ.).
C'est le juge civil qui sera compétent, disposant d'un pouvoir souverain d'appréciation pour régler le mode de jouissance des eaux, d'après les intérêts et les besoins des riverains.

Usage de l'eau

Celui dont la propriété borde une eau courante, autre que celle qui est déclarée dépendance du domaine public, peut s'en servir à son passage pour l'irrigation de ses propriétés.

De même, celui dont cette eau traverse le terrain peut en user dans l'intervalle qu'elle y parcourt (par exemple, pour irriguer, pour les besoins industriels ou pour l'abreuvage du bétail…) mais à charge de la rendre à la sortie de ses fonds à son cours ordinaire.
Le droit de puisage entraîne le droit de faire des ouvrages (par exemple, en installant un système de pompage).
Mais ces droits sont limités par l'obligation de ne pas absorber toute l'eau, ou de ne pas la rendre polluée, car ils ne doivent pas nuire au fonds situé en aval (art. 644, C. civ.).
En outre, le droit d'usage des eaux courantes n'appartient qu'aux propriétés bordant le fonds (riverains) et non à celles dont le fonds ne jouxte pas immédiatement l'eau courante (par exemple, si leur terrain est séparé de cette eau par un chemin).

Droit de pêche des riverains, des associations de pêches ou des tiers

› Les riverains propriétaires

Dans les cours d'eau et canaux, les propriétaires riverains ont, chacun de leur côté, le droit de pêche jusqu'au milieu du cours d'eau ou du canal, sous réserve de droits contraires établis par possession ou titres. Dans les plans d'eau, le droit de pêche appartient au propriétaire du fonds (art. L. 435-4, C. envir.).

ATTENTION
Les riverains d'un cours d'eau Ils disposent d'un droit de pêche mais doivent néanmoins, pour pouvoir pêcher, adhérer à une association agréée, verser les cotisations statutaires et régler la taxe annuelle piscicole (art. L. 436-1, C. envir.).

› Les tiers

Les pêcheurs, non riverains, ont le droit de passer en barque sur la rivière pour pêcher mais le propriétaire a le droit de les empêcher d'accoster sur ses rives. Les tiers ne peuvent pas non plus traverser la propriété privée pour venir pêcher le long de la rivière.

› Les associations de pêcheurs

Le propriétaire riverain d'un cours d'eau non domanial peut également interdire la pêche aux associations de pêcheurs.
Mais il peut bénéficier, à sa demande, de subventions sur fonds publics pour la remise en état ou l'aménagement des rives et des fonds. En contrepartie de ces subventions, il doit accorder l'exercice gratuit du droit de pêche, pour une durée de 5 ans, à une association agréée de pêche et de protection du milieu aquatique ou, à défaut, à la fédération départementale des associations agréées de pêche et de protection du milieu aquatique. La date à compter de laquelle le droit de pêche

du propriétaire riverain est exercé gratuitement pour une durée de 5 ans par l'association ou la fédération est celle prévue pour l'achèvement des opérations d'entretien (art. L. 435-5, C. envir.). Toutefois, lorsque ces opérations ont un caractère pluriannuel ou qu'elles doivent être échelonnées, cette date est celle prévue pour l'achèvement, selon le cas, de la première phase ou de la phase principale (art. R. 435-34 et s., C. envir.). Pendant la période d'exercice gratuit du droit de pêche par une association ou une fédération, le propriétaire conserve le droit d'exercer la pêche pour lui-même, son conjoint, ses ascendants et ses descendants.
L'association (ou la fédération) est tenue de réparer les dommages subis par le propriétaire riverain ou ses ayants droit à l'occasion de l'exercice de ce droit.

Entretien

› Obligation de curage

Le propriétaire riverain est tenu à un curage régulier pour rétablir le cours d'eau dans sa largeur et sa profondeur naturelles, à l'entretien de la rive par élagage et recépage de la végétation arborée et à l'enlèvement des débris, flottants ou non, afin de maintenir l'écoulement naturel des eaux, d'assurer la bonne tenue des berges et de préserver la faune et la flore.
Ces obligations ont pour but notamment de prévenir les inondations.
Le curage et l'entretien des cours d'eau doivent être faits conformément au plan de gestion établi localement.
Si le propriétaire ne s'acquitte pas de son obligation d'entretien régulier, la commune peut lui adresser une mise en demeure. Si cette mise en demeure reste sans effet, les travaux sont alors exécutés à ses frais.
Les communes peuvent aussi prendre en charge les opérations d'entretien régulier des cours d'eau après enquête et déclaration d'intérêt général (valable 5 ans renouvelables).
Si les travaux sont dirigés et contrôlés par l'Administration, le propriétaire est tenu de laisser passer sur son terrain les fonctionnaires et agents chargés de la surveillance, les entrepreneurs et ouvriers, ainsi que les engins mécaniques nécessaires à la réalisation de ces travaux, dans la limite d'une largeur de 6 mètres (le passage des engins ne doit cependant pas se faire sur les terrains bâtis ou clos de murs).
Les frais de curage ou d'entretien, à la charge des propriétaires riverains, sont recouvrés comme une contribution directe.
Les contestations sont portées devant les juridictions administratives (art. L. 215-14 et s., C. envir.).

› Obligation d'entretenir la rive

Le propriétaire riverain est tenu d'entretenir la rive de la rivière lui appartenant. Il doit élaguer les arbres ou arbustes, retirer les débris flottants ou non, vérifier la solidité des berges.

Il peut demander une subvention publique pour la remise en état ou l'aménagement des rives et des fonds, en contrepartie de laquelle il devra laisser une association agréée de pêche et de pisciculture désignée par l'Administration exercer gratuitement son droit de pêche.
Voir *Les associations de pêcheurs,* p. 155.

À NOTER

Terrains inondables Pour prévenir les risques d'inondation, l'autorité administrative (État ou collectivités territoriales) peut instituer des servitudes d'utilité publiques sur les terrains riverains de cours d'eau (domaniaux ou non). Ces servitudes peuvent consister à créer des zones de rétention temporaire des eaux de crue ou de ruissellement (terrains inondables) ou des zones de mobilité d'un cours d'eau.

Servitude de passage des engins mécaniques

› Droits et obligations des propriétaires

La servitude doit permettre aux départements, aux communes ou à leurs concessionnaires d'effectuer des travaux d'intérêt général (lutte contre l'érosion, défense contre les torrents, défense contre les incendies, débroussaillement, entretiens, irrigation, épandage, colmatage, débardage...).
La servitude doit permettre le passage sur les propriétés privées des fonctionnaires et agents chargés de la surveillance, des entrepreneurs ou ouvriers, ainsi que des engins mécaniques strictement nécessaires à la réalisation des opérations (art. L. 151-37-1 et R. 152-29, C. rural et de la pêche maritime).
Cette servitude est d'une largeur maximale de 6 mètres. Pour les cours d'eau, cette distance est mesurée par rapport à la rive. Lorsque la configuration des lieux ou la présence d'un obstacle fixe l'exigent pour permettre le passage des engins mécaniques, cette largeur peut être étendue dans la limite de 6 mètres comptés à partir de cet obstacle.
Le passage des engins mécaniques ne peut s'effectuer sur les terrains bâtis ou clos de murs à la date d'institution de la servitude ni sur les cours et les jardins attenants aux habitations.
Dans la mesure du possible, la servitude doit respecter les arbres et plantations existants.
Si leur suppression est néanmoins nécessaire, le propriétaire peut recevoir une indemnité.

Indemnité

L'établissement de cette servitude ne donne pas droit, en principe, à une indemnité.
Mais si les propriétaires ou les occupants des terrains grevés de cette servitude de passage subissent des dommages, ils ont droit à une indemnité proportionnée à

ces dommages et calculée en tenant compte des avantages que peuvent leur procurer l'exécution des travaux et l'existence des ouvrages ou installations pour lesquels cette servitude a été instituée.

Tribunal compétent

Les contestations relatives à cette indemnité sont de la compétence du juge de l'expropriation pour cause d'utilité publique, un juge spécialisé du tribunal judiciaire.

La servitude d'aqueduc

La servitude d'aqueduc est une servitude continue et apparente.
Elle donne le droit pour le bénéficiaire d'obtenir sur les fonds voisins le passage par conduite souterraine des eaux potables et d'irrigation dont il a la disposition et destinées à l'exploitation de son terrain.
Cela sous-entend que le bénéficiaire de cette servitude a le droit d'utiliser de l'eau se trouvant hors de son terrain. Par exemple, il peut être riverain d'un cours d'eau, d'un étang ou d'un bassin et avoir besoin de cette eau pour irriguer ses autres terrains non riverains.
Les habitations, cours, jardins, parcs et enclos attenant aux habitations sont toutefois exemptés de cette servitude (art. L. 152-14 et R. 152-26, C. rural et de la pêche maritime).

Droits et obligations des propriétaires

La servitude peut être invoquée quel que soit l'usage que le propriétaire entend faire de cette eau. Il peut demander l'aqueduc pour ses besoins en eau potable, pour irriguer ses cultures ou encore pour les besoins de son exploitation commerciale.
La servitude peut aussi être invoquée par quiconque dispose d'un droit sur l'eau, même s'il ne s'agit que d'un droit temporaire de prélèvement d'eau par pompage.

Cas pratique

L'exploitant d'un terrain avait obtenu l'autorisation administrative de prélever de l'eau par pompage dans un ruisseau. Ce ruisseau était séparé de son terrain par un terrain intermédiaire.
Il sollicitait le passage par conduite souterraine sur le terrain de son voisin.
Le voisin reconnaissait le besoin d'eau du terrain mais refusait le passage des tuyaux chez lui. Il estimait que la servitude d'aqueduc était prévue pour les titulaires d'un droit sur l'eau et excluait ceux qui ne possèdent qu'un simple droit de prise d'eau temporaire et toujours révocable.
Ce refus est condamné : le titulaire de l'autorisation administrative de prélèvement d'eau par pompage dans un ruisseau justifie d'un droit de disposer de l'eau au sens de l'article L. 152-14 du Code rural et de la pêche maritime. En conséquence, ce propriétaire est tout à fait en droit de demander le passage par conduite souterraine sur le fonds intermédiaire de son voisin (C. cass., civ. 3e, 28.1.2004, Bull. civ. n° 15, p. 13).

La pose d'aqueduc est possible sur tous les terrains intermédiaires.
L'alimentation en eau doit en principe être souterraine, sauf en montagne où elle peut être à ciel ouvert.

Si elle est souterraine, elle doit être implantée à une profondeur suffisante pour ne pas nuire à la mise en valeur du fonds traversé, à son exploitation présente ou future.
Le bénéficiaire de la servitude doit en contrepartie régler une indemnité aux propriétaires des fonds sur lesquels passent les canalisations.
Le bénéficiaire qui a utilisé l'eau par aqueduc peut, après usage, bénéficier de la servitude d'écoulement (voir *La servitude d'écoulement des eaux d'irrigation,* p. 162) pour conduire cette eau vers des ouvrages de collecte et d'épuration (art. L. 152-15, C. rural et de la pêche maritime).

Acquisition de la servitude

La servitude peut être acquise conventionnellement (accords des intéressés), par décision du juge ou par destination du père de famille (aqueduc mis en place avant la division du fonds par le propriétaire).
La servitude (comme toutes les servitudes continues et apparentes) peut aussi s'acquérir, en l'absence de titre, par une possession trentenaire.
Donc si l'aqueduc existe depuis plus de 30 ans, le propriétaire du terrain sur lequel il est implanté ne pourra plus empêcher l'exercice de la servitude, même si le bénéficiaire de cette servitude n'utilise plus l'aqueduc pour son irrigation.
Le délai de 30 ans peut être interrompu si le propriétaire qui subit la servitude empêche son exercice.

Extinction de la servitude

La servitude peut s'éteindre s'il a été fait un acte contraire à la servitude et si cette situation a duré pendant 30 ans.
Par exemple, le propriétaire du terrain où se situe l'aqueduc décide d'interrompre le passage de l'eau dans les tuyaux. Si le bénéficiaire de cet aqueduc ne réagit pas à cette interruption et ne demande pas le rétablissement de la servitude pendant 30 ans, il peut perdre le bénéfice de cette servitude.

Tribunal compétent

La demande d'établissement de l'aqueduc ou les contestations relatives à son implantation sont portées devant le juge du tribunal judiciaire (art. R. 152-26, C. rural et de la pêche maritime ; art. 211-3-8, COJ). Depuis le 1er janvier 2020, et conformément au décret n° 2019-1333 du 11 décembre 2019, il n'est pas obligatoire de prendre un avocat pour ces contestations (art. 761, CPC, Annexe Tableau IV-II, 59°). Attention : cette action fait partie de celle nécessitant une tentative d'accord amiable préalable avant de saisir le juge (voir l'encadré À noter dans *Recours au conciliateur de justice,* p. 293).

La servitude d'appui

La servitude d'appui consiste, pour un propriétaire riverain d'un cours d'eau, à pouvoir installer un barrage pour l'irrigation de son fonds en prenant appui sur le terrain riverain opposé. Ces appuis ne peuvent pas être installés sur des bâtiments ni sur les cours et jardins attenant aux habitations (art. L. 152-17, C. rural et de la pêche maritime).

Droits et obligations des propriétaires

Le riverain sur le fonds duquel l'appui est réclamé peut demander, avant les travaux, une indemnité.

Il peut aussi demander l'usage commun du barrage. Dans ce cas, il doit contribuer pour moitié aux frais d'établissement et d'entretien et ne peut réclamer aucune indemnité. S'il a déjà reçu une indemnité, il doit la restituer. Lorsque cet usage commun n'est réclamé qu'après le commencement des travaux, celui qui le demande doit supporter seul l'excédent auquel donnent lieu les changements à faire au barrage pour le rendre propre à l'irrigation des deux rives (art. L. 152-17 et s. et R. 152-27, C. rural et de la pêche maritime).

Tribunal compétent

Les contestations relatives aux travaux, au montant de l'indemnité, aux partages de frais… sont de la compétence du juge du tribunal judiciaire (art. R. 152-27, C. rural et de la pêche maritime ; art. 211-3-8, COJ). Depuis le 1er janvier 2020, et conformément au décret n° 2019-1333 du 11 décembre 2019, il n'est pas obligatoire de prendre un avocat pour ces contestations (art. 761, CPC, Annexe Tableau IV-II, 59°). Attention : cette action fait partie de celle nécessitant une tentative d'accord amiable préalable avant de saisir le juge (voir l'encadré À noter dans *Recours au conciliateur de justice*, p. 293).

La servitude d'écoulement des eaux d'irrigation

La servitude d'écoulement oblige les propriétaires des fonds inférieurs à recevoir les eaux qui s'écoulent des terrains arrosés ou irrigués (voir La servitude d'aqueduc, p. 159).
De la même façon, les eaux usées, provenant des habitations alimentées et des exploitations desservies grâce à la servitude d'aqueduc, peuvent être acheminées par canalisation souterraine traversant les fonds voisins vers des ouvrages de collecte et d'épuration.
Comme la servitude d'aqueduc, ces conduites ne peuvent pas être implantées dans les habitations et les cours, jardins, parcs et enclos attenant aux maisons.

Droits et obligations des propriétaires

Les propriétaires des fonds traversés doivent recevoir les eaux qui s'écoulent des terrains ainsi arrosés.
Mais l'indemnité n'est pas systématiquement due. La loi considère qu'ils peuvent se servir des eaux d'irrigation et que cet avantage peut, le cas échéant, justifier l'absence d'indemnité.
Celui qui la réclame doit justifier d'un dommage ou d'un préjudice spécifique (art. L. 152-23, C. rural et de la pêche maritime).

Tribunal compétent

Le tribunal judiciaire est compétent pour statuer sur le bien fondé de la demande de servitude, sur les modalités de mise en place les moins dommageables, sur les travaux à effectuer ainsi que sur l'éventuelle indemnité due (art. R. 152-26, C. rural et de la pêche maritime ; art. 211-3-8, COJ). Depuis le 1er janvier 2020, et conformément au décret n° 2019-1333 du 11 décembre 2019, il n'est pas obligatoire de prendre un avocat pour ces contestations (art. 761, CPC, Annexe Tableau IV-II, 59°). Attention : cette action fait partie de celle nécessitant une tentative d'accord amiable préalable avant de saisir le juge (voir l'encadré À noter dans *Recours au conciliateur de justice,* p. 293).

La servitude de drainage

Tout propriétaire qui veut assainir son terrain par le drainage ou un autre mode d'assèchement a le droit de mettre en place des conduites d'eau souterraines ou à ciel ouvert à travers les propriétés qui séparent ce fonds d'un cours d'eau ou de toute autre voie d'écoulement.
Ces conduites ne peuvent pas être implantées dans les habitations, cours, jardins, parcs et enclos attenant aux maisons (art. L. 152-20 et s. et R. 152-28, C. rural et de la pêche maritime).

Droits et obligations des propriétaires

Les propriétaires des terrains traversés ont la faculté de se servir des travaux faits pour l'écoulement des eaux de leurs propres terrains. Ils doivent dans ce cas participer proportionnellement aux travaux dont ils profitent, payer les éventuels coûts supplémentaires entraînés par leur utilisation et participer dans l'avenir aux travaux d'entretien.
Ils peuvent aussi obtenir une indemnité avant les travaux mais cette indemnité sera diminuée, voire supprimée en fonction de l'avantage qu'ils retirent de la possibilité d'utiliser les installations.

Tribunal compétent

Les contestations auxquelles peuvent donner lieu l'établissement et l'exercice de la servitude, la fixation du parcours des eaux, l'exécution des travaux de drainage ou d'assèchement, les indemnités et les frais d'entretien sont de la compétence du juge du tribunal judiciaire (art. R. 152-28, C. rural et de la pêche maritime ; art. 211-3-8, COJ). Depuis le 1er janvier 2020, et conformément au décret n° 2019-1333 du 11 décembre 2019, il n'est pas obligatoire de prendre un avocat pour ces contestations (art. 761, CPC, Annexe Tableau IV-II, 59°). Attention : cette action fait partie de celle nécessitant une tentative d'accord amiable préalable avant de saisir le juge (voir l'encadré À noter dans *Recours au conciliateur de justice*, p. 293).

Les chemins ruraux et les chemins d'exploitation

➤ Un chemin rural est un chemin affecté à l'usage du public mais non classé comme « voie communale ».

➤ La prise en charge de son entretien est assurée par la commune. Les riverains sont tenus à certaines obligations.

➤ Un chemin d'exploitation n'est utile qu'aux propriétés qu'il dessert et peut être interdit au public. Il n'appartient pas à la commune et son entretien est assuré par les propriétaires concernés.

Les chemins ruraux

Un chemin rural est un chemin affecté à l'usage du public, appartenant à la commune mais non classé comme « voie communale ». Il fait partie du domaine privé de la commune et ne relève pas des tribunaux administratifs.

Définition du chemin rural

Lorsqu'un doute s'élève sur la nature d'un chemin (rural appartenant à la commune, ou privé appartenant à un particulier), il faut rechercher :
- la destination du chemin. La destination « rurale » d'un chemin peut être définie notamment par l'inscription sur le plan départemental des itinéraires de promenade et de randonnée ;
- l'usage du chemin. Un chemin sera considéré comme rural s'il est utilisé comme voie de passage du public ;
- l'entretien du chemin. Si la commune se charge de la surveillance et de la voirie de façon régulière, le chemin sera réputé affecté à l'usage du public et donc « rural ».

À NOTER

Propriété du chemin Le fait qu'un chemin desserve une propriété enclavée ne signifie pas qu'il appartient à ce propriétaire. Dès lors qu'il reste ouvert au public et que le propriétaire ne dispose d'aucun titre de propriété, le chemin demeure la propriété de la commune. Une décision intéressante a été par ailleurs rendue selon laquelle une commune peut prescrire, tout comme un particulier, la propriété d'un chemin rural. Ici, le propriétaire de terrains, traversés par un chemin, souhaitait se clore. La commune s'y opposait en soutenant qu'il s'agissait d'un chemin rural. Le propriétaire l'assigne en invoquant une voie de fait résultant de l'appropriation par cette dernière de l'assiette du chemin. Il a échoué car la commune, dont la possession était demeurée paisible, s'était comportée pendant plus de 30 ans comme propriétaire du chemin. Elle l'avait donc acquis par prescription (C. cass., civ. 3e, 1.2.2018, n° 16-23200). Sur cette question, voir *La prescription acquisitive et la possession*, p. 9.

Les limites d'un chemin rural sont fixées soit par le plan parcellaire de la commune, soit par l'établissement de bornes ; la procédure de bornage peut se faire soit à l'amiable, soit judiciairement (art. L. 161-1 et s., C. rural et de la pêche maritime ; voir *Le bornage*, p. 45).
Certaines catégories de véhicules peuvent être interdites de circulation sur les chemins ruraux par le maire.
Le maire est également compétent pour rétablir la libre circulation sur le chemin lorsqu'un obstacle l'empêche (art. D. 161-10 et s., C. rural et de la pêche maritime).

› Entretien du chemin

La commune, étant propriétaire, doit en principe prendre en charge les travaux d'entretien d'un chemin rural.
Les dépenses d'entretien des voies communales font partie des dépenses obligatoires mises à la charge des communes (art. L. 141-8, C. voirie routière).
Les propriétaires des fonds qui bordent un chemin rural ouvert à la circulation publique ne peuvent pas s'opposer au débroussaillement dans la limite d'une bande de terrain d'une largeur maximale de 20 mètres de part et d'autre de l'emprise des chemins s'il s'agit d'un chemin rural traversant un territoire, bois ou forêt exposé aux risques d'incendie (art. L. 134-10, C. forestier).
Si le chemin ne dessert que quelques exploitations, la commune est autorisée à prélever auprès des propriétaires utilisateurs de ce chemin une taxe répartie selon l'utilité de chacun.
La commune peut aussi exiger une contribution spéciale à la charge des propriétaires de véhicules dont la circulation entraîne des détériorations anormales à la voie (exploitations de mines, de carrières, de forêts ou toute autre entreprise).
La contribution est proportionnée à la dégradation causée (art. L. 141-9, C. voirie routière).
Ces contributions peuvent être acquittées en argent ou en prestation en nature et faire l'objet d'un abonnement.

À NOTER

Contributions spécifiques pour l'entretien des chemins ruraux À défaut d'accord amiable, elles sont fixées annuellement sur la demande des communes par les tribunaux administratifs, après expertise, et recouvrées comme en matière d'impôts directs.

Lorsque des travaux d'entretien se révèlent nécessaires ou lorsque la commune cesse d'entretenir le chemin rural, les propriétaires riverains peuvent demander à la commune :
- soit de se charger eux-mêmes des travaux ;
- soit de mettre en place ou d'augmenter la taxe spéciale destinée au financement de ces travaux.

Si la commune repousse ces propositions ou refuse de délibérer sur ces sujets dans le délai d'1 mois, une association syndicale peut être créée et le chemin rural remis à cette association.
Même si le chemin est remis à l'association, il reste en principe ouvert au public, sauf délibération contraire du conseil municipal (art. L. 161-11, C. rural et de la pêche maritime).

› Bornage du chemin

Si les limites du chemin rural ne sont pas déterminées dans le plan parcellaire, les particuliers peuvent demander au maire d'établir un certificat de bornage à partir des bornes existantes ou en fonction de la configuration des lieux.

Aucune construction, reconstruction ou installation de mur ou clôture ne peut être effectuée à la limite des chemins ruraux sans que ce certificat ait été préalablement demandé (art. D. 161-12 et s., C. rural et de la pêche maritime).
Lorsqu'il n'existe pas de titre, de borne ou de document permettant de connaître les limites exactes du chemin par rapport aux propriétés riveraines ou lorsqu'une contestation s'élève à ce sujet, toute personne intéressée peut engager la procédure de bornage prévue à l'article 646 du Code civil.
Le géomètre-expert désigné dresse, à l'issue de l'opération, un procès-verbal de bornage et, si l'une des parties en fait la demande, des bornes sont plantées aux emplacements choisis ; la délimitation et l'établissement de bornes se font à frais communs sauf convention expresse de répartition différente des charges.
Si l'accord ne se réalise pas ou si la délimitation ne peut être effectuée par suite du refus, de l'incapacité juridique ou de l'absence des intéressés, une action en bornage peut être intentée devant le tribunal judiciaire du lieu de la situation ; l'action ne peut être intentée par le maire que sur autorisation du conseil municipal. S'agissant des frais, les articles 646 du Code civil et D. 161-13 du Code rural et de la pêche maritime prévoient que le bornage se fait normalement à frais communs. Néanmoins, si le bornage est judiciaire, le juge détermine librement la répartition des frais occasionnés, le principe étant que, sauf décision contraire, ces frais sont mis à la charge de la partie déboutée (rép. min., JO Sénat, 11.6.2015).

Droits et obligations des propriétaires riverains

› Travaux effectués sur le chemin rural

Il est interdit de faire des travaux affectant le chemin rural sans l'autorisation préalable du maire (art. D. 161-15 et s., C. rural et de la pêche maritime).
C'est ainsi qu'il est interdit d'enlever de l'herbe, de la terre, du gravier, du sable ou autres matériaux, de faire une tranchée, d'y installer des canalisations, d'y déposer aucun produit ou matière, d'ouvrir des fossés ou canaux le long du chemin, de rejeter l'égout des toits ou les eaux ménagères, d'installer sur les fossés du chemin des barrages, des écluses ou des passages permanents ou temporaires, d'établir des accès...
Les riverains doivent par ailleurs veiller à éviter toute dégradation provoquée, le cas échéant, par le jet de leurs systèmes d'irrigation.
Ils doivent également s'abstenir de supprimer, de gêner ou de limiter l'accès du public à ce chemin.

› Travaux effectués aux abords du chemin rural

Excavation ou fossés le long du chemin

L'exécution de toute excavation de quelque nature qu'elle soit doit faire l'objet d'une déclaration préalable en mairie dès lors que la distance qui la sépare

de la limite du chemin est inférieure à 5 mètres ou à cette distance augmentée de 1 mètre par mètre de profondeur ; au-delà de 10 mètres, il n'y a pas lieu à déclaration (art. D. 161-17, C. rural et de la pêche maritime).
L'ouverture de fossés ou canaux le long d'un chemin rural ne peut être autorisée à moins de 0,50 mètre de la limite du chemin. Ces fossés ou canaux doivent avoir un talus d'1 mètre de base au moins pour 1 mètre de hauteur.
Tout propriétaire ayant fait ouvrir des fossés ou canaux sur son terrain le long d'un chemin rural doit les entretenir de manière à empêcher que les eaux nuisent à la viabilité du chemin. Si les fossés ou canaux ouverts par des particuliers sur leur terrain le long d'un chemin rural ont une profondeur telle qu'elle puisse présenter quelque danger, les propriétaires sont tenus de prendre les dispositions qui leur sont prescrites pour assurer la sécurité de la circulation. Ces dispositions leur sont adressées par injonction du maire.

Entretien des accès

Sur le parcours des chemins ruraux, les entrées des champs, les accès aux cours de ferme, les raccordements des chemins d'exploitation et en général tous accès aux propriétés riveraines que les propriétaires sont autorisés à établir doivent être convenablement empierrés ou stabilisés sur une longueur suffisante pour éviter toute détérioration du chemin.
Ces travaux doivent être exécutés de façon à ne pas gêner l'écoulement des eaux et à ne pas modifier les profils en long et en travers des chaussées et des accotements.

Soutien des terres des terrains supérieurs

Les propriétaires des terrains supérieurs ou inférieurs bordant les chemins ruraux sont tenus d'entretenir en bon état les ouvrages construits à leurs frais par eux ou pour leur compte et destinés à soutenir les terres. Les propriétés riveraines situées en contrebas des chemins ruraux sont assujetties à recevoir les eaux qui découlent naturellement de ces chemins. Les propriétaires riverains de ces chemins ne peuvent pas empêcher le libre écoulement des eaux qu'ils sont tenus de recevoir ni les faire séjourner dans les fossés ou refluer sur le sol du chemin.

› Plantations d'arbres, haies

Nouvelles plantations

En principe, les plantations d'arbres et de haies vives sont autorisées le long des chemins ruraux sans condition de distance, sauf prescriptions spécifiques du maire. Celui-ci peut en effet, pour certains chemins et pour des raisons de commodité ou de sécurité, obliger les riverains à respecter les mêmes distances de plantations que celles édictées pour les voies communales (art. D. 161-22, C. rural et de la pêche maritime).

À NOTER

Servitude des usagers Un plan de dégagement et une servitude de visibilité peuvent éventuellement être mis en place si la sécurité des usagers est en cause. Cela pourrait être le cas au croisement entre le chemin rural et une route ou une voie ferrée.

Plantations existantes, branches et racines

Les branches et racines des arbres qui avancent sur les chemins ruraux doivent être coupées, à la diligence des propriétaires ou exploitants, dans des conditions qui sauvegardent la sûreté et la commodité du passage, ainsi que la conservation du chemin.

S'il s'agit de haies, elles doivent être taillées à l'aplomb de la limite des chemins ruraux.

Si les propriétaires ne respectent pas ces prescriptions, ils peuvent recevoir une mise en demeure de la part du maire.

Si la mise en demeure reste lettre morte, les travaux d'élagage peuvent être effectués d'office par la commune, à leurs frais (art. D. 161-24, C. rural et de la pêche maritime).

Les propriétaires ne peuvent être indemnisés que si leurs plantations ont plus de 30 ans d'âge. L'indemnité sera fixée à l'amiable ou, à défaut, comme en matière d'expropriation.

Les branches et racines des arbres qui avancent sur l'emprise des chemins ruraux doivent être coupées, à la diligence des propriétaires ou exploitants, dans des conditions qui sauvegardent la sûreté et la commodité du passage ainsi que la conservation du chemin.

Les haies doivent être conduites à l'aplomb de la limite des chemins ruraux. Dans le cas où les propriétaires riverains négligeraient de se conformer à ces prescriptions, les travaux d'élagage peuvent être effectués d'office par la commune, à leurs frais, après une mise en demeure restée sans résultat (art. D. 161-23 et s., C. rural et de la pêche maritime).

› Déneigement

Aucun texte général ne prévoit cette obligation de déneiger devant chez soi, mais un arrêté municipal peut rendre obligatoire le déneigement. L'arrêté peut aussi ordonner aux propriétaires riverains du chemin de lutter contre le verglas en répandant du sel ou du sable, de poser des barres à neige sur les toits, de retirer les glaçons qui se forment le long des gouttières ou des tuyaux d'évacuation.

Pour pouvoir mettre en jeu la responsabilité des riverains, il faut pouvoir se référer aux prescriptions d'un arrêté municipal ou d'un règlement local.

> **Cas pratique**
>
> Un piéton se blesse en glissant sur une plaque de verglas apparue sur le trottoir. Il assigne le propriétaire de la boutique située au niveau de la plaque pour se faire indemniser.
>
> La cour d'appel déclare le riverain responsable de l'accident.
>
> Mais cet arrêt est cassé. Les juges auraient dû rechercher quelle disposition légale ou réglementaire imposait de telles mesures (C. cass., civ. 1re, 18.4.2000, n° 98-15770).

S'il n'existe aucun arrêté rendant obligatoire le déneigement, la responsabilité des riverains peut encore être mise en cause s'il s'avère qu'ils ont commis une faute de négligence en ne prenant pas les mesures nécessaires pour éviter les accidents. La victime doit prouver une faute de leur part.

Cession du chemin rural aux particuliers

Lorsqu'un chemin rural cesse d'être utilisé par le public, le conseil municipal peut décider de le vendre aux propriétaires riverains.
Un arrêté du maire désigne un commissaire enquêteur, précise l'objet de l'enquête, la date à laquelle celle-ci sera ouverte et les heures et le lieu où le public pourra prendre connaissance du dossier et formuler ses observations.
Quinze jours au moins avant l'ouverture de l'enquête, cet arrêté est affiché dans les communes concernées et sur le chemin faisant l'objet du projet d'aliénation.
Un avis au public l'informant de l'ouverture de l'enquête est également publié dans deux journaux régionaux ou locaux.
Pendant l'enquête, qui dure 15 jours, les propriétaires riverains peuvent se constituer en association syndicale et décider de se charger de l'entretien uniquement sans en devenir propriétaires.
À défaut, les propriétaires riverains sont mis en demeure d'acquérir les terrains attenants à leurs propriétés. Ils doivent déposer une offre d'achat.
À défaut d'offre ou si l'offre est jugée insuffisante, la commune procède à la vente publique du chemin (art. L. 161-10, C. rural et de la pêche maritime).
Lorsqu'un chemin appartient à plusieurs communes, il est statué sur la vente après enquête unique par délibérations concordantes des conseils municipaux.
Il en est de même quand des chemins appartenant à plusieurs communes constituent un même itinéraire entre deux intersections de voies ou de chemins (art. L. 161-10-1, C. rural et de la pêche maritime).
Si le chemin est inscrit sur le plan départemental des itinéraires de promenades et de randonnées, les conseils municipaux doivent, préalablement à toute délibération décidant de leur suppression ou de leur aliénation, avoir proposé au conseil départemental un itinéraire de substitution approprié à la pratique de la promenade et de la randonnée (art. R. 161-25 et s., C. rural et de la pêche maritime).

Tribunal compétent

Les contestations qui peuvent s'élever sur la propriété ou la possession des chemins ruraux sont jugées par les tribunaux de l'ordre judiciaire (art. L. 161-4, C. rural et de la pêche maritime). Depuis le 1er janvier 2020, il s'agit du tribunal judiciaire. L'assistance par avocat est obligatoire en la matière (art. 760, CPC, issu du décret n° 2019-1333 du 11 décembre 2019).

Les chemins d'exploitation

Au contraire de la servitude de passage qui concerne deux fonds, l'un enclavé et l'autre débiteur de la servitude et qui a pour but, pour le terrain enclavé, d'accéder à la voie publique, les chemins et sentiers d'exploitation sont ceux qui longent et servent exclusivement à la communication entre diverses propriétés ou à leur exploitation.
Ces chemins sont des voies privées présumées, en l'absence de titre, appartenir aux propriétaires riverains et dont l'usage en est commun à tous les intéressés.
Ils sont distincts des chemins ruraux appartenant aux communes et affectés à l'usage du public.
Leur usage peut être interdit au public (art. L. 162-1, C. rural et de la pêche maritime).
Ces principes ont donné lieu à de nombreux litiges et à une jurisprudence abondante. Elle porte tant sur leur qualification juridique que sur leurs conséquences, à savoir l'étendue des droits des riverains.

Définition du chemin d'exploitation

Le chemin doit servir à la communication entre les propriétés riveraines ou à leur exploitation. Il doit desservir les fonds riverains. La loi ne précise pas ses dimensions minimales ou maximales.
À la différence du passage en cas d'enclave qui doit être suffisamment large pour laisser passer les véhicules, un chemin d'exploitation n'est pas obligatoirement praticable en voiture. Il peut être piétonnier (C. cass., civ. 3e, 3.10.2007, n° 06-18107).
Le chemin doit être utile aux propriétés concernées.
Lorsqu'un chemin traverse une propriété, il ne peut être qualifié de chemin d'exploitation que s'il représente une utilité pour les propriétaires du terrain traversé. À défaut, il ne s'agit pas d'un chemin d'exploitation.

Cas pratique

Un litige opposait une commune et des particuliers. La commune était propriétaire d'un terrain et voulait que ce terrain ait un accès sur une voie publique. Pour cela, elle entendait utiliser un chemin qui traversait le terrain des particuliers et voulait que les juges le qualifient de chemin d'exploitation.
Si la qualification était retenue, la commune pouvait utiliser le chemin. Tous les riverains ont en effet l'usage du chemin.
Si la qualification n'était pas retenue, elle ne pouvait revendiquer aucun droit de passage chez les particuliers car son terrain n'était pas enclavé.
Les juges ont refusé de voir dans ce chemin un sentier d'exploitation car ils ont constaté qu'il ne présentait aucune utilité pour les propriétés traversées. Ils ont également constaté que la commune disposait d'un autre accès à un chemin rural et que son terrain n'était donc pas enclavé (C. cass., civ. 3e, 1.7.1998, Bull. civ. n° 156).

Un chemin d'exploitation n'a pas nécessairement un usage agricole.

Cas pratique

Un chemin traversait une parcelle A et desservait une parcelle B. Les propriétaires de la parcelle B voulaient faire qualifier ce chemin de chemin d'exploitation. Leurs voisins s'y opposaient. Ils estimaient que les chemins d'exploitation sont « ceux qui servent exclusivement à la communication entre divers fonds, ou à leur exploitation » ; qu'il s'agit des chemins qui sont nécessaires aux propriétaires pour permettre la circulation agricole entre les parcelles.

Or les propriétaires de la parcelle B n'utilisaient le chemin litigieux que pour un usage privé non agricole. Mais cet argument n'est pas retenu. L'article L. 162-1 du Code rural et de la pêche maritime ne parle pas d'usage agricole. En revanche, les juges ont constaté que le chemin avait un tracé matérialisé depuis 1834, qu'il desservait au moins depuis 1896 exclusivement les exploitations des parties, qu'il se trouvait à leur usage commun et qu'il existait un intérêt commun aux propriétaires riverains de ce chemin de l'utiliser. Ce chemin constituait un chemin d'exploitation (C. cass., civ. 3e, 3.5.2012, n° 11-15010).

Un chemin utilisé pour desservir non seulement les propriétés riveraines mais aussi d'autres exploitations n'est pas un chemin d'exploitation.

Cas pratique

Les propriétaires d'une parcelle voulaient interdire à leurs voisins de passer chez eux. Les voisins considéraient que le chemin qu'ils empruntaient était un chemin d'exploitation qui ne pouvait, en conséquence, leur être interdit. Les juges ont refusé de le qualifier de chemin d'exploitation puisqu'il était destiné à la desserte non seulement de ses riverains, mais également à celle de propriétaires non riverains et qu'il débouchait sur un chemin de servitude (C. cass., civ. 3e, 3.10.2007, n° 06-19454).

Son ouverture au public n'empêche pas, en soi, qu'il soit qualifié de chemin d'exploitation.

Cas pratique

L'Office national des forêts (ONF), chargé de la gestion d'une forêt domaniale, acquiert l'emprise d'une piste existante desservant plusieurs habitations et installations (dont la forêt). Elle est en outre ouverte au public puisqu'elle permet d'accéder à un parking aménagé sur le domaine de l'État, d'où partent des itinéraires de randonnées.

L'ONF assigne les riverains en reconnaissance du caractère de chemin d'exploitation de cette piste et leur demande de participer à ses frais d'entretien.

Pour dire qu'il ne s'agit pas d'un chemin d'exploitation, l'arrêt d'appel retient qu'il est également ouvert au public.

À tort, selon la Cour de cassation qui casse l'arrêt. Car « l'ouverture d'un chemin au public ne suffit pas à exclure la qualification de chemin d'exploitation » (C. cass., civ. 3e, 9.2.2017, n° 15-29153).

Les chemins d'exploitation appartiennent en principe aux propriétaires riverains (sauf preuve ou titre contraire) qui ont donc un droit d'usage et un droit de propriété.
L'usage de ces chemins peut être interdit au public.
La question s'est posée de savoir qui pouvait demander cette interdiction. Selon une décision, n'étant pas régi par les règles de l'indivision, chaque propriétaire riverain a le droit d'en interdire l'accès aux non-riverains.

> **Cas pratique**
> Les propriétaires d'une parcelle, desservie par un chemin d'exploitation, se plaignent de ce qu'une société de construction utilise ce chemin sans en être riveraine et de ce que le propriétaire d'une parcelle riveraine avait autorisé le passage à des propriétaires d'arrière-fonds.
> Ils les assignent en interdiction d'accès au chemin aux non-riverains.
> La cour d'appel déclare la demande irrecevable. En cause, le fait, selon elle, que les riverains n'ont que des droits indivis sur le chemin. Ainsi, l'interdiction au public ne peut être demandée qu'en réunissant au moins la majorité des deux tiers des riverains (art. 815-3, C. civ.) Cette majorité n'était pas réunie en l'espèce.
> Cet arrêt est cassé sur ce point au visa de l'article L. 162-1, la Cour de cassation excluant les règles de l'indivision (C. cass., civ. 3e, 27.11.2018, n° 17-22508).

Il n'est pas possible de modifier l'emplacement du chemin d'exploitation sans obtenir l'unanimité de tous les propriétaires de ce chemin.

Entretien d'un chemin d'exploitation

› Obligation d'entretien

Tous les propriétaires dont les chemins et sentiers desservent les fonds sont tenus les uns envers les autres de contribuer, dans la proportion de leur intérêt, aux travaux nécessaires à leur entretien et à leur mise en état de viabilité. Ils peuvent refuser de contribuer à ces frais mais ils renoncent alors à leurs droits sur le chemin (droit de propriété et/ou droit de passage) (art. L. 162-2, C. rural et de la pêche maritime).

› Obligation de débroussaillement

Si le chemin est ouvert au public, les propriétaires doivent procéder à leurs frais au débroussaillement et au maintien en l'état débroussaillé, sur une bande dont la largeur est fixée par le représentant de l'État dans le département et qui ne peut excéder 20 mètres de part et d'autre de l'emprise de ces voies, dans la traversée desdits bois et massifs forestiers et dans les zones situées à moins de 200 mètres de terrains en nature de bois, forêts, landes, maquis, garrigue, plantations ou reboisements. Pour assurer la protection contre les incendies, la largeur visée par le débroussaillement peut être portée à 100 mètres (art. L. 134-10, C. forestier). Les contestations relèvent de la compétence du tribunal judiciaire.

› Obligation de déneigement

Lorsque le chemin n'est pas ouvert à la circulation publique, les propriétaires riverains peuvent être tenus de déblayer la neige et le verglas devant leur immeuble si cette obligation est prévue dans le règlement sanitaire du département.

Suppression d'un chemin d'exploitation

Un chemin d'exploitation ne peut être supprimé qu'avec le consentement de tous les propriétaires. Un propriétaire riverain ne peut pas perdre le droit d'utiliser l'ensemble du chemin sous la seule raison qu'il n'a pas utilisé ce chemin depuis plus de 30 ans (non-usage trentenaire).

Cas pratique

Dans cet arrêt, un sentier d'exploitation avait disparu et l'un des copropriétaires riverains n'utilisait plus depuis 30 ans ledit chemin. Il désirait récupérer ce droit de passage, mais son voisin, également riverain du chemin, avait pris possession du chemin et refusait d'accorder ce droit de passage. Les juges devaient dire s'il existait ou non un chemin d'exploitation et accorder ainsi le droit de passage.

Le voisin considérait qu'il était devenu propriétaire par usucapion de l'assiette du chemin (c'est-à-dire la possession du terrain pendant 30 ans lui permettant de se considérer comme unique propriétaire). Or, l'assiette du chemin litigieux n'existait plus depuis 1942 et son adversaire n'avait ni lui-même, ni les précédents propriétaires, utilisé ledit chemin depuis plus de 30 ans.

Mais les juges refusent d'admettre la suppression du chemin puisqu'un chemin d'exploitation ne peut être supprimé qu'avec le consentement de tous les propriétaires.

Ils reconnaissent aussi que le propriétaire a conservé son droit de passage sur ce chemin puisque ce droit de passage reste acquis même en cas de non-usage pendant plus de 30 ans (C. cass., civ. 3e, 4.2.1998, Bull. civ. n° 27).

Tribunal compétent

Les contestations relatives au débroussaillement relèvent aujourd'hui du tribunal judiciaire (art. L. 131-16, C. forestier).

Depuis le 1er janvier 2020, suite à la réforme (loi n° 2019-222 du 23 mars 2019), les tribunaux d'instance et de grande instance ont fusionné pour devenir des tribunaux judiciaires (voir *Le tribunal judiciaire*, p. 303). Le tribunal judiciaire est donc le tribunal compétent pour les contestations relatives aux chemins d'exploitation. Quant à l'assistance obligatoire par un avocat, les règles posées depuis le 1er janvier 2020, par le décret n° 2019-1333 du 11 décembre 2019 sont les suivantes :

- le principe est qu'il faut toujours prendre un avocat devant le tribunal judiciaire, sauf exceptions (art. 760, CPC). À défaut de figurer dans ces exceptions, les contestations relatives à la propriété et à la suppression d'un chemin d'exploitation nécessitent l'assistance d'un avocat ; il en est de même des contestations en matière de débroussaillement ;
- en revanche, les contestations relatives « aux travaux nécessaires à l'entretien et à la mise en état de viabilité des chemins d'exploitation » font partie de ces exceptions : l'assistance par avocat devant le tribunal judiciaire n'est donc pas obligatoire en la matière (art. 761, CPC, Annexe Tableau IV-II, 12°).

Les animaux en ville ou à la campagne

➤ **Détenir un animal de compagnie ne nécessite pas d'autorisation spécifique, hormis pour les chiens dangereux. Les animaux pouvant être détenus par un particulier figurent sur une liste officielle fixée par arrêté.**

➤ **Obligatoire, l'identification par puce électronique ou tatouage protège à la fois l'animal de compagnie et le voisinage.**

➤ **À l'exception des chiens dangereux, la loi n'impose pas d'assurance obligatoire pour les animaux de compagnie. En pratique, il est judicieux que votre animal soit couvert par une assurance responsabilité civile.**

Les animaux de compagnie

La présence d'animaux de compagnie, d'élevage ou de basse-cour, en ville ou à la campagne, constitue l'une des causes fréquentes de litiges entre voisins en raison notamment des bruits, morsures et odeurs.
En maison individuelle ou en habitat collectif, héberger des animaux familiaux chez soi est un droit, à condition qu'ils ne soient source ni de nuisances ni de menaces pour le voisinage.
Les propriétaires sont responsables de tout dommage matériel ou corporel que leurs animaux pourraient causer.
La clause d'un règlement de copropriété ou d'un bail de location qui interdirait la possession d'un animal de compagnie est nulle, sauf si elle concerne certains chiens ou d'autres animaux dangereux.
Vous êtes responsable des troubles provoqués par votre animal de compagnie, mais vous devez aussi veiller sur ses droits d'être vivant sensible et le protéger contre toute forme de maltraitance, qu'elle vienne de vous-même, de vos proches ou des voisins.
Afin de donner un coup d'arrêt aux procédures déraisonnables visant à faire taire les animaux de basse-cour, les sons et les odeurs de nos campagnes sont désormais inscrits dans le Code de l'environnement comme caractéristiques des espaces naturels français.

Qu'est-ce qu'un animal de compagnie ?

Une liste officielle désigne les animaux classés « animaux de compagnie » pouvant être détenus par les particuliers dans leur logement, appartement ou maison (voir www.legifrance.gouv.fr/jorf/id/JORFTEXT000000789087), à condition que l'animal en question ne cause aucun trouble de voisinage. À ce titre, la détention de certains chiens jugés dangereux est soumise à des règles spécifiques afin de préserver la sécurité des individus.
La France compte près de 63 millions d'animaux de compagnie et, sans surprise, bruits, odeurs, morsures et dégradations constituent l'une des causes de troubles entre voisins, avec une prédominance des aboiements de chiens qui concentrent un tiers des litiges de voisinage.
La loi veille à la détention et la protection des animaux familiers, mais aussi aux questions d'hygiène, de sécurité et de nuisances que leur présence peut induire.
La législation nationale sur la détention d'animaux de compagnie est incluse principalement dans le Code rural et de la pêche maritime. Elle est complétée par des règlements sanitaires départementaux, des arrêtés municipaux et/ou préfectoraux, des règlements privés, notamment règlement d'immeuble locatif, règlement de copropriété, etc.

Animal pouvant être hébergé

Vous pouvez posséder un animal de compagnie dans votre local d'habitation, que vous soyez propriétaire ou locataire, en location nue ou meublée, habitant une maison individuelle ou un appartement, en ville ou à la campagne.
Par animal de compagnie, il faut entendre, précise l'article L. 214-6 du Code rural et de la pêche maritime, « *tout animal détenu ou destiné à être détenu par l'homme pour son agrément* ». Toutefois, si vous détenez au moins une femelle reproductrice (une chatte ou une chienne en capacité d'avoir des petits), dont vous vendez au moins un membre de la portée, il ne s'agit plus d'animaux de compagnie. Dans ce cas, vous êtes considéré comme éleveur avec l'obligation de respecter les règles applicables aux professionnels de l'élevage.
Le droit de détenir des animaux de compagnie est accordé sous réserve des droits des tiers et des exigences de la sécurité et de l'hygiène publique. Ce qui signifie que vos animaux de compagnie ne doivent ni mettre en danger la sécurité et la tranquillité de vos voisins, ni provoquer des problèmes d'hygiène.
Tout animal étant un être sensible, il doit être placé par son propriétaire dans des conditions compatibles avec les impératifs biologiques de son espèce (art. L. 214-1, C. rural et de la pêche maritime).
La réglementation fixe la liste des animaux domestiques pouvant être détenus par les particuliers parmi lesquels figurent notamment les chiens, les chats et les petits mammifères comme le lapin. Certaines espèces d'animaux protégés ne peuvent pas être détenues sous peine de lourdes amendes.
La détention d'animaux d'espèces non domestiques nécessite une déclaration préalable en préfecture. Les animaux nuisibles sont propagateurs de maladie et ne peuvent être hébergés dans un logement.
À noter que l'expression « nouveaux animaux de compagnie » ou NAC, désignant les espèces animales autres que chiens et chats, est utilisée dans la pratique, mais ne figure pas dans les législations dédiées aux animaux.

À NOTER

Location saisonnière et interdiction des animaux Sauf dans les contrats de location saisonnière de meublés de tourisme, est réputée non écrite, donc sans valeur, toute stipulation tendant à interdire la détention d'un animal familier dans un local d'habitation. Cette détention est toutefois subordonnée au fait que ledit animal ne cause aucun dégât à l'immeuble ni à ses habitants (art. 10, loi n° 70-598 du 9 juillet 1970, modifiée par la loi n° 2012-387 du 22 mars 2012). Le propriétaire des lieux peut donc, en toute légalité, interdire la présence d'animaux dans une location saisonnière meublée.

Cas pratique

Depuis plusieurs semaines, un hérisson vit dans notre jardin. À l'approche de l'hiver, pouvons-nous lui aménager un espace à l'intérieur de notre maison pour le protéger de la pluie, de la neige et du froid ?

Non. Le hérisson est un animal sauvage qui appartient à la catégorie des espèces protégées.

Il est interdit de détenir un hérisson sous peine de lourdes sanctions pénales. Deux jeunes qui avaient capturé un hérisson en vue – circonstances aggravantes – de le manger se sont vus infliger une amende.

Identification obligatoire des animaux de compagnie

La loi prévoit l'identification obligatoire avant l'âge de 4 mois pour les chiens, et avant l'âge de 7 mois pour les chats (art. L. 212-10, C. rural et de la pêche maritime, modifié par l'ordonnance n° 2021-1370 du 20 octobre 2021). L'identification de votre chien ou votre chat est effectuée par un professionnel habilité, au moyen d'une puce électronique injectée sous la peau, composée d'un code de 15 chiffres. Un lecteur spécial permet de lire ce code et de connaître ainsi les coordonnées du propriétaire de l'animal. Il est également possible de faire réaliser l'identification par un tatouage de lettres et de chiffres à l'intérieur de la cuisse de l'animal. En pratique, l'identification par tatouage n'est plus guère utilisée. Quelle que soit la méthode utilisée, le numéro unique de chaque animal est enregistré dans le fichier national des propriétaires d'animaux de compagnie.
Outre le fait qu'il s'agisse d'une obligation légale dont le non-respect est sanctionné par une contravention pouvant atteindre 750 €, l'identification facilite la recherche de votre animal s'il se perd ou permet de vous prévenir s'il est blessé. Elle permet aussi de lutter contre le trafic d'animaux et évite que votre chien ou chat soit considéré comme un animal en état de divagation et mis à la fourrière.
À l'avenir, un justificatif de domicile devrait être exigé lors de l'enregistrement des coordonnées du propriétaire de l'animal sur le fichier national d'identification des carnivores domestiques (loi n° 2021-1539 du 30 novembre 2021 contre la maltraitance animale).

Les assurances de l'animal de compagnie

Non obligatoire, l'assurance santé animaux prend en charge tout ou partie des frais des soins vétérinaires en cas de maladie ou de blessure de votre animal de compagnie (consultation vaccinale annuelle, médicaments, interventions chirurgicales…). Soyez attentifs aux clauses d'exclusion et aux montants maximums pris en charge, car certaines assurances ne jouent plus au-delà des 10 ans de l'animal, ou les montants peuvent parfois être divisés par deux après un certain âge.
Si l'animal de compagnie mord ou griffe un passant, un voisin ou un autre animal, provoque même indirectement la chute d'une personne qui se blesse, dégrade un massif de fleurs ou le hall de l'immeuble, son propriétaire est civilement responsable. Peu importe que l'animal ait été tenu en laisse, qu'il se soit échappé de

l'enclos ou du jardin où il était enfermé, ou encore que son maître ait ignoré sa fugue.
La responsabilité civile de l'assurance habitation comporte une protection qui couvre les animaux familiers. Mais il faut expressément signaler à l'assureur la présence de votre animal. À défaut, il pourrait refuser la prise en charge des dommages que votre animal de compagnie pourrait occasionner. Pour les chiens classés dangereux, il vous faut souscrire une assurance responsabilité civile spécifique.

Les animaux dangereux

La multiplication des agressions graves provoquées par des chiens d'attaque notamment contre des nouveau-nés, des jeunes enfants ou des personnes âgées, a conduit le législateur à prendre un certain nombre de mesures restrictives.
En habitat individuel comme en habitat collectif, certains chiens sont interdits à la détention, d'autres ne peuvent l'être que sous respect de certaines précautions. L'article L. 211-12 du Code rural et de la pêche maritime définit les chiens susceptibles d'être dangereux, bien qu'ils n'aient jamais commis de faits répréhensibles ou d'agressions. Ils sont répartis en deux catégories par l'arrêté du 27 décembre 1999 :

- première catégorie : les chiens d'attaque. Cette catégorie regroupe, entre autres, les chiens de type pit-bulls et ceux communément appelés boerbulls. Depuis 1999, il est interdit d'acquérir, de vendre ou de donner un chien de 1re catégorie. Le non-respect de cette disposition est passible de 6 mois d'emprisonnement et 15 000 € d'amende. Les personnes qui, avant cette date, détenaient un chien de 1re catégorie peuvent le garder, mais doivent se plier à de nombreuses obligations afin de protéger le voisinage. L'espérance de vie d'un chien étant d'environ 12 ans, il ne devrait plus y avoir sur le territoire national de chiens d'attaque ;
- seconde catégorie : les chiens de garde et de défense. Cette catégorie comprend les chiens de race Staffordshire terrier, American Staffordshire terrier, Rottweiler et Tosa. Font également partie de cette seconde catégorie les chiens assimilables par leurs caractéristiques morphologiques aux chiens de race Rottweiler. Pour détenir un chien classé dangereux, il faut remplir de multiples conditions, notamment être majeur, solliciter un permis de détention auprès de la mairie et souscrire une assurance garantissant la responsabilité civile du propriétaire. La vaccination antirabique est obligatoire pour les chiens considérés comme dangereux par la loi. Sur la voie publique, dans les parties communes des immeubles et dans les transports en commun, ces chiens doivent être tenus en laisse et muselés.

Est également considéré comme dangereux tout chien ayant déjà mordu ou présentant un comportement menaçant, même s'il ne figure pas sur la liste officielle des chiens dangereux. Il en est de même des chiens difficiles à tenir en laisse et dont le comportement peut être imprévisible.

À NOTER

Attention, chien méchant Toute personne qui constate la détention d'un chien susceptible d'être dangereux dans un logement ou dans le voisinage peut alerter le maire de la commune, ou, à Paris, le préfet de police. Voir aussi *Demander l'intervention du maire en raison du vagabondage d'un animal sur votre propriété ou dans votre quartier*, p. 329.
Le maire peut prendre des mesures pour écarter ce danger, telles que prescrire une évaluation comportementale de l'animal, le faire placer en fourrière, ordonner au propriétaire du chien de suivre une formation et d'obtenir une attestation d'aptitude.
Le coût de la mise en fourrière et de séjour de l'animal est à régler par le propriétaire de l'animal.

Cas pratique

Je suis assise sur le canapé d'une voisine, lorsque sa chienne bondit sur moi et me mord violemment. Quels sont mes droits ?

Commençons par les obligations du propriétaire d'un chien qui a mordu quelqu'un. Tout fait de morsure d'une personne par un chien est obligatoirement déclaré par son propriétaire, son détenteur ou tout professionnel (médecin, vétérinaire, infirmier, etc.) en ayant eu connaissance dans l'exercice de ses fonctions, à la mairie de la commune de résidence du propriétaire ou du détenteur de l'animal (art. L. 211-14-2, C. rural et de la pêche maritime).
Il est obligatoire de soumettre l'animal à une surveillance et à une évaluation comportementale dont le résultat est communiqué au maire. À la suite de cette évaluation, le maire peut imposer au propriétaire du chien de suivre une formation spécifique et d'obtenir une attestation d'aptitude.
Rien n'empêche une victime de déclarer en mairie qu'elle ou l'un de ses proches a été victime d'une morsure de chien.
Votre voisine doit également déclarer la morsure à son assureur de responsabilité civile afin que vous puissiez percevoir une indemnisation.

Les animaux de basse-cour

Chant du coq, caquètement des poules, odeur du fumier, tintement des cloches des églises… Ces dernières années, les néoruraux ont multiplié les plaintes et les procédures judiciaires contre les habitants de la campagne. Dans les litiges liés au bruit causé par des animaux, ces nouveaux arrivants cherchent généralement à faire condamner le propriétaire de l'animal incriminé au versement de dommages et intérêts à répétition afin que la pression financière l'oblige à se séparer de son animal. Les maires des communes rurales doivent également gérer les nombreuses plaintes de néoruraux qui souhaitent empêcher les cloches des églises de sonner.
Afin de préserver le mode de vie caractéristique de la ruralité, la loi n° 2021-85 du 29 janvier 2021 visant à définir et à protéger le patrimoine sensoriel des campagnes françaises a établi que les sons et odeurs des espaces et milieux naturels sont une composante du patrimoine de la nation. Les litiges et troubles de voisi-

nage en milieu rural devraient de ce fait diminuer de manière significative. À noter que cette loi s'applique également dans les villes.

À NOTER

La fin du coq Marcel Dans une commune de l'Ardèche, une querelle de voisinage dégénère lorsqu'un homme, excédé par le chant matinal du coq de ses voisins, Marcel, le tue brutalement à coups de fusil de chasse. Mal lui en a pris. Le tribunal l'a condamné à 5 mois de prison avec sursis, 300 € d'amende et 3 ans d'interdiction de port d'armes (tribunal correctionnel de Privas, 7.12.2020).

La pêche et la chasse

Le droit de pêcher et de chasser est parfois l'objet de litiges entre les propriétaires des terrains privés qui entendent protéger leur tranquillité et leur intimité, et ceux qui souhaitent s'adonner à leur passion sans entrave. Pour le propriétaire immobilier, la principale question est de savoir si les pêcheurs et les chasseurs peuvent librement passer sur son terrain pour accéder à un lieu de pêche ou de chasse. Autrement dit, existe-t-il un droit de passage obligatoire en faveur des pêcheurs et des chasseurs ? La loi apporte une réponse tout en nuances pour essayer de concilier les droits des uns et des autres.

La pêche en eau douce est-elle libre ?

Dans le cas d'une rivière, d'un cours d'eau non domanial ou d'un étang privé, le propriétaire peut interdire toute circulation sur ses berges, que ce soit pour la promenade ou pour la pêche. En revanche, si une rivière sépare deux propriétés, le propriétaire riverain peut pêcher jusqu'au milieu du cours d'eau, son voisin d'en face possédant le même droit (art. L. 435-4, C. envir.). Si le lit de la rivière n'est pas barré par un grillage, le propriétaire ne peut empêcher des tiers de venir y pêcher. Mais la barque ne peut en aucun cas aborder ou même jeter l'ancre, sous peine de violation du droit de propriété des riverains.

Le propriétaire riverain est détenteur d'un droit de pêche qu'il peut transférer à une association agréée ou une fédération de pêche, au moyen d'un bail ou d'une autre convention. Dans ce cas, le propriétaire du terrain doit un droit de passage aux pêcheurs (art. L. 435-6, C. envir.).

Pour un cours d'eau domanial ou un étang public, le droit de pêche appartient à l'État, et les riverains ne peuvent l'interdire. Les pêcheurs doivent pouvoir stationner et circuler librement sur un passage d'une largeur de 3,25 mètres de large sur chaque rive. Cette servitude dite de « marchepieds » peut être réduite à 1,50 mètre par arrêté préfectoral. Vous pouvez vérifier que le cours d'eau qui traverse votre propriété relève du domaine public auprès de la direction départementale des territoires (DDT).

Qu'est-ce que le droit de non-chasse ?

Droit de chasse et/ou droit de passage contre droit de propriété : cette question a longtemps opposé les propriétaires fonciers aux chasseurs, même si la situation s'est aujourd'hui apaisée.

Retour en arrière : en 1964, la loi Verdeille oblige les petits propriétaires fonciers d'un terrain de moins de 20 hectares à laisser les chasseurs chasser et/ou traverser leur propriété pour accéder à un lieu de chasse, sans pouvoir s'y opposer.

À la suite d'une plainte de 10 propriétaires, dont 3 exploitants agricoles, la Cour européenne des droits de l'Homme a jugé dans un arrêt du 29 avril 1999 que la loi Verdeille est attentatoire au droit de propriété. Le droit de chasse est en effet, en droit français, un attribut du droit de propriété.
À la suite de cette condamnation, la législation française a été l'objet de quelques modifications avec notamment la création d'un droit de non-chasse. Selon l'article L. 422-1 du Code de l'environnement, « *nul n'a la faculté de chasser sur la propriété d'autrui sans le consentement du propriétaire* ».
Une lourde amende et 3 mois de prison peuvent être infligés à toute personne qui chasse sur le terrain d'autrui sans son consentement, si le terrain est attenant à une maison habitée ou servant d'habitation et s'il est entouré d'une clôture faisant obstacle à toute communication avec les propriétés voisines.
Toutefois, il est prévu une exception à cette règle s'il existe une Association communale de chasse agréée (ACCA) ou intercommunale (AICA) sur un territoire. Dans ce cas, l'ACCA ou l'AICA dispose automatiquement du droit de chasse sur les terrains couverts par l'association. Cela signifie que les propriétaires privés dont les terrains sont compris sur ce territoire doivent laisser passer et chasser les chasseurs.

Accès interdit aux chasseurs

Certaines parcelles sont automatiquement exclues du territoire de l'ACCA ou de l'AICA, et les chasseurs ne peuvent pas y pénétrer (art. L. 422-10, C. envir.).
Cette interdiction s'applique dans les 5 cas suivants :
- les terrains situés dans un rayon de 150 mètres autour de toute habitation ;
- les propriétés entourées d'une clôture continue et constante faisant obstacle à toute communication avec les autres propriétés. Il est donc nécessaire que la propriété soit complètement clôturée ;
- les terrains ou propriétés ayant fait l'objet de l'opposition des propriétaires ou détenteurs de droits de chasse sur des superficies d'un seul tenant d'au moins 20 hectares. Il existe toutefois des dérogations avec des surfaces minimales plus faibles pour le gibier d'eau et plus importantes pour les terrains de montagne ;
- les parcelles faisant partie du domaine de l'État, des départements, des communes et des forêts domaniales ;
- les terrains dont les propriétaires sont, par convictions personnelles, opposés à la pratique de la chasse et qui ont exprimé cette opposition dans les formes prévues par la loi. Dans le cas d'une copropriété, l'unanimité des copropriétaires est requise pour exprimer cette opposition à la chasse.

Cette opposition, dite opposition de conscience, est possible quelle que soit la superficie de votre terrain. Si vous en possédez plusieurs, la demande d'interdiction de chasse doit porter sur la totalité de vos parcelles.
La loi demande aux opposants de conscience d'avoir une attitude cohérente : un propriétaire ne peut pas se déclarer opposé à la chasse pour des raisons morales, tout en se réservant le droit de chasser sur ses terres, pour lui-même ou pour

autrui en louant le droit de chasse. Pas plus qu'il ne peut solliciter un permis de chasser. Un propriétaire ayant fait opposition au droit de chasse est tout de même tenu de faire détruire sur ses terres les animaux nuisibles et de réguler les espèces animales qui peuvent causer des dégâts dans le voisinage.

Pour retirer votre droit de chasse, c'est-à-dire formuler votre opposition pour des raisons éthiques, vous devez envoyer une lettre recommandée avec avis de réception ou un envoi recommandé électronique au président de la Fédération départementale des chasseurs (voir *Exprimer une opposition de conscience à la chasse*, p. 331).

À NOTER

Opposition de conscience Exprimer votre opposition à la chasse ne suffit pas, il est obligatoire de matérialiser l'interdiction de chasser sur votre propriété au moyen de panneaux portant la mention « Chasse interdite » (art. L. 422-15, C. envir.). La loi est muette sur ce point mais une circulaire recommande de disposer un panneau tous les 30 mètres sur la propriété ou le terrain interdits de chasse.

Les troubles de voisinage

Qu'est-ce qu'un trouble de voisinage ?

➤ La proximité de voisins est susceptible d'entraîner certains inconvénients : atteinte à l'intimité, bruit, empiètement d'une construction sur son terrain, perte d'ensoleillement ou de vue, gêne esthétique, chute de feuilles d'arbres, etc.

➤ Ces inconvénients peuvent être liés au comportement d'un particulier, d'une administration (chantier public, par exemple) ou d'une entreprise.

➤ Avant toute intervention auprès de votre voisin, vous devez vous poser les questions suivantes : mon voisin est-il en tort au regard d'une réglementation spécifique ? Sa responsabilité civile peut-elle être engagée ? Ou encore la gêne que je subis peut-elle être considérée comme anormale par un tribunal ?

L'infraction à la réglementation

En fonction du type de nuisance que vous subissez, sachez qu'il peut exister un texte précis la sanctionnant.

Au niveau local

Il peut s'agir, selon les cas :
- d'un arrêté municipal ou préfectoral portant sur la tranquillité ou la salubrité publique, du PLU (plan local d'urbanisme) ;
- du règlement sanitaire de votre département (RSD) imposant des prescriptions en matière d'hygiène et de salubrité ;
- des usages locaux qui s'appliquent, par exemple en matière de distances des plantations, du règlement de copropriété ou de lotissement, etc. Ainsi, si vous vivez dans une copropriété, le premier réflexe est de vous reporter au règlement de copropriété (voir *Troubles de voisinage et copropriété*, p. 227).

Par exemple, votre voisin doit respecter les arrêtés préfectoraux ou les arrêtés municipaux concernant la tranquillité publique. Certains ont trait aux activités de bricolage ou jardinage (tondeuse, tronçonneuse et autres engins à moteur), en précisant les jours et les créneaux horaires autorisés. D'autres concernent l'obligation d'entretien des terrains (obligation de débroussaillage, par exemple).

Cas pratique

Vous vous plaignez que votre voisin joue de la perceuse à toute heure ou encore que, du fait de son absence (il vit à l'étranger), son jardin est laissé à l'abandon et que la végétation arrive jusqu'à vos fenêtres du premier étage. Vous pouvez directement alerter les services en charge de votre commune ou préfecture pour qu'il soit rappelé à l'ordre.

Prendre connaissance d'un arrêté applicable à votre commune, du règlement sanitaire départemental, ou encore du Code forestier peuvent obliger votre voisin, compte tenu des risques d'incendie, à débroussailler son terrain.

À NOTER

Une liste de sites et d'adresses à consulter Il peut être difficile de s'y retrouver dans le maquis des textes existants. Outre les informations données tout au long de l'ouvrage, vous trouverez toutes les adresses utiles des services que vous pouvez contacter dans *Les adresses de vos interlocuteurs*, p. 333.

Au niveau national

Il peut s'agir, selon les cas :

- du Code de l'urbanisme concernant les autorisations de construire ;
- du Code de l'environnement. Ainsi, certaines exploitations (usines, élevages, entrepôts, carrières, etc.) pouvant présenter des dangers ou des inconvénients pour le voisinage (notamment en termes de santé ou de salubrité publique, de protection de la nature et de l'environnement, etc.) font l'objet d'une réglementation au titre des installations classées pour la protection de l'environnement (IPCE). Les riverains d'une exploitation qui leur causerait des nuisances doivent vérifier si elle s'est installée en conformité avec cette réglementation ;
- du Code de la santé publique sur les bruits de voisinage, les bruits de chantiers ainsi que ceux provenant d'activités professionnelles ou de loisirs (la discothèque, par exemple) ;
- du Code civil pour les délimitations des propriétés et les servitudes, etc.

Par exemple, si vous habitez à la campagne et que vous aimez jardiner, ou encore si vous décidez d'agrandir votre garage sans empiéter chez le voisin, prendre connaissance des dispositions du Code civil concernant notamment les règles des servitudes et mitoyenneté est fort utile.

Les règles de la responsabilité civile

De manière plus générale, il faut savoir que le Code civil permet d'engager la responsabilité de votre voisin s'il est fautif. Cette responsabilité n'est pas spécifique aux rapports de voisinage mais est fondée sur l'article 1240 (ex art. 1382) du Code civil qui précise : « **Tout fait quelconque de l'homme, qui cause à autrui un dommage, oblige celui par la faute duquel il est arrivé à le réparer. »**

Invoquer l'article 1240

C'est dans ce cadre que peut être sanctionnée, par exemple, l'attitude intentionnelle du voisin qui déplace les bornes d'un terrain ou abîme la clôture commune. D'autres infractions peuvent être constatées, comme on le voit dans les exemples suivants.

Cas pratiques

- Des voisins qui privaient les propriétaires du dessus de l'utilisation de leur cheminée ont été condamnés à les indemniser et à procéder au débouchage de celle-ci (C. cass., civ. 3e, 30.3.1978, n° 76-14922).
- En revanche, dans une affaire concernant un mur de soutènement, dans laquelle le propriétaire en contrebas avait arraché des arbres qui le soutenaient – et le mur s'étant écroulé – l'arrêt d'appel qui l'avait condamné a été cassé. Car s'il était avéré que l'arrachage des arbres avait affecté la longévité du soutènement assuré par le vieux mur, elle n'avait pas provoqué son effondrement (C. cass., civ. 3e, 26.1.2017, n° 15-25953).

Invoquer les articles 1241 ou 1242

Les nuisances causées par votre voisin peuvent aussi être involontaires et tomber sous le coup de l'article 1241 (ex art. 1383) du Code civil : *« Chacun est responsable du dommage qu'il a causé non seulement par son fait, mais encore par sa négligence ou par son imprudence. »* C'est à ce titre, que, par exemple, peut être sanctionné celui qui néglige d'entretenir son terrain, ce qui est source de dommage pour ses voisins.

En outre, les textes permettent d'engager la responsabilité d'une personne, non seulement pour les dommages qu'elle cause personnellement mais également pour ceux causés par les personnes dont elle doit répondre ou les choses qu'elle a sous sa garde (C. civ., art. 1242, ex art. 1384). Ainsi, votre voisin peut être déclaré responsable de ne pas avoir fait insonoriser la pièce dans laquelle ses enfants jouent de la batterie.

Ce même article prévoit le cas de la communication d'incendie entre immeubles voisins, en imposant pour les victimes la preuve d'une faute et de son lien de causalité avec son préjudice (sur une application, voir C. cass., civ. 2e, 7.2.2019, n° 18-10727).

Les dommages causés par des animaux

Les nuisances entre voisins sont souvent en relation avec les animaux. Elles peuvent être sanctionnées de différentes façons (sur le terrain du trouble anormal, sous l'angle pénal en tant que bruit de comportement, etc.). Il se peut aussi que l'animal se soit échappé (on parle de « divagation »), ce qui peut entraîner la responsabilité pénale de son propriétaire en cas de morsure (C. cass., crim., 21.1.2014, n° 13-80267). Le Code rural et de la pêche maritime contient en effet des dispositions à connaître en la matière, ainsi que celles concernant les différentes classifications des chiens (chiens d'attaque, etc.) et les obligations de leurs maîtres (art. L. 211-1 et s.).

Vous pouvez aussi invoquer l'article 1243 (ex art. 1385) du Code civil :

« Le propriétaire d'un animal, ou celui qui s'en sert, pendant qu'il est à son usage, est responsable du dommage que l'animal a causé, soit que l'animal fût sous sa garde, soit qu'il fût égaré ou échappé. »

Sachez que cette responsabilité est automatique (elle est « présumée »). Cela signifie qu'elle s'applique dès lors que vous prouvez avoir subi un dommage en rapport avec l'animal (la piqûre des abeilles appartenant à l'apiculteur amateur voisin, la morsure du chien ou la chute qu'il a provoquée, les dégâts causés à votre clôture, etc.). Votre voisin ne pourra s'en exonérer que s'il prouve une force majeure (le tonnerre a effrayé son animal) ou votre propre faute (vous avez excité l'animal).

Cas pratique

C'est sur la base de l'article 1385 du Code civil (devenu l'article 1243) qu'un propriétaire a pu être condamné dans le contexte suivant : une personne avait pénétré, de façon délibérée, dans la cour privée de la maison du propriétaire du chien sans y avoir été autorisée. Elle s'était d'abord présentée à l'entrepôt du propriétaire. Elle avait constaté sur la barrière fermant l'entrée un panneau portant la mention « Je monte la garde » accompagné d'une image très explicite représentant un berger allemand. Elle avait cependant pénétré sur la propriété privée jouxtant l'entrepôt, sans y avoir été invitée et ce alors que, de nouveau, un écriteau sur le portail de la maison indiquait « Attention au chien » et était accompagné d'un second panonceau comportant un sens interdit et le mot « privé ». Ayant été mordue, elle assigne le propriétaire du chien en réparation de son préjudice.

> Elle échoue en un premier temps. Les juges estiment qu'elle a commis une faute « imprévisible et irrésistible » (inévitable) qui exonérait le propriétaire de l'animal de sa responsabilité en tant que « gardien » du chien en cause. Pourtant, la Cour de cassation sanctionne cette interprétation. Selon cette dernière, de tels motifs sont impropres à caractériser un comportement fautif imprévisible de la victime de nature à exonérer le propriétaire d'un chien. En d'autres termes, mettre un panneau sur son portail, même s'il peut s'avérer dissuasif, n'exonère pas de plein droit le propriétaire de l'animal de sa responsabilité et seule une faute de la victime, caractérisée par un acte imprévisible et irrésistible, peut l'en exonérer (C. cass., civ. 2e, 27.3.2014, n° 13-15528).

Voir aussi *Les animaux en ville ou à la campagne*, p. 177.

Invoquer l'article 1244

Signalons également l'article 1244 (ex art. 1386) du Code civil qui prévoit une responsabilité concernant les bâtiments susceptibles de s'appliquer entre voisins : « *Le propriétaire d'un bâtiment est responsable du dommage causé par sa ruine, lorsqu'elle est arrivée par une suite du défaut d'entretien ou par le vice de sa construction.* »

À NOTER

Vers un Code du voisinage ? Si la Belgique a fait entrer les troubles de voisinage dans le Code civil belge, la France n'aura pas, comme certains juristes l'ont souhaité, un Code uniquement dédié aux relations de voisinage.

En revanche, il est prévu d'intégrer la notion de troubles anormaux de voisinage dans le Code civil, alors qu'actuellement les règles sont fixées uniquement par la jurisprudence. À l'issue de cette réforme législative, il sera consacré la responsabilité sans faute du fait des troubles anormaux de voisinage.

Est également à l'étude une meilleure indemnisation des victimes d'animaux : leur indemnisation ne pourrait être réduite que si elles ont commis une faute lourde ayant contribué à la réalisation du dommage corporel.

Cette réforme devrait voir le jour prochainement.

Le trouble anormal de voisinage

Être voisin sous-entend une certaine acceptation des nuisances susceptibles d'être causées du fait de la proximité. À partir de quand ces nuisances cessent-elles d'être normales et êtes-vous en droit d'agir pour obtenir qu'elles cessent ?

Qu'entend-on par trouble anormal de voisinage ?

Invoquer le trouble anormal de voisinage vous permet d'obtenir la cessation de gênes aussi diverses que les mauvaises odeurs, le bruit, la perte de vue ou d'ensoleillement, l'aspect inesthétique de votre vue chez le voisin, les désordres causés par ses arbres, etc. Il vous donne le droit de préserver votre environnement et votre tranquillité et empêche la perte de la valeur de votre bien.
Pourtant, il n'existe pas actuellement de définition légale du trouble anormal de voisinage, notion créée par les tribunaux. Comme son nom l'indique, le trouble doit être « anormal », c'est-à-dire excéder le seuil de tolérance admis entre voisins. Chaque cas est donc particulier. Cependant, la jurisprudence a dégagé certains critères permettant de l'établir.
Connaître les décisions rendues par les tribunaux en matière d'anormalité du trouble s'avère donc très utile. Vous en trouverez de nombreux exemples dans cet ouvrage.

Quel est l'intérêt d'invoquer un trouble anormal ?

Invoquer un trouble anormal de voisinage vous intéresse en particulier si votre voisin occasionne une nuisance mais qu'il est en règle avec la loi. Par exemple, il respecte bien les distances requises pour les arbres qu'il a plantés près de votre clôture. Pourtant, vous apportez la preuve que les fissures apparues sur votre façade, les salissures du sol rendu glissant, l'engorgement de vos canalisations, etc., sont causés par leur développement excessif. Vous pouvez obtenir leur arrachage, leur élagage et/ou une indemnisation en invoquant un trouble anormal de voisinage.

MON CONSEIL

Pensez aux preuves ! Il s'agit en effet d'une cause de responsabilité objective, c'est-à-dire qu'elle suppose uniquement que vous rapportiez la preuve d'un trouble anormal et non d'un comportement fautif.

Cela est très utile pour, par exemple, vous plaindre de votre voisin qui pratique le motocross sur le terrain jouxtant le vôtre mais qui, *a priori*, respecte les horaires prévus par l'arrêté municipal à ce sujet. Si le bruit vous paraît insupportable et qu'aucun dialogue n'a été utile, vous pouvez invoquer en justice un trouble anormal.
Pour autant, ne partez pas sans « munitions » car la grande difficulté ici est de rassembler la preuve tant de l'anormalité du trouble au regard des critères indiqués ci-après (attestations précises, mesures acoustiques, constats d'huissier, photographies, etc.) que de son préjudice en lien avec les nuisances (par exemple, ses conséquences sur votre santé). Sur tous ces points, voir *Réunir les preuves*, p. 296.

Selon quels critères juge-t-on que le trouble est anormal ?

En la matière, tout est affaire de circonstances et les juges apprécient souverainement, en fonction du dossier qui leur est soumis, si la nuisance dépasse le seuil de la normalité et permet ainsi d'engager la responsabilité de votre voisin. La gêne que vous estimez excessive va donc faire l'objet de l'appréciation concrète de la juridiction saisie, qui va évaluer certains critères tels que le moment où le trouble est subi (de jour ou de nuit, etc.), sa localisation (à la campagne, en ville, etc.) ou encore la personnalité de la victime.

À NOTER

Des arguments inopérants Le voisin ne peut pas répondre à une demande d'indemnisation au titre des troubles anormaux de voisinage en invoquant le fait qu'il n'a pas commis de faute. La responsabilité pour troubles anormaux de voisinage est une responsabilité objective, créée de toutes pièces, à côté des textes, par les tribunaux. Elle est seulement liée au fait d'être voisin. En d'autres termes, le fait, par exemple, que l'exploitation commerciale qui vous gêne soit en règle avec la réglementation applicable en matière d'hygiène ou au regard des législations sur les activités bruyantes ne vous prive pas d'un recours basé sur la notion de trouble anormal. Inversement, il n'est pas possible de déduire l'existence de troubles anormaux de la simple inobservation d'une règle. Vous devez prouver que les troubles que vous subissez sont excessifs (C. cass., civ. 2e, 17.2. 1993, n° 91-16928 ; 9.3.2012, n° 11-14254).

› Localisation du trouble

La localisation du trouble est importante, qu'il s'agisse de bruits, d'odeurs, de fumées, d'une perte d'ensoleillement, etc.
Prenons un exemple : dans une zone rurale à l'habitat dispersé, une vue dégagée fait partie des agréments d'une propriété. La construction d'un mur élevé par le voisin peut constituer un trouble anormal. Cela ne sera sans doute pas le cas en ville, où les murs élevés font partie de l'environnement.

Il convient donc de se poser les questions suivantes en fonction de la nuisance reprochée : s'agit-il d'un secteur calme ou au contraire bruyant, de la campagne ou de la ville, d'une zone résidentielle ou bien industrielle ?

Cas pratiques

- Il a par exemple été jugé que l'ombre générée par une haie faite de cyprès, en raison de sa hauteur excessive de 7 à 8 mètres, avait pour effet de priver totalement d'ensoleillement une bande de terrain agricole voisin sur une largeur de plusieurs mètres fluctuant en fonction des saisons. Elle affectait également une zone plus large à certaines heures de la journée. S'agissant d'un terrain situé en zone à vocation agricole et affectée à cet usage (les propriétaires y cultivaient notamment de la vigne et des arbres fruitiers), cette privation d'ensoleillement constituait un trouble anormal de voisinage en ce qu'elle empêchait l'exploitation de la parcelle dans des conditions normales. L'exploitant a été indemnisé (C. cass., civ. 3e, 3.5.2011, n° 09-70291) (pour d'autres exemples, voir *Exemples de troubles anormaux*, p. 201).
- Dans une autre affaire, un citadin venu s'installer à la campagne s'en prenait aux paons vivant chez l'éleveur voisin et dont les cris l'indisposaient. L'éleveur a été obligé de les éloigner. En effet, selon cette décision, même si à la campagne, il faut s'attendre à certaines nuisances, notamment en s'installant près d'une ferme, les paons ne sont pas considérés comme des animaux d'élevage mais d'ornement. Ils peuvent générer d'insupportables nuisances sonores (C. cass., civ. 2e, 4.7.2013, n° 12-23276).
- Quant au chant matinal du coq, la question mérite aussi d'être posée. Plus généralement, l'implantation d'un poulailler est susceptible de causer un trouble anormal de voisinage (bruits, odeurs, pollutions...) (C. cass., civ. 2e, 18.6.1997, n° 95-20652). Dans l'affaire du coq Maurice, qui a remis, selon la presse l'ayant largement relayée, « la campagne française au centre des débats », le tribunal saisi a estimé que le chant épisodique d'un coq, dans une commune rurale et éloignée du centre-ville, ne constitue pas un trouble anormal du voisinage (TI de Rochefort-sur-Mer, 5.9.2019, n° 11-19-000233 – voir la note « Le coq Maurice à l'Île d'Oléron : libre de chanter » de Dalloz actualité : www.dalloz-actualite.fr/flash/coq-maurice-l-ile-d-oleron-libre-de-chanter).
- Autre exemple : des aboiements de chiens dans un environnement urbain pourront être moins bien tolérés qu'à la campagne.

Plus largement, comme on l'a vu ci-avant, la nature du voisinage (rural, citadin, résidentiel, industriel, touristique…) participe à la caractérisation de l'anormalité du trouble. En effet, le juge détermine si le trouble est effectivement excessif dans un environnement précis.

› Intensité et fréquence du trouble

La justice retient également la fréquence et la durée du trouble mais aussi le moment où il se produit (le jour ou la nuit, l'hiver ou l'été, etc.). Les troubles excessifs supposent une certaine continuité qui les rend insupportables. C'est pourquoi, ceux liés à l'utilisation d'un barbecue par le voisin sont rarement admis (sauf à justifier que vous vivez dans le Sud de la France et que votre voisin vous enfume tous les jours…). De même, le moment de la semaine où se produit le trouble est important (trouble du repos dominical ou des jours fériés).

La persistance et la répétition de bruits et d'odeurs supportables peuvent constituer un inconvénient anormal de voisinage. Selon une décision concernant un atelier : « *S'il est exagéré de qualifier d'insupportables des bruits et odeurs émanant d'un atelier voisin, leur persistance et leur répétition altèrent et troublent les conditions d'occupation des locaux voisins.* » Ces nuisances peuvent donc constituer un inconvénient anormal de voisinage pour lequel il est possible de demander au propriétaire des mesures appropriées (C. cass., civ. 3e, 6.6.1972, n° 71-11970).

De même, s'il est possible de supporter des aboiements de chiens, s'ils se produisent en revanche de jour et de nuit, à chaque passage de voiture ou de piéton, ils constituent un trouble anormal (C. cass., civ. 3e, 27.4.2000, n° 98-18836).

En revanche, la gêne constituée par une construction qui cause de l'ombre sur la pelouse des voisins seulement vers 10 heures et sur 12 mètres carrés n'est pas anormale (C. cass., civ. 3e, 5.9.2012, n° 11-21771). Il en est de même pour une construction qui ne diminuait que de manière très partielle, en hiver et au soleil couchant, l'ensoleillement du terrain voisin qui se trouvait dans une zone urbanisée. La preuve d'un trouble anormal n'était pas apportée (C. cass., civ. 3e, 15.12.2016, n° 15-25492).

Cas pratique

Le fait de jouer régulièrement du piano peut engager la responsabilité du voisin. Dans une affaire jugée par la Cour de cassation, l'utilisation du piano installé au rez-de-chaussée avait été à l'origine pour les voisins d'une gêne sonore, qui persistait, depuis l'enlèvement dudit piano, en raison de la pratique d'un autre piano et d'un violon. Cette gêne a été considérée comme excédant les inconvénients normaux de voisinage, d'autant plus que ces voisins n'avaient pas effectué les travaux préconisés par l'expert judiciaire. Il leur a été interdit de jouer du piano dans la salle située au rez-de-chaussée, outre une condamnation au paiement de la somme de 15 000 € à titre de dommages et intérêts pour trouble de jouissance (C. cass., civ. 3e, 23.5.2012, n° 10-19760).

› Personnalité de la victime

Plusieurs critères peuvent se combiner entre eux, et notamment, par exemple, la répercussion sur l'état de santé de la victime du trouble. En fonction du type de nuisance, le fait que le voisin qui la subit est en mauvaise santé peut jouer, comme on peut le voir dans l'exemple suivant :

Cas pratique

Le voisinage d'un élevage de poulets a favorisé l'insuffisance thyroïdienne immunitaire chez une personne qui en était atteinte. L'impact sur la santé d'une personne déjà fragile a clairement joué dans cette affaire (C. cass., civ. 2e, 25.11.1999, n° 97-21215).

› Risque avéré ou risque encouru

Un simple risque de dommage, s'il est certain, peut constituer un trouble anormal. Par exemple, vous pouvez demander que votre voisin du dessus enlève les très nombreux cartons de livres qu'il a chez lui compte tenu des risques d'effondrement de son plancher. D'autres exemples sont donnés ci-après.

Cas pratiques

- Des propriétaires d'un terrain en contrebas ont été condamnés à édifier un mur de soutènement pour empêcher un nouveau glissement de terrain venant du terrain du dessus (C. cass., civ. 3e, 24.4.2013, n° 10-28344).
- Entreposer de la paille à proximité d'une habitation a été considéré comme constituant un trouble anormal en raison des risques d'incendie. Cela constitue un trouble anormal du voisinage, même si l'incendie ne se déclare pas (C. cass., civ. 2e, 24.2.2005, n° 04-10362 ; 11.9.2014, n° 13-23049). Voir aussi les exemples, p. 201.
- L'exposition d'un riverain, par suite d'un défaut de conception du tracé d'un parcours de golf, à des tirs de forte puissance contraignant celui-ci à vivre sous la menace constante de projections de balles de golf, certes aléatoires mais néanmoins inéluctables et susceptibles d'avoir de graves conséquences, excède les inconvénients normaux de voisinage (C. cass., civ. 2e, 10.6.2014, n° 03-10434). La victime avait acquis un terrain sur lequel elle a fait construire une villa au sein d'un lotissement situé en bordure d'un golf. L'argument que lui opposait l'exploitant (tiré de son installation antérieure – art. L. 112-16, devenu art. L. 113-8) n'a pas été retenu.
- Le risque d'effondrement d'un mur à cause d'arbres plantés trop près était aussi avéré (C. cass. civ. 2e, 9. 6.2015, n° 14-11-999).
- Le risque de dégâts consécutifs à un glissement de terrain, pour le voisin en contrebas, peut amener le juge à imposer à son voisin du dessus de renforcer le mur de soutènement quand il n'est pas assez solide (C. cass., civ. 2e, 24.10.2019, n° 18-20701). Selon cet arrêt, « ce risque d'effondrement et le défaut manifeste de mise en œuvre d'un ouvrage de gros œuvre satisfaisant à la contrainte impérative de maîtrise des talus et des eaux, excédaient les inconvénients normaux de voisinage ».

Le cas de l'entreprise installée avant vous

En revanche, il existe un cas où vous ne pourrez pas invoquer un trouble anormal de voisinage. En effet, si vous vous plaignez de certaines nuisances occasionnées par une entreprise qui était présente lorsque vous avez emménagé, votre demande peut être écartée même si vos troubles sont excessifs. En effet, lorsqu'une personne vient s'établir à un endroit où est déjà installée une exploitation en activité causant un trouble, elle peut avoir du mal à s'en plaindre puisque, logiquement, elle connaissait à l'avance l'existence d'éventuels désagréments, du moins tant que l'activité s'exerce en conformité avec les lois.

Ce moyen de défense – appelé théorie de la pré-occupation ou privilège d'antériorité – repose sur un texte, l'article L. 113-8 du Code de la construction et de l'habitation (anciennement article L. 112-16). Cette législation, créée en 1976, avait été conçue à l'origine pour les riverains d'activités agricoles (élevage d'animaux, notamment). Elle concerne aujourd'hui les nuisances dues à des activités agricoles, industrielles, artisanales, commerciales ou aéronautiques.
Elle constitue une exception au principe selon lequel celui qui cause un trouble excessif de voisinage engage sa responsabilité à l'égard de ses voisins. Les tribunaux en ont donc développé une interprétation plutôt restrictive.
Ainsi, la Cour de cassation a décidé que l'article L. 112-16 du CCH (devenu l'article L. 113-8) ne s'applique pas dans un immeuble soumis au statut de la copropriété dans les rapports entre copropriétaires (C. cass., civ. 3e, 23.1.1991, n° 89-16163 ; voir *Troubles de voisinage et copropriété*, p. 227).
Les tribunaux exigent par ailleurs que l'entreprise remplisse trois conditions pour être exonérée de toute condamnation pour les nuisances occasionnées. Elle doit en effet prouver que :
- le permis de construire de son voisin qui se plaint des nuisances a été demandé postérieurement à l'existence des activités sources de nuisances ou encore l'acte authentique constatant son acquisition ou son bail a été établi postérieurement à l'existence des activités les occasionnant ;
- ses activités sont conformes aux dispositions législatives et réglementaires (règlements départementaux, arrêtés préfectoraux, notamment relatifs aux installations classées, Code de l'environnement, Code de la santé publique, Code de l'urbanisme, etc.) ;
- ses activités se sont poursuivies, après l'installation de son voisin, dans les mêmes conditions. La situation est en effet différente lorsque le trouble préexistant s'aggrave depuis l'installation de la victime. Tel est le cas, par exemple, en présence soit d'un changement d'activité, soit d'une augmentation de l'activité initiale (par exemple : une entreprise de transport routier augmente sa flotte de camions ; un agriculteur agrandit ses poulaillers ; voir également les cas pratiques ci-après).

Ici encore, les décisions qui ont accordé ou non ce bénéfice d'antériorité à des entreprises sont intéressantes à connaître.

Cas pratiques

• Une blanchisserie augmente le nombre de ses machines pour être en mesure de traiter l'accroissement de la quantité de linge à nettoyer. L'exploitant soulève, suite à la plainte de voisins, le fait que son activité avait été autorisée, qu'elle continuait à s'exercer en conformité avec les dispositions législatives ou réglementaires et dans les mêmes conditions. Il a échoué. Selon la Cour de cassation, dès lors que les activités ne se sont pas poursuivies dans les mêmes conditions, les juges sont fondés à retenir que le développement de l'activité a amené un accroissement des nuisances (C. cass., civ. 2e, 3.2.1993, n° 91-14715).

• Dans l'affaire du golf citée dans le précédent cas pratique, le riverain a également été indemnisé. En effet, la Cour a estimé qu'en l'absence de texte définissant les règles d'exploitation d'un terrain de golf autre que le règlement du lotissement qu'elle n'avait pas dénaturé, la société ne pouvait utilement invoquer les dispositions de l'article L. 112-16 du Code de la construction et de l'habitation (devenu art. L. 113-8). Celles-ci ne prévoient en effet d'exonération de responsabilité que si l'activité génératrice du trouble s'exerce conformément aux dispositions législatives et réglementaires en vigueur. La Cour applique le principe général selon lequel l'exercice même légitime du droit de propriété devient générateur de responsabilité lorsque le trouble qui en résulte pour autrui dépasse la mesure des obligations ordinaires du voisinage (C. cass., civ. 2e, 10.6.2014, n° 03-10434).

- Dans une autre affaire, en revanche, la victime des troubles n'a pu obtenir gain de cause. Alléguant l'existence de nuisances provenant de la scierie exploitée par ses voisins, des particuliers les assignent en réparation de leur préjudice. Leur demande est rejetée. En effet, l'établissement existait avant leur obtention d'un permis de construire. L'exploitant prouvait que son activité s'exerçait en conformité avec la réglementation et continuait dans les mêmes conditions qu'autrefois (C. cass., civ. 3e, 27.4.2000, n° 98-18836).

À NOTER

L'article L. 112-16 du CCH est bien conforme à la Constitution Une décision du Conseil constitutionnel (n° 2011-116, QPC du 8 avril 2011) a déclaré l'article L. 112-16 (devenu art. L. 113-8) du CCH conforme à la Constitution. Les requérants estimaient que, dans la mesure où il exonérait l'auteur de nuisances, dues à une activité agricole, industrielle, artisanale, commerciale ou aéronautique, de toute obligation de réparer le dommage causé aux personnes installées après que l'activité en question a commencé, il méconnaissait notamment l'article 34 de la Constitution. Leurs arguments n'ont pas été retenus (www.conseil-constitutionnel.fr).

Exemples de troubles anormaux

› Les différents types de nuisances

Le tableau suivant présente et récapitule un certain nombre d'exemples de nuisances avec, le cas échéant, les décisions de justice qui ont été rendues.

NUISANCES	EXISTENCE OU NON D'UN TROUBLE ANORMAL
Aboiement	Les troubles de voisinage peuvent être en relation avec des animaux. Il a ainsi été jugé que les aboiements répétés et intempestifs d'un chien constituent un trouble anormal pouvant gêner le voisinage même dans un environnement rural (C. cass., 6.12.1995, civ. 2e, n° 93-21270). De même, s'il est possible de supporter des aboiements de chiens, s'ils se produisent, en revanche, de jour et de nuit, à chaque passage de voiture ou de piéton, ils constituent un trouble anormal (C. cass., civ. 3e, 27.4.2000, n° 98-18836).

NUISANCES	EXISTENCE OU NON D'UN TROUBLE ANORMAL
Animaux	Les troubles de voisinage en relation avec les animaux peuvent être également des odeurs. Encore faut-il qu'elles soient excessives pour donner lieu à une action sur le fondement des troubles anormaux. Par exemple, les nombreux chats de votre voisin dégagent des odeurs qui sont perceptibles depuis le palier, le poulailler installé en limite de propriété n'est pas entretenu et dégage une odeur nauséabonde, etc. La question des odeurs peut également se poser si vous vivez à proximité d'un élevage. Vous avez alors intérêt à vérifier si le voisin n'est pas également en infraction à un texte et invoquer ces deux fondements. Les animaux peuvent par ailleurs générer d'autres troubles, notamment le bruit. Tel est le cas des coassements de grenouilles dans la mare voisine (C. cass., civ. 2e, 14.12.2017, n° 16-22509), le chant matinal du coq ou, plus généralement, l'implantation d'un poulailler (bruits, odeurs, pollutions…) (C. cass., civ. 2e, 18.6.1997, n° 95-20652 ; TI de Rochefort-sur-Mer, 5.9.2019, n° 11-19-000233). Ainsi, dans une affaire, un citadin venu s'installer à la campagne s'en prenait aux paons vivant chez l'éleveur voisin et dont les cris l'indisposaient. L'éleveur a été obligé de les déplacer. En effet, selon cette décision, même si à la campagne on s'attend à certaines nuisances, notamment en s'installant près d'une ferme, les paons ne sont pas considérés comme des animaux d'élevage mais d'ornement et peuvent générer d'insupportables nuisances sonores (C. cass., civ. 2e, 4.7.2013, n° 12-23276). Il a aussi été décidé que les juges doivent vérifier si le stockage de fourrage (à destination de chevaux et poneys) à moins de 10 mètres de l'habitation voisine n'était pas de nature à entraîner une prolifération de rongeurs, et surtout à faire courir un risque d'incendie particulièrement élevé, excédant les inconvénients normaux de voisinage (C. cass., civ. 2e, 11.9.2014, n° 13-23049). *Voir aussi : Aboiement, Bruit, Caquètement de poule, Élevage, Odeurs.*
Arbre/végétation	Un certain nombre de gênes entre voisins résultent des dégâts causés par les arbres plantés sur des propriétés voisines. Par exemple : ils détériorent par leurs racines le sol du voisin ; ce dernier se plaint de l'abondance de feuilles, épines ou glands qui tombent dans sa piscine ; la présence de végétaux entraîne la prolifération d'insectes ou de lapins ; elle prive le terrain voisin de sa vue sur la mer ou génère une perte d'ensoleillement, etc. Aussi, la loi a-t-elle posé un certain nombre de principes essentiels à respecter, qu'il s'agisse des distances des plantations par rapport à la limite séparative ou du droit absolu d'un propriétaire d'obtenir la suppression de branches empiétant sur son terrain (voir *Les plantations*, p. 113). Le voisin gêné peut donc se fonder sur ces dispositions précises pour demander qu'il soit mis fin aux nuisances qu'il subit. Il peut également axer sa demande sur la notion de trouble excessif comme on le voit dans les exemples ci-après.

NUISANCES	EXISTENCE OU NON D'UN TROUBLE ANORMAL
Arbre/végétation (suite)	Des peupliers provoquent dans une habitation voisine des dégradations et l'assèchement du sol argileux. Leur propriétaire a été déclaré responsable sur le fondement des troubles anormaux de voisinage (C. cass., civ. 2e, 29.6.2000, n° 98-20519). La gêne peut être induite par toute végétation, comme dans cet exemple où un propriétaire demandait à la justice que son voisin soit condamné à arracher ses trois rosiers grimpants courant sur un treillis posé sur le pignon d'un bâtiment. Ont été retenus les troubles excédant les inconvénients normaux du voisinage que créaient ces rosiers plantés à 10 centimètres de son mur. Ils devaient être arrachés indépendamment de tout respect des distances légales (C. cass., civ. 3e, 17.5.2011, n° 10-14260). L'inconvénient anormal a aussi été reconnu en présence d'un mur séparant les deux fonds qui étaient affectés de multiples désordres compromettant sa solidité et présentait un risque élevé d'effondrement. La cessation du trouble anormal de voisinage exigeait la suppression des arbres et la destruction, puis la reconstruction d'une partie du mur de soutènement selon les modalités préconisées par l'expert judiciaire (C. cass., civ. 3e, 9.6.2015, n° 14-11999). *Voir aussi : Chute des feuilles chez le voisin, Privation ou diminution de la vue ou de l'ensoleillement, Racines, Risque de chute d'arbre.*
Atteinte à l'intimité/vues chez le voisin	Des particuliers achètent une maison de maître avec jardin d'agrément. Or, deux promoteurs font édifier un immeuble collectif de quatre étages sur une parcelle de terrain jouxtant leur propriété pour les revendre ensuite. Ils ont été condamnés pour les nombreux troubles anormaux de voisinage causés par cette construction à indemniser leur voisin (diminution de l'ensoleillement, atteinte à l'intimité du fait des vues chez le voisin) (C. cass., civ. 2e, 28.3.2013, n° 12-13917).
Atteinte au droit des voisins de disposer de leur mur	La construction d'un mur a été considérée comme un trouble anormal de voisinage dans le cas suivant : un voisin fait des travaux sur son fonds qui confèrent à un mur simplement séparatif la qualité de mur de soutènement générant des contraintes nouvelles à la charge de son propriétaire. Le trouble de voisinage était constitué par l'atteinte au droit des voisins de disposer de leur mur comme il leur convenait (C. cass., civ. 3e, 4.6.2013, n° 12-19203).
Atelier	De fréquentes actions en justice concernent des activités professionnelles (par exemple : odeur d'une tannerie, rejets polluants d'une usine, bruits d'un restaurant, trépidations causées par un atelier de confection, etc.). Elles peuvent être fondées sur une infraction aux règles d'installation de l'entreprise (en matière d'environnement ou d'hygiène notamment) et/ou dans le cadre des troubles anormaux de voisinage. Ces actes constituent donc un inconvénient anormal de voisinage pour lequel il est possible de demander au propriétaire des mesures appropriées (C. cass., civ. 3e, 6.6.1972, n° 71-11970).

NUISANCES	EXISTENCE OU NON D'UN TROUBLE ANORMAL
Barbecue	Vous êtes gêné par les odeurs de barbecue de votre voisin. Il sera cependant difficile de prouver un trouble anormal dans la mesure où ces nuisances sont épisodiques. Il peut être plus utile de vérifier si cet usage n'est pas interdit ou réglementé par un texte (arrêté municipal, règlement de lotissement ou de copropriété, etc.).
Bruit	Le terme conflit de voisinage évoque immanquablement le bruit (aboiements, musique à un niveau sonore excessif, usage de la tondeuse à gazon ou de la perceuse le dimanche, bruits de chantier, etc.). Les nuisances peuvent en effet provenir d'une machine ou d'une activité professionnelle mais aussi être en relation avec un animal ou un comportement d'ordre privé du voisin. Lorsque l'on vit en copropriété, le bruit peut donner lieu à l'intervention du syndic (voir *Troubles de voisinage et copropriété,* p. 227). Le bruit excessif fait par ailleurs l'objet de textes spécifiques (voir *Le bruit de voisinage : une réglementation spécifique,* p. 213). Il peut aussi être combattu dans le cadre des troubles anormaux. *Voir aussi : Aboiement, Atelier, Caquètement de poule, Circulation, Élevage, Piano, Pompe à chaleur, Restaurant.*
Caquètement de poule	Se plaignant des inconvénients anormaux de voisinage causés par des poules, une voisine assigne leur propriétaire en justice. Elle a obtenu sa condamnation à supprimer son poulailler sous astreinte (somme d'argent à verser par jour de retard). La juridiction se fonde ici sur « *le caractère incontestable* » de ce que les animaux faisaient du bruit de manière répétée et intempestive (C. cass., civ. 2e, 28.1999, n° 97-16384).
Chute des feuilles chez le voisin	Le fait de recevoir des feuilles mortes provenant d'une rangée de peupliers situés sur le terrain voisin peut être considéré comme un trouble anormal. Tel est le cas quand les arbres sont nombreux et que les feuilles causent des dégradations étendues à la propriété voisine mais aussi lorsque les racines envahissent le terrain voisin. Dans pareil cas, l'abattage des arbres a été ordonné comme étant le seul moyen de faire cesser les troubles (C. cass., civ. 3e, 4.1986, n° 87-18724).
Circulation	Des propriétaires d'une maison d'habitation se plaignent de troubles anormaux de voisinage résultant des passages incessants devant leur villa, en particulier la nuit, des camions d'une entreprise de transport qui jouxte leur maison. La décision a prononcé l'interdiction du passage devant leur maison, entre 22 heures et 7 heures du matin, sous astreinte de 70 € par jour de retard, outre la somme de 7 500 € en réparation du préjudice (C. cass., civ. 2e., 4.10.2012, n° 11-30453).
Climatiseur	Un climatiseur, notamment extérieur, peut être source de bruit mais aussi de gêne esthétique. *Voir aussi : Trouble esthétique.*

NUISANCES	EXISTENCE OU NON D'UN TROUBLE ANORMAL
Clôture	La demande en réparation fondée sur le caractère inesthétique d'une clôture (mur en aggloméré surmonté de plaques opaques) et le dépérissement des arbres plantés en limite de la ligne séparative des fonds n'a pas été acceptée : ce dépérissement n'était pas établi et la clôture avait été édifiée conformément à la réglementation (C. cass., civ. 3e, 18.1.2011, n° 09-17459).
Construction	Les troubles de voisinage peuvent être en relation avec des travaux de construction chez le voisin : bruits, poussières, vibrations, mais aussi, à terme, perte de la vue dont vous disposiez avant cette construction, diminution de l'ensoleillement de votre appartement, vues plongeantes sur votre propriété, nuisances diverses s'il s'agit d'activités professionnelles, etc. Il est possible d'en demander réparation en cas d'infraction du voisin à la réglementation en vigueur (règles du Code de l'urbanisme pour les autorisations de construire ou les déclarations de travaux, règles du Code de la santé publique pour les chantiers, arrêtés préfectoraux et/ou municipaux fixant les horaires de fonctionnement des machines, etc.). Il est également possible de demander réparation au voisin s'il vous cause une gêne qui excède les nuisances normales entre voisins. *Voir : Atteinte à l'intimité/vues chez le voisin, Atteinte au droit des voisins de disposer de leur mur, Ensablement d'un terrain, Privation ou diminution de la vue ou de l'ensoleillement.* Précisons par ailleurs que le trouble anormal de voisinage, qui consiste le plus souvent en un comportement ou un acte effectif, peut être reconnu également en cas de refus, non justifié, d'exécuter des travaux jugés indispensables et qui sont dans l'intérêt du voisin. Pour un exemple, voir aussi *Mur de soutènement*.
Dépôt de matériel usagé	*Voir : Trouble esthétique.*
Détérioration du sol	*Voir : Arbre/végétation, Racines.*
Diminution de la vue ou de l'ensoleillement	*Voir : Privation ou diminution de la vue ou de l'ensoleillement.*
Élevage	Qu'ils soient ou non en infraction à un texte, les élevages d'animaux peuvent causer des troubles anormaux comme en témoigne l'exemple suivant. Un couple se plaignant des odeurs nauséabondes occasionnées par l'exploitation d'un élevage industriel de volailles (situation s'étant poursuivie sur 13 ans), assigne cette exploitation devant le tribunal en réparation des préjudices causés par ces troubles anormaux du voisinage.

NUISANCES	EXISTENCE OU NON D'UN TROUBLE ANORMAL
Élevage (suite)	La femme se plaint d'effets psychosomatiques en relation avec cette exploitation (nausées, gorge sèche, toux) qui ont pu favoriser l'insuffisance thyroïdienne immunitaire dont elle est atteinte. L'existence de troubles excédant les inconvénients normaux du voisinage était établie. Elle a reçu une indemnité de 50 000 francs (C. cass., civ. 2e, 25.11.1999, n° 97-21215).
Ensablement d'un terrain	Le trouble constitué par l'ensablement d'une propriété située en bord de mer a pu être considéré comme anormal. En l'occurrence, les désordres étaient dus à la suppression d'une dune et à son remplacement par un parc de stationnement. Peu importe que le voisin ait bien sollicité l'autorisation d'urbanisme nécessaire à sa construction (C. cass., civ. 3e, 12.2.1992, n° 89-19297).
Enseigne lumineuse	Les voisins d'enseignes lumineuses peuvent tenter d'en obtenir la dépose, la limitation de leur dimension et/ou une indemnisation, sur le fondement des troubles anormaux de voisinage. Il en est d'ailleurs de même des panneaux publicitaires en raison de leur taille excessive. Les tribunaux insistent sur l'importance que doit revêtir la gêne pour pouvoir être indemnisée, notamment en matière d'enseigne lumineuse, car elles sont un élément important dans l'exercice d'un commerce. Ainsi, une cour d'appel a rejeté la demande d'un voisin en indiquant que l'appréciation du trouble devait dépendre de la situation des lieux et que le fonctionnement d'enseignes lumineuses liées à l'exploitation d'un commerce de restauration dans le centre-ville n'avait pour conséquence qu'une très faible modification de l'intensité lumineuse (CA Nîmes, civ. 1re, sect. B, 19.5.2009). En revanche, le trouble excessif a été reconnu dans une autre affaire où un ophtalmologiste se plaignait du fait que les enseignes étaient source de propagation continue et violente de lumière dans ses salles d'auscultation (C. cass., civ. 2e, 28.6.2007, n° 06-10025).
Fumées salissantes	*Voir : Restaurant.*
Mur de soutènement	La construction d'un mur a été considérée comme un trouble anormal de voisinage dans le cas suivant : un voisin fait des travaux sur son fonds qui confèrent à un mur simplement séparatif, situé sur un fonds contigu, la qualité de mur de soutènement générant des contraintes nouvelles à la charge de son propriétaire. Le trouble de voisinage était constitué par l'atteinte au droit des voisins de disposer de leur mur comme il leur convenait (C. cass., civ. 3e, 4.6.2013, n° 12-19203). Dans une autre affaire, c'est le fait de ne pas avoir construit de mur qui était sanctionné. Le trouble anormal de voisinage est en effet le plus souvent un acte effectif. Il peut aussi être reconnu en cas de non-exécution des travaux jugés indispensables et qui sont dans l'intérêt du voisin.

NUISANCES	EXISTENCE OU NON D'UN TROUBLE ANORMAL
Mur de soutènement (suite)	Dans une affaire concernant un terrain en pente, un propriétaire aurait dû procéder à des travaux de confortement sur son propre terrain pour supprimer le risque d'effondrement de la maison voisine. Il a été condamné à payer la somme de 57 543,90 € à titre de dommages et intérêts (C. cass., civ. 3e, 24.4.2013, n° 10-28344).
Odeurs	La question des nuisances olfactives se pose souvent en présence de certaines activités, telles l'exploitation d'une usine de produits chimiques ou de peintures, d'un restaurant, la fabrication d'engrais, le stockage et le traitement des déchets, l'élevage d'animaux, etc. Elles peuvent cependant aussi être liées à la sphère domestique. *Voir aussi : Animaux, Atelier, Barbecue, Élevage, Restaurant.*
Panneau publicitaire	*Voir : Enseigne lumineuse.*
Piano	Le fait de jouer régulièrement du piano peut engager la responsabilité du voisin. Dans une affaire, l'utilisation du piano installé au rez-de-chaussée avait été à l'origine d'une gêne sonore pour les voisins, qui persistait, depuis l'enlèvement dudit piano, en raison de la pratique d'un autre piano et d'un violon. Cette gêne a été considérée comme excédant les inconvénients normaux de voisinage, d'autant plus que ces voisins n'avaient pas effectué les travaux préconisés par l'expert judiciaire. Il leur a été interdit de jouer du piano dans la salle située au rez-de-chaussée, outre une condamnation au paiement de la somme de 15 000 € à titre de dommages et intérêts pour trouble de jouissance (C. cass., civ. 3e, 23.5.2012, n° 10-19760).
Pollution	Il n'est pas possible de déduire l'existence de troubles anormaux de la simple inobservation d'une règle. C'est ce qui a été rappelé dans une affaire de pollution. Un voisin avait fait aménager son terrain en prairie artificielle. Il se plaignait du déversement sur sa parcelle par temps de pluie d'un lixiviat d'oxyde ferrique en provenance d'une entreprise de traitement de bois. Il invoquait un trouble causé à la croissance de sa prairie et demandait le remboursement du coût des travaux de drainage, du prix du fermage payé et des pertes de fourrage. L'activité source de nuisance était une installation classée (IPCE), soumise à une réglementation stricte qu'elle n'avait pas respectée. La cour d'appel en déduisait qu'à partir du moment où la teneur en fer, cuivre et chrome de l'eau et des sols de la parcelle était « *supérieure à la norme admise* », la pollution, même mineure, était avérée et le trouble anormal établi. Ce n'est pas en ce sens que juge la Cour de cassation : il n'est pas possible de déduire ainsi l'existence d'un trouble anormal de ce seul constat (C. cass., civ. 2e, 9.3.2012, n° 11-14254 ; voir aussi C. cass., civ. 2e, 17.2.1993, n° 91-16928). Sur la pollution d'un étang et la notion de vice caché susceptible d'annuler une vente, voir aussi l'encadré Mon conseil dans *Les installations classées*, p. 220.

NUISANCES	EXISTENCE OU NON D'UN TROUBLE ANORMAL
Pompe à chaleur	L'installation d'un système de pompe à chaleur peut engendrer des troubles de voisinage, qu'il s'agisse de bruit ou d'une autre nuisance. Dans une affaire, il était prouvé que des gaines d'aspiration et de refoulement, aboutissant non loin de la fenêtre du voisin, diffusaient un bruit fort gênant. Ce dernier a obtenu des dommages et intérêts, ainsi que la construction, aux frais du propriétaire, de la pompe de travaux de prolongation des gaines (C. cass., civ. 3e, 25.1.1989, n° 87-17366). Dans une autre affaire, un hôtel installe dans son établissement un système de pompe à chaleur en prélevant de l'eau par forage à 70 mètres de profondeur et en la rejetant dans un puits de 4 mètres de fond. Son voisin, exposant que son terrain était saturé d'eau, ce qui endommageait sa maison, assigne la société en cessation de ces troubles et en réparation de son préjudice. Il a obtenu qu'il soit donné injonction à la société d'installer un second dispositif de forage à 70 mètres de profondeur pour ré-enfouir les eaux dans leur gîte de prélèvement (C. cass., civ. 2e, 12.11.1997, n° 96-10603).
Poussière/rejet de sable	Un commerce de voitures jouxtant une centrale à béton se plaignait des rejets de sable salissant son matériel causés par cette dernière. Il a cependant échoué car il a été établi que l'usine était installée antérieurement. De plus, elle avait déjà apporté des modifications réduisant largement les nuisances (C. cass., civ. 3e, 15.3.1989, n° 88-10711).
Privation ou diminution de la vue ou de l'ensoleillement	Le problème de la privation de vue ou d'ensoleillement peut se poser quand un propriétaire agrandit sa maison, surélève son immeuble, plante des arbres, etc. Qu'il soit ou non en règle avec les textes, vous pouvez agir sur le fondement d'un trouble anormal. En effet, la perte de luminosité ou de vue (vue sur la mer, par exemple, pour une résidence secondaire) qu'occasionne la construction d'une maison pour le terrain voisin est susceptible de causer un préjudice esthétique et financier dont il est possible de demander la réparation sur la base du trouble anormal. Tel était le cas dans une affaire où une villa subissait une perte d'ensoleillement notable à la suite de la construction d'un immeuble voisin de six étages. Autres préjudices invoqués dans cette affaire : le nombre de vues directes (fenêtres) sur la terrasse de la villa avait augmenté et le passage commun aux deux maisons était bien plus souvent utilisé. Par exemple, à Marseille, un propriétaire élève le mur mitoyen séparant son terrain de celui de ses voisins. L'expert judiciaire avait indiqué que la solidité et la pérennité du mur séparatif n'étaient pas affectées par la surélévation et que celle-ci ne produisait de l'ombre sur la pelouse, et non sur l'habitation des voisins, que sur une surface de 12 mètres carrés vers 10 heures pour devenir nulle la plus grande partie de la journée. L'existence d'un trouble anormal de voisinage, dans le milieu urbain considéré, n'était pas établie (C. cass., civ. 3e, 5.9.2012, n° 11-21771).

NUISANCES	EXISTENCE OU NON D'UN TROUBLE ANORMAL
Privation ou diminution de la vue ou de l'ensoleillement (suite)	Autre exemple : des propriétaires d'une maison dans une zone pavillonnaire se battent sur la base des troubles anormaux de voisinage contre l'implantation à proximité d'un petit immeuble collectif dont les balcons donnaient directement sur leur piscine (même si les distances étaient respectées – voir *Les vues et les jours,* p. 133). Ils ont échoué. Selon les juges, en effet, la dimension collective « raisonnable » de l'immeuble ne rompait pas l'équilibre d'une zone pavillonnaire, où des immeubles autres que de simples pavillons étaient déjà implantés. Les désagréments nés de la proximité apparaissaient comme de simples inconvénients non susceptibles de constituer un trouble anormal, dans la mesure où les propriétaires avaient choisi d'habiter au milieu d'un réseau de constructions et d'y implanter une piscine, que la distance depuis l'immeuble litigieux respectait l'intimité à laquelle ils étaient en droit de prétendre, qu'ils ne pouvaient invoquer une perte d'ensoleillement du fait de l'implantation de l'immeuble à 6,80 mètres au nord, etc. (C. cass., civ. 3e, 4.12.2001, n° 00-14893). Il en est de même pour une construction qui ne diminuait que de manière très partielle, en hiver et au soleil couchant, l'ensoleillement du terrain voisin qui se trouvait dans une zone urbanisée. La preuve d'un trouble anormal n'était donc pas apportée (C. cass., civ. 3e, 15.12.2016, n° 15-25492). En matière de trouble de vue ou d'ensoleillement, on retrouve la question des arbres et des haies. Par exemple, des propriétaires se plaignent de leurs voisins au sujet d'une haie, gênant la vue sur la mer dont ils bénéficiaient. Ils assignent leurs voisins pour obtenir la suppression de cette haie. Ils n'ont pu obtenir qu'une limitation de sa taille. En effet : – la réglementation en vigueur permettait l'implantation d'une haie à la condition qu'elle ne puisse constituer, par sa simple croissance, un obstacle partiel ou total à une vue marine dont pourraient bénéficier des promeneurs ou des occupants de fonds situés en retrait par rapport à la côte ; – ils bénéficiaient d'une vue sur mer depuis leur terrasse en position debout, compte tenu d'une taille de la haie à la hauteur de 1,35 mètre/ 1,40 mètre ; l'obligation de maintenir la taille de la haie à cette hauteur était suffisante pour faire cesser le trouble (C. cass., civ. 3e, 10.10.2012, n° 11-23090). Des arbres servant de clôture peuvent entraîner des nuisances considérées comme excessives, même s'ils respectent la législation applicable (ou s'il n'y a pas de législation susceptible de les concerner). Par exemple, l'ombre générée par une haie de cyprès, dont la hauteur excessive (de 7 à 8 mètres) a pour effet de priver totalement d'ensoleillement une bande du terrain voisin, empêchant ainsi son exploitation dans des conditions normales, constitue un trouble anormal de voisinage (C. cass., civ. 3e, 3.5.2011, n° 09-70291). De même un arbre, appartenant à un couple en rez-de-jardin, masque la vue de l'occupant du premier étage d'un immeuble en copropriété. Son propriétaire a été condamné à l'élaguer sous astreinte (C. cass., civ. 2e, 17.3.2005, n° 04-11.279).

NUISANCES	EXISTENCE OU NON D'UN TROUBLE ANORMAL
Racines	Les racines d'une rangée d'arbres entraînaient des boursouflures du revêtement du sol dans la propriété voisine. Les voisins, qui se plaignaient également de la chute des feuilles, ont pu obtenir que les arbres soient abattus (C. cass., civ. 3e, 4.1986, n° 87-18724 ; voir aussi *Chute des feuilles chez le voisin*).
Restaurant	Les activités de restauration peuvent générer des nuisances, telles des fumées salissantes, et ce même si les émanations de fumées et de suies sont la conséquence normale d'un appareil de combustion utilisant du bois, ce qui n'est pas interdit par les règlements (C. cass., civ. 3e, 24.10.1990, n° 88-19383). Dans une autre décision, il était relevé que, même compatible avec le règlement de copropriété, l'activité de restauration rapide était une source de nuisances sonores pour la copropriété. Les horaires de fermeture étaient en effet très tardifs, comme le prouvait le constat d'huissier de justice. Selon cette décision, pour que l'activité de la société, non interdite par le règlement de copropriété, soit compatible avec les exigences de ce règlement au regard des nuisances sonores, il devait lui être ordonné de fermer son commerce au plus tard à 22 heures (C. cass., civ. 3e, 14.4.2010, n° 09-13315 ; voir aussi *Troubles de voisinage et copropriété*, p. 227). Dans une autre affaire jugée devant la Cour de cassation, l'exploitation nocturne du restaurant conduisait à des nuisances sonores importantes et, le jour, le bruit de l'extracteur et du compresseur dépassait les valeurs admises (C. cass., civ. 3e, 11.6.1997, n° 95-10152).
Risque de chute d'arbre	C'est sur le fondement de l'inconvénient anormal que des voisins, dont les arbres étaient tombés, à la suite d'une tempête, sur le terrain attenant, ont été condamnés à les enlever, à remettre en état le terrain voisin et à prendre toute disposition pour éviter la chute d'autres arbres se trouvant en position instable (C. cass., civ. 2e, 5.2.2004, n° 02-15206). C'est également ce qui a été jugé plus récemment : le risque dû à la présence de grands pins, mettant en danger la sécurité des biens et des personnes, constituait un trouble anormal de voisinage. Des arbres et des branches provenant du fonds de la propriété d'une propriétaire étaient tombés, au cours d'une tempête, sur la propriété du voisin causant de nombreux dégâts. La propriétaire tentait de s'exonérer en invoquant le caractère de force majeure de la tempête. Cela n'a pas été retenu. Elle a été condamnée notamment à mettre les plantations en conformité avec les dispositions de l'article 671 du Code civil (respect des distances par rapport à la limite séparative) et à couper les branches surplombant son fonds (C. cass., civ. 3e, 10.12.2014, n° 12-26361).

NUISANCES	EXISTENCE OU NON D'UN TROUBLE ANORMAL
Risque d'incendie	Entreposer de la paille à proximité d'une habitation a été considéré comme constituant un trouble anormal en raison des risques d'incendie, et ce indépendamment de toute réalisation de ce risque (C. cass., civ. 2e, 24.2.2005, n° 04-10362). Les juges doivent vérifier que le fait que de la paille soit stockée (en raison de la présence de chevaux), à proximité d'une habitation voisine, caractérise un trouble excédant les désagréments habituels du voisinage même en milieu rural. Le risque encouru ici aussi était le risque d'incendie (C. cass., civ. 2e, 11.9.2014, n° 13-23049 ; civ. 3e, 17.12.2015, n° 14-22911).
Trouble esthétique	Le trouble esthétique peut être sanctionné par les tribunaux comme dans l'exemple suivant : le dépôt, important et prolongé, de machines, caravanes, camions et autres matériels divers, usagés, à proximité immédiate du fonds voisin, a été considéré comme la source d'une gêne esthétique anormale pour les voisins. Les propriétaires ont été condamnés à procéder à l'enlèvement des dépôts divers de ferrailles, planches et autres matériels usagés situés à moins de 25 mètres de la limite côté pignon de l'immeuble voisin (C. cass., civ., 2e, 24.2.2005, n° 04-10362). En revanche, dans une autre décision, la demande en réparation fondée sur le caractère inesthétique de la clôture – et le dépérissement des arbres plantés en limite de la ligne séparative des fonds – n'a pas été acceptée, ce dépérissement n'étant pas établi, et la clôture ayant été édifiée conformément à la réglementation (C. cass., civ. 3e, 18.1.2011, n° 09-17459). Un climatiseur, notamment extérieur, peut être source de gêne esthétique. C'est ce qui a été jugé dans une affaire où une société avait installé sur la toiture du bâtiment, contiguë à celle de son voisin, des appareils pour climatiser son espace de vente. Le voisin a obtenu, sur le fondement de troubles anormaux de voisinage, qu'elle soit condamnée à retirer les climatiseurs et à l'indemniser (C. cass., civ. 2e, 15.4.2010, n° 09-15088). Il en est de même pour des encombrants entreposés dans un jardin à la vue des voisins. Il faut préciser qu'il s'agissait notamment de W.-C., fauteuil en skaï, carcasse de réfrigérateur, banquette déchirée, bouteille de gaz et rouleau de grillage (C. cass., civ. 3e, 8.3.2018, n° 17-10315).

› Le cas des éoliennes

Les relations de voisinage sont parfois compliquées suite à la construction d'éoliennes à proximité des habitations. Ce qui pose la question de savoir si les troubles (sonores, visuels, etc.) qu'elles provoquent peuvent être considérés comme des troubles anormaux de voisinage. Le développement du parc éolien suscite en effet de nombreuses procédures de contestation diligentées par des riverains et/ou des associations de défense de l'environnement et du cadre de vie.

Cas pratique

Des propriétaires immobiliers invoquent l'existence d'un trouble anormal de voisinage, à la suite d'installations éoliennes à proximité de leurs résidences secondaires. Ils demandent une indemnisation des préjudices visuels subis en raison du parc éolien à proximité de leurs propriétés, se traduisant par une difficulté à trouver des acquéreurs potentiels, et une décote de 10 % à 20 % de leurs valeurs.

La cour d'appel reconnaît la dépréciation de la valeur des propriétés, mais rejette l'existence de troubles anormaux de voisinage, et refuse l'indemnisation. Pour les juges de la cour d'appel, nul n'a un droit acquis à la conservation de son environnement. De plus, ils accordent une valeur supérieure à « l'objectif d'intérêt public poursuivi par le développement de l'énergie éolienne ».

Il s'agit donc d'inconvénients normaux de voisinage qui ne peuvent en aucun cas être considérés comme des troubles anormaux de voisinage.

Saisie par les propriétaires, la Cour de cassation confirme l'arrêt de la cour d'appel (C. cass., civ. 3e, 17.9.2020, n° 19-16.937).

Le bruit de voisinage : une réglementation spécifique

➢ Le bruit constitue une préoccupation majeure des Français dans leur vie de tous les jours. De nombreuses répercussions sur la santé, comme le stress ou la perte du sommeil, lui seraient imputables.

➢ C'est pourquoi les bruits de comportement (résultant de la vie quotidienne), mais aussi ceux liés à un commerce ou en relation avec un chantier de construction font l'objet de législations spécifiques.

➢ Le maire peut engager des actions de prévention, de médiation et de sanction en fonction de la nature des nuisances.

➢ Vous pouvez également décider de porter plainte et de vous constituer partie civile pour obtenir des dommages et intérêts.

Les bruits résultant de la vie quotidienne

Les troubles dont vous vous plaignez sont liés à l'attitude de vos voisins : l'aboiement de leur chien, le volume sonore excessif de leur chaîne Hi-Fi, le bruit des talons résonnant sur le parquet au-dessus de chez vous, peuvent être insupportables.
Ces nuisances résultant de la vie quotidienne, appelées bruits « de comportement » par opposition aux bruits liés à des activités organisées ***(voir Le bruit lié à des activités organisées, p. 219)******, peuvent être sanctionnées sur le plan civil dans le cadre des troubles anormaux*** ***(voir Le trouble anormal de voisinage, p. 195)******.***
Elles peuvent également être sanctionnées pénalement et donner lieu à l'intervention de la police ou des services de votre mairie.

Le Code de la santé publique

› Une définition : la durée, la répétition ou l'intensité

Le Code de la santé publique prévoit qu'« *aucun bruit particulier ne doit, par sa durée, sa répétition ou son intensité, porter atteinte à la tranquillité du voisinage ou à la santé de l'homme, dans un lieu public ou privé, qu'une personne en soit elle-même à l'origine ou que ce soit par l'intermédiaire d'une personne, d'une chose dont elle a la garde ou d'un animal placé sous sa responsabilité* » (art. R. 1336-5, CSP).

Ce type de bruit est appelé bruit « de comportement » ou « domestique ». Il n'est pas besoin de procéder à des mesures acoustiques pour établir le bruit excessif. Il peut se produire de jour comme de nuit (sur le tapage nocturne sanctionné par ailleurs dans le Code pénal, voir *Le Code pénal et le tapage nocturne*, p. 217).

L'auteur d'un bruit de comportement portant atteinte à la tranquillité du voisinage s'expose à une contravention de 3e classe, dont le montant peut atteindre jusqu'à 450 € (art. R. 1137-7, CSP).

Cette sanction peut également s'appliquer à une personne qui n'est pas directement l'auteur des bruits sources de nuisance, par exemple le propriétaire ou le locataire d'un logement.

La contravention de 5e classe sous forme d'une amende forfaitaire de 180 €, ramenée à 68 € en cas de paiement immédiat, s'applique aux bruits de voisinage que produit une entreprise dans le cadre de l'exercice de son activité professionnelle, s'ils dépassent les valeurs limites (art. R. 1337-6, CSP).

Cas pratique

Requis par un voisin, vers 1 heure du matin en raison de cris, rires et hurlements de jeunes gens faisant la fête à son domicile, les policiers dressent un procès-verbal dans lequel ils notent le nom du propriétaire des lieux et le transmettent au tribunal de police. Cette juridiction déclare l'homme coupable de complicité de tapage nocturne et le condamne à une amende de 300 €.
L'homme intente un pourvoi en cassation contre la décision du tribunal de police, mais la Cour de cassation confirme le bien-fondé de la condamnation. La personne qui, présente à son domicile, laisse se perpétrer des bruits troublant la tranquillité d'autrui se rend complice de tapage nocturne. L'homme aurait dû user de son autorité pour faire cesser le tapage qui a duré jusqu'à une heure avancée de la nuit, causant un trouble pour la tranquillité d'autrui (C. cass., crim., 26.2.2020, n° 19-80.641).

La durée, la répétition ou l'intensité sont donc les critères retenus par le Code de la santé publique. Un seul d'entre eux suffit pour constituer l'infraction. Ainsi, soit le bruit dure longtemps, soit il se reproduit périodiquement ou de façon aléatoire, soit il est de forte intensité (voir la section « Bruit de voisinage » du *Guide de traitement des plaintes* du Pôle régional Bruit, juillet 2013). Pensez-y lorsque vous ferez intervenir la police ou les services de la mairie.

› Des exemples

Pour mieux cerner ces nuisances, une circulaire, déjà ancienne, du 27 février 1996 donne de nombreux exemples. Voici certains bruits « inutiles, désinvoltes ou agressifs » listés à titre indicatif par ce texte :
- les cris d'animaux, et principalement les aboiements des chiens ;
- les appareils de diffusion du son et de la musique ;
- les outils de bricolage, de jardinage ;
- les appareils électroménagers ;
- les jeux bruyants pratiqués dans des lieux inadaptés ;
- l'utilisation de locaux ayant subi des aménagements dégradant l'isolement acoustique ;
- les pétards et pièces d'artifice ;
- les activités occasionnelles, fêtes familiales, travaux de réparation ;
- certains équipements fixes : ventilateurs, climatiseurs, pompes à chaleur, non liés à une activité.

Ainsi, si votre voisin a l'habitude de faire hurler sa télévision ou sa chaîne hi-fi dès qu'il rentre du travail, vous pouvez invoquer ce texte. Il en est de même s'il laisse son chien aboyer toute la journée.

Cas pratiques

- Le propriétaire d'un chien a été condamné sur ce fondement par le juge de proximité (compétent à l'époque des faits) à 150 € d'amende. Le juge a retenu que les chiens du prévenu aboyaient de façon intense, répétée et durable, et que les constatations personnelles des gendarmes avaient été confortées par des attestations (C. cass., crim., 7.10.2008, n° 08-80852).

- Des chiens étaient également en cause dans une affaire plus récente. Le voisin d'un restaurant installe un chenil à côté de l'entrée de l'établissement. Son gérant, craignant que cette proximité nuise à son commerce lui demande, en vain, de prendre des mesures. Les multiples témoignages recueillis ainsi que les constatations des gendarmes démontraient des aboiements fréquents et à toute heure. Certains témoignages faisaient d'ailleurs état d'une excitation des chiens et donc d'un comportement volontaire du prévenu. Une médiation pénale avait échoué. Il a été condamné à 300 € d'amende et le gérant du restaurant a obtenu 1 000 € à titre de dommages et intérêts (C. cass., crim., 28.2.2012, n° 11-85975).

La législation oppose bruits de comportement (ne nécessitant pas de mesure acoustique) et bruits d'activité (nécessitant une telle mesure – voir *Le bruit lié à des activités organisées*, p. 219). Pourtant, une décision a qualifié de « bruit de comportement » certains bruits émanant d'un restaurant.

Cas pratique

Un important arrêt de la Cour de cassation a en effet qualifié de bruits de comportement ceux émanant d'un restaurant qui gênaient le voisinage. Plus précisément, la nuisance consistait en « un important bruit de musique, des rires et des éclats de voix ».

Le juge de proximité (compétent à l'époque des faits) avait en un premier temps relaxé l'exploitant du restaurant. Ce dernier était poursuivi sur le fondement des articles R. 1337-10, R. 1334-31 et R. 1334-32 du Code de la santé publique (articles applicables à l'époque). Le juge avait estimé que :

– l'article R. 1334-31 concerne les bruits de comportement et non ceux causés par des établissements exerçant une activité professionnelle ;

– l'article R. 1334-32 dispose que l'atteinte à la tranquillité du voisinage est caractérisée si le bruit est supérieur à certaines valeurs ; or aucune mesure acoustique n'avait été effectuée.

Et pourtant, ce jugement a été cassé par la Cour de cassation. Celle-ci a estimé que l'important bruit de musique, les rires et les éclats de voix ne constituaient pas des bruits d'activités mais bien des bruits de comportement relevant de l'article R. 1337-7 du Code de la santé publique. Partant, ils ne nécessitaient pas la réalisation de mesure acoustique. L'affaire a été dès lors renvoyée devant une autre juridiction de proximité (C. cass., crim., 8.3.2016, n° 15-83503).

Le tapage musical provenant d'un restaurant est un bruit de voisinage pouvant être verbalisé « à l'oreille » a récemment rappelé la Cour de cassation, confirmant sa jurisprudence.

Les riverains gênés par des nuisances sonores, tapage musical, bruits de voix ou autre provenant d'un restaurant peuvent ainsi demander l'intervention des forces de police, y compris la police municipale si elle existe, à l'effet de verbaliser.

Cas pratique

La musique diffusée à l'intérieur du restaurant étant nettement perceptible de l'extérieur, des riverains alertent la police municipale, qui verbalise le restaurateur. Ce dernier conteste l'amende en justice et argumente que le niveau sonore aurait dû être mesuré avant d'être sanctionné pour atteinte à la tranquillité du voisinage.
La Cour de cassation confirme la décision de la cour d'appel et maintient l'amende infligée au restaurateur. La question posée était de savoir si les bruits provenant d'un restaurant doivent être considérés comme des bruits résultant de l'exercice d'une activité professionnelle, auquel cas la verbalisation ne peut avoir lieu qu'après mesurage du bruit avec un appareil. Ou faut-il considérer que ces bruits ne sont pas nécessairement induits par l'exercice d'une activité professionnelle ? Dans ce cas, la verbalisation peut avoir lieu « à l'oreille », sans mesurer le bruit.
C'est cette deuxième solution qui est retenue : les bruits provenant d'un restaurant ne sont pas considérés comme des bruits liés à l'exercice d'une activité professionnelle (C. cass., crim., 20.1.2020, n° 19-82.085).

Le Code pénal et le tapage nocturne

› Une définition : le trouble à la tranquillité publique

Le Code de la santé publique s'applique de jour comme de nuit. Pour le seul tapage nocturne, il est possible également de s'appuyer sur l'article R. 623-2 du Code pénal.
Dans les deux cas, les sanctions encourues sont les mêmes. Selon le Code pénal, le fait d'être à l'origine de bruits nocturnes troublant la tranquillité d'autrui est puni d'une amende (contravention de 3e classe). La procédure de l'amende forfaitaire est également applicable (voir *Le Code de la santé publique*, p. 214).
En revanche, et comme on le voit, la définition diffère de celle prévue par le Code de la santé publique puisqu'il suffit ici de prouver un « *trouble à la tranquillité publique* » et non une durée, une répétition ou une intensité du bruit. Il faut également signaler que la loi ne définissant pas la période nocturne, on admet généralement qu'il s'agit de tapages causés « *avant le lever et après le coucher du soleil* » (C. cass., crim., 17.1.1990, n° 89-83504).

› Des exemples

Dans une affaire, sur plainte d'un voisin, les gendarmes ont constaté le tapage mais leurs démarches n'ont pas permis de le faire cesser immédiatement. Ces éléments ont permis de caractériser le tapage nocturne. En effet, la preuve que la tranquillité d'une seule personne a été troublée suffit pour constituer cette contravention (C. cass., crim., 17.5.1983).
Selon une autre décision, l'infraction de tapage nocturne est constituée dès lors que le voisin a conscience du trouble causé au voisinage et qu'il refuse ou néglige

de prendre les mesures nécessaires pour les faire cesser (C. cass., crim., 7.4.2009, n° 08-85228).

À NOTER

Une infraction plus grave : l'agression sonore Le cas échéant, il est possible d'invoquer les dispositions de l'article 222-16 du Code pénal punissant « *l'agression sonore en vue de troubler la tranquillité d'autrui* ». Ici, la nuisance n'est pas causée par simple désinvolture, mais par une intention caractérisée de nuire, comme le rappelle une circulaire de 2003 (NOR : JUSDO330158C). Il s'agit d'un délit (infraction plus grave que la contravention) et la peine encourue est d'1 an d'emprisonnement et de 15 000 € d'amende. Ce comportement malveillant est du ressort du tribunal correctionnel.

A pu, par exemple, être condamné le propriétaire de 8 chiens de meute. Dans cette affaire, après plusieurs tentatives de conciliation, le voisinage avait porté plainte contre lui en raison des nuisances sonores et olfactives puis l'avait poursuivi pour agressions sonores en vue de troubler la tranquillité d'autrui. En effet, selon certains témoins, il pouvait attiser les aboiements des chiens et il n'avait pas pris les mesures nécessaires pour éviter ou limiter les conséquences nuisibles du comportement de ses animaux (C. cass., crim., 2.6.2015, n° 14-85073).

Rappelons que s'agissant d'un délit, le tribunal correctionnel peut être saisi par citation directe à l'initiative de la victime. Pour autant, les tribunaux sont peu saisis sur ce fondement. L'agression peut être en effet difficile à établir puisqu'ici il faut avoir suffisamment d'éléments de preuve des bruits subis mais aussi de l'intention malveillante de leur auteur. Il est donc préférable de déposer plainte.

Le bruit lié à des activités organisées

La nuisance que vous subissez est liée à une activité, qu'elle soit professionnelle (une entreprise, par exemple), culturelle, sportive ou de loisir.
Elle peut être sanctionnée sur le plan civil dans le cadre des troubles anormaux (voir Le trouble anormal de voisinage, p. 195).
Elle peut également être sanctionnée pénalement et donner lieu à l'intervention de la police ou des services de votre mairie.
De nombreux textes impactant la matière vous sont résumés ici.
Pour aller plus loin, on peut consulter sur Internet la documentation fournie par les associations spécialisées et par le gouvernement (notamment www.ecologie.gouv.fr/politiques/bruit-et-nuisances-sonores).

Les bruits de voisinage liés à des activités professionnelles (commerce...) ou de loisir

› Le cas général

Les différents désagréments liés à des activités professionnelles ou de loisir peuvent en effet être sanctionnés pénalement dans le cadre d'une législation spécifique, à savoir le Code de la santé publique.
Ce texte vise tous les bruits provoqués par une activité professionnelle (n'émanant toutefois pas d'une installation classée pour la protection de l'environnement, qui fait l'objet de dispositions spéciales, voir *Les installations classées*, p. 220), culturelle, sportive ou de loisir. Il peut s'agir d'un commerce, d'un atelier, d'une entreprise, de manifestations culturelles ou sportives (sur le bruit provenant de chantiers, voir *Chantiers*, p. 222).
Des textes peuvent en effet imposer certaines normes, comme c'est le cas pour les discothèques (voir *L'établissement ou le lieu où est diffusée la musique (bar, discothèque, festival...)*, p. 220). Des décrets peuvent également prévoir certaines prescriptions pour les objets susceptibles de provoquer des nuisances sonores élevées (art. L. 571-2, C. envir.).
Par ailleurs, certaines préfectures et communes ont pris un arrêté de lutte contre les bruits émis par une activité spécifique (concert en plein air, par exemple) au titre de leur pouvoir de police (voir *Faire intervenir le maire*, p. 223).

Si la nuisance subie relève de ces cas particuliers, vous pouvez viser ce texte dans votre courrier de réclamation au maire. En tout état de cause, les enquêteurs vérifieront ces points.
Si la nuisance subie ne relève pas de ces cas particuliers, le Code de la santé publique prévoit qu'elle ne doit pas dépasser certains pics d'émergence fixés (art. R. 1334-32 et R. 1337-6, CSP).
L'article R. 1334-33 du Code de la santé publique donne un tableau des valeurs d'émergence, calculées la nuit et le jour, en y ajoutant un correctif tenant compte de la durée du bruit. La constatation de ces bruits nécessite en effet une mesure acoustique qui sera effectuée dans le cadre de l'enquête diligentée à la suite de votre demande à la mairie. Par ailleurs, les bruits engendrés par des équipements d'activités professionnelles doivent respecter certaines valeurs limites (art. R. 1337-34, CSP).
Une telle infraction est punie de la peine d'amende prévue pour les contraventions de la cinquième classe (jusqu'à 1 500 € d'amende, le double en cas de récidive, le quintuple s'il s'agit de personnes morales ; art. R. 1337-6 et s., CSP ; art. 131-13, C. pénal).

› L'établissement ou le lieu où est diffusée la musique (bar, discothèque, festival...)

Le décret n° 2017-1244 du 7 août 2017 a modifié la réglementation applicable aux lieux où le public et les riverains sont exposés à des niveaux sonores élevés.
Il peut s'agir, comme auparavant, de lieux ouverts au public ou recevant du public et des lieux clos mais aussi des lieux ouverts. Ces dispositions s'appliquent donc aux lieux diffusant des sons amplifiés (discothèque, par exemple) à l'intérieur d'un local (restaurant ou débit de boissons, par exemple) mais également en plein air, tels que les festivals.
La nouvelle réglementation abaisse le volume autorisé et prévoit des modalités d'enregistrement et d'affichage. Elle détermine les mesures de prévention des risques auditifs tels que l'information du public, la mise à disposition de protections auditives individuelles et la mise en place de dispositions permettant le repos auditif (art. R. 571-25 et s., C. envir. ; art. R. 1336-1 et s., CSP).

› Les installations classées

Des règles spécifiques sont également prévues pour les activités soumises à la législation des installations classées pour la protection de l'environnement (IPCE). Ce régime prend notamment en compte les nuisances sonores. Renseignez-vous auprès de votre mairie, de votre préfecture ou de votre agence régionale de santé (ARS) (art. L. 571-6, C. envir.).

MON CONSEIL

Avant d'acheter un bien, renseignez-vous ! Au-delà des règles régissant les relations entre voisins, il n'est pas inutile de rappeler certains conseils en matière d'achat immobilier. Soyez en effet vigilants et tenez compte des obligations de votre vendeur au regard des textes et des décisions des tribunaux. Entre autres, le fait que votre tranquillité puisse être l'un des critères déterminants de votre achat.

Pour mémoire, le Code civil sanctionne au titre du « dol » (ou au titre de la « réticence dolosive »), le fait de cacher certaines informations à son cocontractant. Il peut s'agir de manœuvres ou de mensonges, mais aussi de la dissimulation intentionnelle d'une information dont on sait le caractère déterminant pour l'autre partie (art. 1137, C. civ.). Les nuisances sonores et, de façon générale, les bonnes relations de voisinage, peuvent en faire partie et entraîner l'annulation de l'achat.

Le contexte s'avère en pratique essentiel. Qu'on en juge :

Un particulier ayant acheté un appartement situé au-dessus d'un pub au sein d'un quartier animé tentait d'invoquer une réticence dolosive du vendeur. Car, lors de plusieurs visites, il n'avait constaté aucun bruit. Ultérieurement, il avait appris que les filles des vendeurs avaient demandé au responsable du bar de réduire la musique lors de ses passages.

Il n'a pourtant pas obtenu satisfaction. Car les juges ont souligné la localisation du bien, situé dans un quartier vivant et au-dessus d'un pub générateur « de toute évidence de nuisances sonores ». Ils notent également que le futur acquéreur avait pu le constater lorsque lui avait été remis un compte-rendu d'assemblée générale, dans lequel il était noté de façon très explicite les nuisances sonores liées à la présence de cet établissement et les plaintes et procédures en conséquence.

En clair, il n'était pas établi que les demandes faites par les filles des vendeurs au gérant du bar de réduire le volume sonore de la musique durant les visites avaient eu un rôle déterminant sur son consentement lors de l'acquisition de l'appartement (C. cass., civ. 3e, 21.12.2017, n° 16-27821).

En revanche, le dol, par exemple, a été retenu pour le vendeur d'un fonds de commerce de bar-brasserie et le propriétaire des locaux qui n'avaient pas informé l'acquéreur de l'existence d'un rapport d'expertise judiciaire faisant état de nuisances sonores provenant du fonds (C. cass., com, 1.3.2017, n° 15-22866).

De même, un compromis de vente a pu être annulé, sans application de la clause pénale, pour « réticence dolosive » dans une affaire où le vendeur avait omis de préciser à son acquéreur des problèmes de voisinage (nuisances diverses et répétées) émanant d'un voisin de palier (C. cass., civ. 1re, 18.4.2019, n° 17-24330).

Un autre moyen à disposition des acquéreurs est de démontrer l'existence d'un vice caché au regard de l'article 1641 du Code civil. Il prévoit que « *le vendeur est tenu de la garantie à raison des défauts cachés de la chose vendue qui la rendent impropre à l'usage auquel on la destine, ou qui diminuent tellement cet usage que l'acheteur ne l'aurait pas acquise, ou n'en aurait donné qu'un moindre prix, s'il les avait connus* ».

Dans une affaire soumise aux tribunaux qui concernait non des nuisances sonores mais la pollution d'un étang, il a été jugé qu'elle ne constituait pas un vice caché susceptible d'annuler la vente de la propriété. En effet, cette pollution n'entraînait qu'une perte d'usage partielle du plan d'eau qui n'affectait qu'un élément de l'agrément extérieur de la propriété et n'était pas de nature à la rendre impropre à son usage. En outre, les acquéreurs ne justifiaient pas d'avoir informé leurs vendeurs de ce que la qualité de l'eau était déterminante de leur achat ni qu'ils n'auraient pas acquis ou n'auraient donné qu'un moindre prix de la propriété comprenant une maison d'habitation, des dépendances et un garage, s'ils avaient connu la perte partielle d'usage du plan d'eau (C. cass., civ. 3e, 11.7.2019, n° 18-16848).

Chantiers

Les différents désagréments des voisins d'un chantier public ou privé (bruit des marteaux-piqueurs et d'autres engins) peuvent être sanctionnés sur un plan civil dans le cadre des troubles anormaux de voisinage (voir *Le trouble anormal de voisinage*, p. 195).
Ils font également l'objet de dispositions spécifiques du Code de la santé publique s'il s'agit d'un chantier de travaux publics ou privés, ou de travaux intéressant les bâtiments et leurs équipements soumis à une procédure de déclaration ou d'autorisation. S'agissant de tels bruits, ce Code considère qu'un chantier est par nature bruyant. Par conséquent, il ne reconnaît aucun seuil acoustique à respecter. Toutefois, le bruit incriminé sera sanctionné en cas de trouble pour le plaignant et de comportement fautif dans l'organisation des travaux.
Plus précisément, il y a infraction quand le bruit est de nature à porter atteinte à la tranquillité du voisinage ou à la santé et qu'il est la conséquence d'un comportement fautif caractérisé par l'une des circonstances suivantes :
- non-respect des conditions fixées par les autorités compétentes en ce qui concerne soit la réalisation des travaux (par exemple, non-respect des horaires fixés par un arrêté municipal), soit l'utilisation des matériels ou équipements (non-respect des normes acoustiques des engins) ;
- insuffisance de précautions appropriées pour limiter le bruit ;
- comportement anormalement bruyant (art. R. 1336-10, CSP).

Une telle infraction est punie de la peine d'amende prévue pour les contraventions de la cinquième classe (jusqu'à 1 500 € d'amende, le double en cas de récidive, le quintuple s'il s'agit de personnes morales) (art. R. 1337-6 et s., CSP).

Les procédures à privilégier

Comme on le voit, les bruits excessifs tombent sous le coup de la loi pénale. Selon les cas, ils sont passibles d'une contravention de troisième classe (bruit de comportements et tapage nocturne) ou de cinquième classe (bruits liés à des activités organisées et de chantiers). Ils peuvent aussi constituer un délit (agression sonore).
Les textes prévoient également l'intervention du maire, garant de la tranquillité publique dans sa commune. Ses pouvoirs vont, selon le type d'infraction, des tentatives de conciliation avec le fauteur de trouble à des mises en demeure et des sanctions administratives. Il peut également saisir le procureur de la République de poursuites pénales.
Par ailleurs, la victime a toujours la possibilité de porter plainte.
La question se pose de l'avantage de ces dispositifs par rapport à ceux prévus sur un plan civil et notamment les troubles anormaux ***(voir Le trouble anormal de voisinage, p. 195).***

Faire intervenir le maire

› Les textes

Selon les articles L. 2212-1 et L. 2212-2 du Code général des collectivités territoriales, le maire est chargé de la police municipale et, à ce titre, il doit assurer le bon ordre, la sûreté, la sécurité et la salubrité publique. Cela inclut le soin de réprimer les atteintes à la tranquillité publique telles que les bruits.
Il revient donc au maire d'instruire les réclamations qui lui sont adressées dans ce domaine en intervenant directement auprès des personnes intéressées, après avoir fait constater par un agent communal ou la police le bien-fondé de la réclamation (voir *S'adresser à sa mairie*, p. 224).
La municipalité dispose, en effet, avec le service communal d'hygiène et de santé (SCHS), d'un ensemble de moyens humains et techniques aussi bien d'évaluation et de mesures que d'intervention. Invoquer la législation spécifique en matière de bruit vous permet donc de faire intervenir la mairie afin qu'une enquête soit effectuée. Cette enquête peut ensuite donner lieu à des poursuites pénales mais l'intervention d'une autorité peut convaincre votre voisin de limiter ou de cesser ses nuisances. Par ailleurs, lorsqu'il s'agit de bruits liés à une activité organisée ou à un chantier, le maire peut, indépendamment des poursuites pénales, prendre certaines mesures administratives. Ces dispositions incluent notamment l'obligation pour l'exploitant de consigner une somme correspondant au montant des travaux à réaliser, la suspension des travaux ou activités jusqu'à l'exécution des mesures prescrites, la fermeture de l'entreprise… (art. R. 1336-11, CSP ; art. L. 171-8, C. envir.).

En amont, le maire a également un rôle de police spéciale : il peut édicter des dispositions particulières, par arrêté, en vue d'assurer la protection de la santé, notamment en matière de lutte contre les bruits de voisinage (art. L. 1311-2, CSP). Il est à noter que le préfet peut de même prendre au niveau départemental des arrêtés limitant le bruit, voire le supprimant temporairement (par exemple en ce qui concerne les débits de boisson, tels les bars, restaurants, etc. ; art. L. 1332-15, CSP).

Cas pratique

En raison de son pouvoir de police générale et de police spéciale en matière de lutte contre le bruit, un maire peut ainsi décider de restreindre la pratique d'un ball-trap, source de gêne pour ses riverains.
De même, il peut prendre des arrêtés concernant la circulation dans sa commune, les travaux de construction, l'utilisation des tondeuses à gazon, l'organisation de concerts en plein air ou encore les horaires d'ouverture de certaines activités bruyantes. Comme on le voit, les réglementations peuvent varier d'une commune à l'autre. De nombreuses municipalités interdisent ainsi l'utilisation d'outils à moteur (tondeuses, perceuses…) les dimanches et jours fériés. Il convient de s'informer des dispositions prises par sa municipalité. Ces informations pourront d'ailleurs être obtenues dans le cadre de l'enquête faisant suite à la réclamation en mairie.

› S'adresser à sa mairie

Il est donc possible d'écrire au maire de sa commune pour demander son intervention (voir le modèle *Réclamer l'intervention du maire pour un bruit excessif*, p. 314). Un agent chargé de constater l'infraction se déplace chez le plaignant pour enquête. Il faut rappeler que seuls les bruits émanant d'activités professionnelles nécessitent la mise en œuvre d'une mesure acoustique.
Après avoir fait ses constatations, l'agent va contacter le fauteur de bruit pour, dans un premier temps, lui rappeler la réglementation en vigueur. Si cette manifestation de l'autorité publique ne suffit pas à faire cesser les nuisances sonores, le maire peut tenter une conciliation entre le fauteur de bruit et sa victime. Dans le cadre de ces tentatives pour trouver un terrain d'entente, il peut saisir le conciliateur de justice (voir *Recours au conciliateur de justice*, p. 293).
Si toute tentative de règlement amiable a échoué, il peut adresser une mise en demeure au fauteur de bruit. Sans réaction de sa part, un procès-verbal d'infraction est transmis par le maire au procureur de la République (source *Guide à l'usage du maire* : https://solidarites-sante.gouv.fr/IMG/pdf/guid06.pdf).

Porter plainte

Vous pouvez décider de porter plainte au commissariat de police, à la gendarmerie ou auprès du procureur de la République, comme pour toute infraction pénale. Vous pouvez aussi citer directement votre voisin devant le tribunal. Cette possibilité peut, dans certains cas, être à déconseiller car il faut être en possession d'un dossier suffisamment étayé.

L'auteur d'un bruit de comportement ou d'un tapage nocturne est passible d'une amende forfaitaire. Le bruit de chantier et les bruits des activités organisées relèvent du tribunal de police.

Vous demanderez qu'un agent se déplace pour constater l'infraction. L'intérêt d'une plainte est en effet qu'elle va entraîner une enquête qui pourra aboutir à la condamnation de votre voisin à l'amende, dans le premier cas, ou à la saisine du tribunal de police, dans le second cas.

L'avantage d'une telle démarche est essentiellement dans sa valeur d'intimidation : obliger le voisin à comparaître devant la police ou le tribunal peut permettre d'obtenir la cessation du trouble.

Pour mémoire, les agressions sonores relèvent, elles, du tribunal correctionnel. Il ne s'agit en effet pas d'une contravention mais d'un délit.

Dans tous les cas, vous devez vous constituer « partie civile » en tant que victime pour que la juridiction pénale vous accorde des dommages et intérêts.

Choisir la voie civile

Le bruit est fréquemment sanctionné dans le cadre des troubles anormaux de voisinage (procédure civile et non pénale). Choisir l'option civile présente de nombreux avantages, dans la mesure où l'on est en possession d'un dossier solide (voir *Préparer un bon dossier*, p. 292). Cela permet de :

- mettre rapidement en place un référé-expertise pour pouvoir établir la nuisance, le non-respect de la réglementation selon les cas, l'impact sur la personne, etc. ;
- demander une réparation en nature et/ou sous forme de dommages et intérêts (éloignement des animaux bruyants, limitation des horaires d'ouverture d'un restaurant, etc.). De nombreux exemples sont donnés dans les rubriques *Le trouble anormal de voisinage,* p. 195 et *Que peut-on obtenir ?*, p. 308 ;
- demander que ces condamnations soient assorties d'une astreinte (somme à verser par jour de retard dans l'exécution de la condamnation).

L'inconvénient de la voie civile est qu'elle peut se révéler moins dissuasive que la plainte (peur du gendarme), en tout cas, dans un premier temps. Cette affirmation doit cependant être nuancée car une condamnation sous astreinte à cesser un trouble, ordonnée par une juridiction civile, est souvent très efficace.

À NOTER

Nuisances sonores aériennes Les vendeurs, en cas de vente d'un logement, et les bailleurs, en cas de location, doivent, depuis le 1er juin 2020, indiquer sur un document aux acquéreurs ou aux locataires si le bien immobilier est situé dans une zone d'exposition au bruit des aéroports et des aérodromes.

Ce document est intégré au dossier de diagnostic technique (art. L. 112-11, C. urb.).

Troubles de voisinage et copropriété

➤ **Vivre en copropriété n'est pas toujours facile et les sources d'ennuis peuvent être multiples : bruits et odeurs du restaurant au rez-de-chaussée, travaux d'un copropriétaire entrepris sans autorisation, encombrement de parties communes…**

➤ **Même si, selon l'article 544 du Code civil, le droit de propriété consiste à jouir de son logement de la manière la plus absolue, pourvu qu'on n'en fasse pas un usage interdit par les lois ou les règlements, le fait que vous habitiez en copropriété induit nécessairement des limitations qu'il faut connaître.**

➤ **Les textes spécifiques et le règlement de copropriété doivent vous permettre de faire respecter vos droits. Cela ne vous empêche cependant pas de vous appuyer sur la notion de trouble anormal de voisinage.**

Des obligations liées au régime de la copropriété

Le principe selon lequel nul ne doit causer à autrui de troubles anormaux de voisinage s'applique bien entendu à la copropriété.
Cependant, le fait de vivre dans ce contexte suppose certaines spécificités : distinction entre parties privatives (appartement...) et parties communes (couloirs, espaces verts...), possibilité d'affecter certains lots à une activité particulière, présence d'un syndicat des copropriétaires représentant la collectivité, et de son mandataire, du syndic, règlement de copropriété organisant les relations au sein de la résidence, etc.
Il est donc nécessaire, en premier lieu, de bien différencier les droits et obligations de chacun en ce qui concerne les rapports de voisinage, en tenant compte des impératifs des textes (loi n° 65-557 du 10 juillet 1965 et son décret d'application n° 67-223 du 17 mars 1967) et du règlement de copropriété. Partir de ces règles peut vous permettre de demander la cessation du trouble de voisinage et votre indemnisation.

La loi du 10 juillet 1965 relative au statut de la copropriété

› Que dit ce texte ?

La copropriété présente des spécificités du point de vue de la notion de voisinage. De fait, la coexistence de lots privatifs et d'espaces communs, la présence d'un règlement de copropriété, d'un syndicat des copropriétaires et d'un syndic justifient l'application de règles particulières. Ces règles, si elles ne vous empêchent pas d'invoquer d'autres réglementations (voir notamment *Le bruit de voisinage : une réglementation spécifique*, p. 213) ou encore l'existence d'un trouble anormal de voisinage (voir *Le trouble anormal de voisinage*, p. 195) doivent être connues.
Par exemple, parmi les troubles de voisinage spécifiques à la copropriété, signalons l'encombrement de parties communes. Tel est le cas du copropriétaire qui entrepose dans le couloir commun ou le hall d'entrée divers objets encombrants. Il peut arriver que des copropriétaires « privatisent » un bout de couloir ou une cour commune comme dans les exemples suivants, ou encore des combles ou des caves. Or le principe en copropriété est que ces parties communes sont affectées à l'usage de tous les copropriétaires et non à l'un d'entre eux (le cas de la jouissance exclusive étant particulier). Deux exemples sont donnés ici (pour plus de développement, voir *La copropriété de A à Z*, chez le même éditeur).

Cas pratiques

- La copropriétaire d'un rez-de-chaussée avait installé des plantations puis un point d'arrosage et un abri de jardin dans une courette, partie commune. Les faits étaient anciens et n'avaient pas entraîné de réaction de la part de la copropriété. Des années plus tard (27 ans), le syndicat de copropriétaires demande sa condamnation à remettre les lieux en l'état sous astreinte de 300 € par jour de retard. Elle réplique en invoquant la prescription de l'action du syndicat au regard de l'article 42 de la loi de 1965 qui prévoyait un délai de 10 ans (5 ans aujourd'hui). Elle n'a cependant pas obtenu gain de cause. La Cour de cassation a estimé que « l'aménagement paysager traduisait une volonté de privatisation d'un espace commun par la présence d'un système de toiture en partie fixe, de très nombreuses plantations, de certains végétaux dont la dimension ne permettait pas qu'ils puissent être déplacés sans intervention extérieure et d'un robinet d'arrosage fixé sur le mur de la façade de l'immeuble ». Ainsi, cet aménagement constituait un acte d'appropriation et l'action tendant à obtenir le rétablissement de la cour commune dans son état d'origine était une action réelle se prescrivant par 30 ans qui en l'occurrence n'était pas prescrite (C. cass., civ. 3e, 26.1.2017, n° 15-25144).
- En revanche, un copropriétaire a pu acquérir un couloir par prescription trentenaire (voir *La prescription acquisitive et la possession,* p. 9). Il a pu en effet invoquer avoir eu la possession sans contestation depuis 30 ans. L'action en justice du syndicat de copropriétaires n'a pu aboutir (C. cass., civ. 3e, 29.2.2012, n° 10-26738).

Un article est à connaître qui peut permettre l'annulation d'une décision d'assemblée générale qui vous cause préjudice. Selon l'article 26 de la loi du 10 juillet 1965 : *« L'assemblée générale ne peut, à quelque majorité que ce soit, imposer à un copropriétaire une modification à la destination de ses parties privatives ou aux modalités de leur jouissance, telles qu'elles résultent du règlement de copropriété. »*

Cas pratique

Une décision d'assemblée générale des copropriétaires autorise la création d'une place de parking sur les parties communes dans la cour intérieure sur la surface gazonnée devant les fenêtres de la cuisine et du séjour de l'appartement d'un copropriétaire. Celui-ci demande l'annulation de cette décision, invoquant les nuisances qui en résulteraient pour lui du fait que cet emplacement est sous ses fenêtres (nuisances olfactives, remplacement d'une vue sur un espace vert par une vue sur un parking…). La cour d'appel annule la décision de l'assemblée générale, par application de l'article 26, alinéa 5, de la loi de 1965 estimant que ce parking entraînerait inévitablement une altération conséquente du confort initial et une modification négative des conditions d'usage des parties privatives (CA Douai, 14.5.2013, n° 12/03417 ; Loyers et copropriété Lexis-Nexis, 11.2013, n° 328, p. 36).

Les relations entre copropriétaires sont, sur un plan général, gouvernées par l'article 9 de la loi du 10 juillet 1965 : chaque copropriétaire peut librement utiliser les parties privatives et communes à condition de ne pas porter atteinte aux droits des autres copropriétaires ni à la destination de l'immeuble.

Être à l'origine d'un trouble de voisinage constitue donc une violation du droit dont dispose chacun de jouir paisiblement de son bien en vertu de cet article.
Si l'on en reprend les termes, il convient pour les copropriétaires :
- de ne pas porter atteinte aux droits des autres copropriétaires : il ne s'agit que d'une application du principe général de responsabilité civile selon lequel nul ne doit causer de dommages à autrui. La responsabilité du voisin peut être engagée s'il commet une faute, s'il abuse de son droit, mais aussi s'il cause un trouble anormal, etc. (voir *Comment orienter votre argumentation ?*, p. 300). Le fait d'être en copropriété est ici indifférent ;
- de ne pas porter atteinte à la destination de l'immeuble : il s'agit en revanche ici d'une notion spécifique à la copropriété. Cette destination, prévue par le règlement de copropriété, permet au syndic de copropriété d'intervenir en cas d'atteinte à la destination de l'immeuble, comme on le verra dans les exemples ci-après.

› L'atteinte à la destination de l'immeuble et/ou aux droits des voisins

Sur cette destination de l'immeuble et, de façon générale, sur le contenu du règlement de copropriété, signalons également l'article 8 de la loi du 10 juillet 1965 qui précise le rôle du règlement de copropriété. Ce document détermine la destination des parties tant privatives que communes, et les conditions de leur jouissance ; il fixe également les règles concernant l'administration des parties communes.
L'article 8 de la loi du 10 juillet 1965 précise que le règlement de copropriété ne peut imposer aucune restriction aux droits des copropriétaires en dehors de celles qui seraient justifiées par la destination de l'immeuble.
Autrement dit, la destination de l'immeuble peut restreindre les droits de chacun en copropriété. Cet article indique que la destination de l'immeuble est définie dans les actes (règlement de copropriété), par ses caractères ou sa situation. Si l'affaire est portée devant le juge, cette destination va donc faire l'objet d'une appréciation concrète portant sur les modalités d'occupation des différents locaux telles qu'elles figurent dans le règlement de copropriété mais aussi l'ensemble des conditions de vie offertes par l'immeuble. Cette destination dépend ainsi de l'usage (habitation, commerces, etc.), du caractère de l'immeuble (standing, etc.), de son environnement (quartier résidentiel, quartier très commerçant, etc.).

Cas pratiques

- Si la destination d'un immeuble, prévue dans le règlement de copropriété, est « *exclusivement bourgeoise* », aucune activité professionnelle ne peut être exercée dans les lieux. Cela vous permettra d'éviter certaines nuisances dues au va-et-vient des clients, aux odeurs et bruits d'un restaurant, à la pose d'une enseigne commerciale qui défigure votre immeuble, etc.
- Si la destination de l'immeuble est « *bourgeoise* », les locaux privatifs peuvent être utilisés pour l'habitation personnelle de leurs occupants mais aussi pour l'exercice d'activités professionnelles libérales. En revanche, les commerces sont interdits.

En pratique, de nombreux procès sont liés à l'exercice d'une activité professionnelle dans les lieux, souvent compte tenu du fait que les clauses des règlements de copropriété sont imprécises. Par exemple, le règlement de copropriété autorise les activités commerciales. Est-ce pour autant qu'un sex-shop peut s'installer dans votre immeuble ? Les juges vont donc rechercher, en cas de procès, ce qu'est concrètement la destination de l'immeuble en cause et donc le type d'activité pouvant y être exercé. Ils tiendront compte des caractéristiques de l'immeuble comme dans l'exemple suivant.

Cas pratique

L'exploitation d'une salle de gymnastique dans un immeuble de très grand standing pourra être interdite en raison de la destination de l'immeuble (CA Aix-en-Provence, 25.2.1999, D. 1999, somm. p. 313).

Cependant, même si elle est conforme à la destination de l'immeuble, l'activité exercée ne doit pas être une source de gêne pour les voisins. De fait, les tribunaux appliquent les principes suivants. En vertu de son droit de propriétaire, un voisin a la libre disposition de son local (appartement…) ; en revanche, l'activité qu'il envisage :

- ne doit pas être interdite par le règlement de copropriété (voir *Le règlement de copropriété*, p. 232) ;
- ne doit pas porter atteinte à la destination de l'immeuble ;
- ne doit pas porter atteinte aux droits des autres copropriétaires (notamment en leur causant un trouble anormal).

Si vous n'êtes pas d'accord avec l'activité exercée, compte tenu des troubles susceptibles d'être engendrés (importance de la clientèle et du va-et-vient, bruits et nuisances diverses), vous pouvez invoquer l'une ou l'autre de ces restrictions en alertant votre syndic ou en engageant vous-même les démarches.

Cas pratiques

- Il a été jugé que, même si l'exercice d'une activité commerciale n'est pas contraire à la destination de l'immeuble, il peut être source de nuisances pour les copropriétaires. Il revient donc aux juges de prendre les mesures nécessaires. Ici, un garage en rez-de-chaussée était transformé en café-restaurant. Les copropriétaires d'un appartement au 1er étage se plaignaient du bruit et des odeurs et demandaient la cessation de l'activité et une indemnisation. Dans un premier temps, ils ont échoué, les juges estimant que le règlement de copropriété ne prévoyait aucune restriction à l'usage commercial du lot. Cette argumentation n'est pas celle retenue par la Cour de cassation : dans la mesure où cette activité était source de nuisances constitutives d'un trouble anormal pour les copropriétaires, les juges auraient dû prendre les mesures de nature à les faire cesser (C. cass., civ. 3e, 29.2.2012, n° 10-28618). Comme on le voit ici, les copropriétaires ont invoqué la violation du règlement de copropriété et, à titre subsidiaire – et à bon escient – l'existence d'un trouble anormal.

- Dans une autre affaire, la preuve d'une gêne de voisinage n'a en revanche pas été apportée. Un locataire avait transformé une partie d'un local à usage de garage en local de vente et d'exposition. Le syndicat des copropriétaires de l'immeuble avait poursuivi en justice ce locataire, ainsi que son bailleur copropriétaire, pour que le lot redevienne un garage. Il estimait que cette transformation avec occupation du magasin par la clientèle était *« de nature à influer sur les droits des autres copropriétaires »*. Cette argumentation n'a pas été celle retenue par la Cour de cassation : il aurait fallu que le syndicat démontre en quoi ce changement d'usage était contraire aux droits des autres copropriétaires ou à la destination de l'immeuble (C. cass., civ. 3e, 11.12.2012, n° 11-25339).
- Il en est de même en cas de transformation d'un garage en magasin de sport : en l'absence de preuve du préjudice sonore, *« l'affectation à un usage commercial du garage n'est pas en soi de nature à porter atteinte aux droits des autres copropriétaires »* (C. cass., civ. 3e, 20.10.2016, n° 15-21714).

Le règlement de copropriété

En présence d'une nuisance, il peut être utile de s'appuyer sur une clause du règlement de copropriété pour obtenir gain de cause contre le fauteur de trouble. Ce document a valeur de contrat entre les copropriétaires et s'impose à eux. Il comporte des dispositions venant préciser, comme indiqué ci-avant, la destination de l'immeuble (standing, etc.), l'affectation des parties privatives (habitation, commerce, etc.) ou des parties communes (local de conciergerie, cave, couloir, jardin, etc.).

Ces clauses peuvent donc être invoquées par les copropriétaires (et, de façon générale, par les occupants de l'immeuble) s'ils souffrent de troubles de voisinage. Encore faut-il qu'elles soient suffisamment précises.

Tel est le cas d'une clause d'un règlement de copropriété accordant aux balcons la nature de parties communes et indiquant l'interdiction d'y édifier toute construction. Elle doit être appliquée et rend possible la demande en justice par l'un des copropriétaires de suppression d'une véranda édifiée par un voisin sur un balcon (C. cass., civ. 3e, 29.1.2003, n° 01-10743).

De même, ce n'est pas parce que votre voisin dispose de l'usage exclusif d'une partie commune (cour, terrasse, jardin, par exemple) qu'il ne doit pas en respecter les conditions d'utilisation prévues dans le règlement de copropriété. Notamment, si le règlement interdit les constructions sur les parties communes, il ne peut pas, par exemple, édifier une véranda dans le jardin ou poser une grille dans une cour (C. cass., civ. 3e, 10.10.2007, n° 06-17932 ; CA Paris, 4.11.1994, JCL Loyers et copropriété, 1995, n° 174). Même avec un usage privatif, cette partie reste commune.

Cas pratique

En remplaçant les revêtements de sol de son appartement (parquet flottant et des carreaux de céramique à la place de moquette), un copropriétaire manque à son obligation contractuelle de respecter la tranquillité de l'immeuble prévue dans le règlement de copropriété et de ne produire aucun bruit de nature à gêner les voisins. En effet, l'isolation phonique des nouveaux revêtements de sol, même si elle était conforme aux valeurs réglementaires, était de moindre qualité que celle d'origine. Il a pu être condamné à effectuer des travaux d'isolation phonique (C. cass., civ. 3e, 15.1.2003, n° 01-14472).

Autre exemple : certains règlements contiennent une clause d'habitation exclusivement bourgeoise : cette clause signifie que les copropriétaires ne peuvent pas exercer d'activités professionnelles dans les lieux (voir *L'atteinte à la destination de l'immeuble et/ou aux droits des voisins*, p. 230).

MON CONSEIL

L'intérêt de faire valoir une violation du règlement de copropriété La violation d'une clause du règlement vous autorise à agir directement contre votre voisin mais aussi à demander à votre syndic d'intervenir, voire à agir conjointement avec lui. En outre, selon les tribunaux, vous n'avez pas à prouver de préjudice personnel. Il suffit d'établir une infraction à ce document (voir *Les recours*, p. 235).
Malheureusement, de nombreuses clauses sont ambiguës. Que penser en effet de la clause, courante dans les règlements de copropriété, imposant aux copropriétaires de veiller à ce que la tranquillité de l'immeuble ne soit à aucun moment troublée par leurs agissements ? Vous permet-elle d'obtenir la suppression du bruit causé par votre voisin du dessus ?
Il est recommandé, dans ces cas, de se fonder également sur l'existence d'un trouble anormal de voisinage (ou un autre fondement, telle la faute de votre voisin) pour mettre toutes les chances de votre côté. Par exemple, vous invoquez la clause de tranquillité prévue dans votre règlement mais aussi l'intensité du bruit, ou encore le fait qu'il se produit de jour comme de nuit, etc., ce qui caractérise un trouble anormal de voisinage (voir *Le trouble anormal de voisinage*, p. 195). Dans ce dernier cas, il conviendra de prouver votre préjudice et le lien de cause à effet avec le bruit.

Cas pratique

Un syndicat de copropriétaires peut-il engager une action en justice contre un copropriétaire pour trouble de voisinage ?

La plupart du temps, le trouble de voisinage est invoqué entre copropriétaires. Mais le trouble peut également concerner des parties communes. Une décision de justice a précisé qu'un syndicat des copropriétaires peut agir à l'encontre d'un copropriétaire sur le fondement d'un trouble anormal du voisinage. Il s'agissait, en l'espèce, d'infiltrations subies par des parties communes d'un immeuble du fait de parties privatives (C. cass., civ. 3e, 11.5.2017, n° 16-14339). En effet, le principe selon lequel nul ne doit causer à autrui un trouble excédant les inconvénients normaux du voisinage peut s'appliquer dans ce cas.

Des règles spécifiques à la copropriété

Ces règles sont à connaître, qu'il s'agisse de la compétence spécifique du tribunal à saisir pour faire cesser un trouble de voisinage, ou de la question de savoir si la pré-occupation des lieux par l'entreprise qui créée les nuisances vous est opposable.

Tribunal territorialement compétent

Signalons ici une règle particulière en matière de litiges en copropriété : le tribunal compétent est toujours celui de la situation géographique de l'immeuble (art. 62 du décret du 17 mars 1967).

Éviction du critère de la pré-occupation

On a vu dans le chapitre concernant les troubles anormaux (voir *Le cas de l'entreprise installée avant vous*, p. 199) qu'il n'est pas possible de se plaindre d'une entreprise génératrice de troubles si elle exerçait son activité dans les lieux avant que vous n'arriviez. Cette disposition n'est cependant pas applicable aux rapports entre copropriétaires, comme le précise la jurisprudence. En tant que copropriétaire, vous pouvez donc demander la diminution ou la cessation des nuisances, même si l'entreprise était installée avant vous.

Cas pratique

Je suis propriétaire d'un appartement au deuxième étage d'un immeuble en copropriété. Je suis gêné par les cours de danse de l'appartement du dessus. Puis-je obtenir en justice des mesures pour diminuer les nuisances ? On m'a dit que le fait qu'il s'était installé avant moi m'empêchait de leur demander des comptes.

En ce qui concerne l'argument de la pré-occupation des lieux, sachez qu'il n'est pas admis dans votre cas. La Cour de cassation a jugé à plusieurs reprises que les dispositions de l'article L. 112-16 du Code de la construction et de l'habitation (devenu art. L. 113-8) ne sont pas applicables aux rapports des copropriétaires entre eux (voir, pour un cas proche du vôtre, C. cass., civ. 3e, 23.1.1991, n° 89-16163).

Les recours

Le syndic est souvent le premier destinataire des plaintes concernant les troubles de voisinage. Quelle est sa marge de manœuvre ?
Dans quelle mesure peut-il agir en votre nom ?
De votre côté, pouvez-vous intervenir pour faire valoir vos droits, avec ou sans lui ?
Il est logique de penser que chacun est libre de défendre ses droits lorsqu'il est gêné dans le cadre de sa propriété. Cependant, lorsque l'on vit en copropriété, il existe une organisation collective (syndicat des copropriétaires représenté par le syndic) ainsi qu'une juxtaposition de parties privatives et de parties communes, ce qui peut conduire à s'interroger sur les rôles de chacun.

Les textes

Les textes sur la copropriété délimitent les compétences respectives, pour agir devant les tribunaux, du syndicat des copropriétaires (représenté par son syndic), et de chaque copropriétaire. Ils doivent être connus lorsque les approches que vous avez tentées auprès de votre voisin s'avèrent inutiles et que le recours à la justice est envisagé.
L'article 15 de la loi n° 65-557 du 10 juillet 1965 précise que le syndicat peut agir en justice, conjointement ou non avec les copropriétaires, pour défendre les droits afférents à l'immeuble.
Tout copropriétaire peut par ailleurs de son côté exercer seul les actions concernant la propriété ou la jouissance de son lot, à condition d'en informer le syndic. Ce texte détermine donc la frontière entre les interventions du syndic au nom de la copropriété (action collective) et celles de chaque copropriétaire (action individuelle). Il prévoit également une action conjointe du syndic et du copropriétaire.

À NOTER

Occupation des espaces communs L'article L. 126-3 du Code de la construction et de l'habitation sanctionne le fait d'occuper à plusieurs les espaces communs ou les toits des immeubles collectifs d'habitation en empêchant délibérément l'accès ou la libre circulation des personnes ou le bon fonctionnement des dispositifs de sécurité et de sûreté. La police peut être amenée à intervenir pour assurer la sécurité de l'immeuble, et des sanctions pénales sont prévues (pour en savoir plus, voir l'entrée « Sécurité de l'immeuble » dans l'ouvrage *La copropriété de A à Z*, chez le même éditeur).

Faire intervenir son syndic

› Le principe

Le premier réflexe des occupants d'un immeuble en copropriété est de faire intervenir leur syndic quand ils sont confrontés à une nuisance de leurs voisins. La collectivité des copropriétaires est en effet constituée en un syndicat qui peut exercer des actions en justice par l'intermédiaire du syndic. Dans quelle mesure peut-il se substituer à vous si vous êtes victime d'un trouble de voisinage ?
L'une des compétences du syndicat est d'assurer la conservation de l'immeuble et l'administration des parties communes (c'est d'ailleurs à ce titre qu'il peut être reconnu responsable des dommages causés aux copropriétaires par un vice de construction, ou du défaut d'entretien des parties communes – art. 14 de la loi du 10 juillet 1965).
De son côté, le syndic est chargé :
- d'assurer l'exécution des dispositions du règlement de copropriété et des délibérations de l'assemblée générale ;
- d'administrer l'immeuble, de pourvoir à sa conservation, à sa garde et à son entretien et, en cas d'urgence, de faire procéder, de sa propre initiative, à l'exécution de tous travaux nécessaires à la sauvegarde de celui-ci ;
- de représenter le syndicat dans tous les actes civils et en justice (art. 18 de la loi du 10 juillet 1965).

› Les cas d'intervention

Dans une copropriété, vous n'êtes en effet pas seul lorsque vous êtes confronté à un trouble de voisinage. Le syndic, mandataire du syndicat des copropriétaires, est chargé de préserver l'immeuble et de faire respecter le règlement de copropriété.
Dans de nombreux cas (violation du règlement de copropriété, atteinte aux parties communes, troubles de jouissance collectifs), vous pouvez charger votre syndic d'intervenir en présence d'un trouble de voisinage avéré (voir *Les moyens d'action du syndic*, p. 238). À cet égard, il faut savoir que le syndic doit obtenir une autorisation en assemblée générale pour saisir un tribunal (art. 55 du décret n° 67-223 du 17 mars 1967 ; voir *Les moyens d'action du syndic*, p. 238). Cette autorisation, votée aux règles de majorité de l'article 24 de la loi de 1965, conditionne le pouvoir du syndic pour agir en justice. Elle doit donc être formulée de façon suffisamment claire pour permettre une condamnation englobant toutes les infractions des copropriétaires concernés.

Vous pouvez invoquer une infraction au règlement de copropriété

Il appartient au syndic, en premier lieu, de veiller au respect du règlement de copropriété. La première chose à faire, en présence d'un trouble de voisinage, est donc de vous reporter à ce document pour en étudier les clauses (voir *Le règlement de copropriété*, p. 232).

Si, par exemple, votre règlement interdit d'entreposer dans le hall de l'immeuble, les couloirs ou les paliers, des poussettes, landaus ou bicyclettes, et que vous êtes gêné dans votre quotidien par ce type de nuisance, alertez le syndic.
Ce dernier peut intervenir dès lors que vous prouvez le non-respect de votre règlement. Il vous suffit de lui signaler que le fauteur de trouble est en infraction avec ledit document.

Vous pouvez invoquer une atteinte aux parties communes

Chargé d'administrer l'immeuble, le syndic est également compétent en présence d'une atteinte aux parties communes.
Par exemple, votre voisin entrepose des meubles dans le couloir de votre immeuble : vous pouvez demander à votre syndic d'intervenir. Il en est de même si un voisin entreprend des travaux qui empiètent sur une partie commune – un couloir, par exemple.
De plus, l'article 15 de la loi pose le principe de l'action du syndicat – représenté par son syndic – notamment en vue « *d'assurer la sauvegarde des droits afférents à l'immeuble* ». À ce titre, il peut, par exemple, engager la responsabilité d'un architecte ou d'une entreprise de construction qui vous cause préjudice.

Vous pouvez invoquer un dommage collectif

L'action du syndic est en effet limitée, en matière de trouble de voisinage, par son rôle de représentant de la collectivité. Le syndicat n'a pas vocation à représenter chacun des copropriétaires pour obtenir la réparation d'un préjudice strictement personnel comme celui résultant d'une atteinte à vos seules parties privatives (par exemple si vous êtes seul à être gêné par les odeurs d'urine des chats de votre voisin).
En revanche, si cette gêne concerne d'autres voisins, vous pouvez demander à votre syndic d'intervenir. Comme le précise une décision, les dommages dont le syndic, au nom du syndicat, peut demander la réparation, doivent revêtir un caractère collectif, soit que les nuisances atteignent indivisiblement l'ensemble des parties communes et privatives, soit que les désordres soient généralisés à l'ensemble du bâtiment (cour d'appel de Paris, Pôle 4, 2e ch., 27.1.2010, Juris-Data n° 2010-380747).
En d'autres termes, le syndicat, par l'intermédiaire de son syndic, dispose de la qualité pour agir lorsque les troubles de jouissance ont, de par leur importance et leur étendue, un caractère collectif.
Ont été considérés comme des troubles collectifs validant une réaction du syndic :
- les nuisances sonores, olfactives et autres résultant du fonctionnement d'une gaine de désenfumage qui ont, par leur importance et leur étendue, un caractère collectif (C. cass., civ. 3e, 6.10.2009, n° 08-19441) ;
- les troubles de jouissance provenant d'une usine de stockage de céréales proche d'un immeuble en copropriété (poussière notamment) qui sont subis par les copropriétaires individuellement mais qui présentent de par leur importance et leur étendue un caractère collectif (C. cass., civ. 3e, 10.10.1984, n° 83-14811).

En revanche, en ce qui concerne le trouble subi par un copropriétaire individuellement, l'action du syndic n'est pas recevable (voir *Engager soi-même une procédure pour ses intérêts personnels*, ci-après).

MON CONSEIL

Obtenir une pétition Demandez à vos voisins dans l'immeuble de signer la pétition que vous aurez préparée concernant une nuisance que vous savez partagée par beaucoup. Cela vous sera très utile lorsque vous alerterez votre syndic.

› Les moyens d'action du syndic

Le syndic dispose de plusieurs moyens pour faire cesser les troubles :
- adresser un courrier au fauteur de troubles en lui rappelant ses obligations et lui enjoignant de faire cesser les troubles, sous peine d'une action en justice ;
- obtenir l'autorisation de l'assemblée générale pour engager une action en justice (art. 55 du décret n° 67-223 du 17 mars 1967).

Demander cette autorisation va prendre un certain délai. Il faut cependant savoir que le syndic peut introduire un référé, en vertu de ce texte, sans autorisation de l'assemblée générale. Le référé est une procédure rapide permettant, par exemple, d'obtenir une expertise ou l'arrêt d'un trouble « manifestement illicite » (sur cette procédure, voir *Saisir le tribunal en dernier recours*, p. 303).

Engager soi-même une procédure pour ses intérêts personnels

Comme le précise l'article 15, alinéa 2, de la loi de 1965, tout copropriétaire peut exercer seul une action en justice concernant la propriété ou la jouissance de son lot, à condition d'en informer le syndic.

› Prouver un préjudice personnel

Si le trouble concerne la seule « propriété ou jouissance » de votre lot privatif (appartement, maison), vous pouvez engager une action en justice contre l'auteur du trouble, à condition d'en informer le syndic. Cette information permet à ce dernier, le cas échéant, de se joindre à l'action en justice menée par le copropriétaire, s'il l'estime utile à la défense des intérêts de la copropriété (art. 9 et 15, alinéa 2 de la loi du 10 juillet 1965). Vous devez dans ce cas adresser au syndic la copie de l'assignation (art. 51 du décret du 17 mars 1967).

Le copropriétaire peut ainsi agir contre un voisin pour la gêne qu'il subit à titre personnel dans sa propriété privative (par exemple, le bruit occasionné par le voisin du dessus qui ne gêne que vous). Si vous êtes dans ce cas, il vous faudra faire la preuve des agissements fautifs de ce voisin (si vous vous fondez sur le trouble anormal de voisinage, vous devrez prouver le caractère excessif du trouble), du préjudice subi et de leurs conséquences (voir *Réunir les preuves*, p. 296).

› Prouver une violation du règlement de copropriété ou une atteinte aux parties communes

Le syndic n'a pas le monopole des actions en justice dans ces hypothèses (voir *Faire intervenir son syndic*, p. 236) : chacun des copropriétaires dispose également de ce droit en cas de violation du règlement de copropriété et/ou d'une atteinte aux parties communes, et ce, comme le précisent aujourd'hui les tribunaux, même s'il ne subit pas de préjudice personnel.
Autrefois, la jurisprudence refusait toute action d'un copropriétaire dans ces cas, estimant qu'elle relevait de la compétence exclusive du syndic. Puis plusieurs arrêts récents ont admis qu'un copropriétaire puisse exiger le respect par un autre copropriétaire du règlement de copropriété ou la cessation d'une atteinte aux parties communes, et ce, sans devoir démontrer qu'il subissait un préjudice personnel et distinct de celui dont souffrait la collectivité des membres du syndicat (C. cass., civ. 3e, 29.3.2011, n° 10-16487).

Cas pratique

Un règlement de copropriété d'un immeuble dispose que les balcons sont des parties communes et qu'il est interdit d'y édifier aucune construction même légère. L'action d'un copropriétaire en suppression des vérandas édifiées sur les balcons a été déclarée recevable sans que ce copropriétaire soit astreint à démontrer qu'il subissait un préjudice personnel et spécial distinct de celui dont souffre la collectivité des membres du syndicat (C. cass., civ. 3e, 29.1.2003, n° 01-10743).

Engager des poursuites conjointement avec son syndic

Les textes sur la copropriété prévoient la possibilité d'agir conjointement avec le syndic de la copropriété.
Par exemple, des troubles sont générés par un usage abusif de parties communes. Dans ce cas, s'il peut invoquer un préjudice personnel (par exemple, il ne lui est plus possible d'accéder à son parking privatif car son voisin se gare devant l'accès), le copropriétaire victime a la possibilité d'agir seul, sur la base de l'article 15 de la loi. Il peut aussi demander au syndic d'intervenir à sa place pour faire respecter le règlement de copropriété. Il peut, enfin, engager une action conjointe avec le syndic.

Le cas des locataires

L'occupant d'un immeuble (ou d'une maison) en copropriété peut être non pas un copropriétaire mais un locataire.
Si le locataire est l'auteur d'un trouble de voisinage, les clauses du règlement de copropriété lui sont-elles opposables ? Peut-on intervenir directement auprès de lui ou doit-on s'adresser au copropriétaire bailleur ?
Si le locataire est victime d'un trouble, quels sont ses droits ? Peut-il agir contre son bailleur pour obtenir la cessation des troubles de voisinage ?

Le locataire qui gêne ses voisins

Le locataire peut apporter par son activité professionnelle ou son mode de vie (qu'il s'agisse de son comportement dans son appartement ou dans les parties communes), un trouble aux autres occupants de l'immeuble. On pense ici, par exemple, à la société locataire d'un lot en copropriété qui génère un va-et-vient continuel de clients, des bruits et nuisances diverses. Il peut s'agir d'une infraction au règlement de copropriété, d'une faute à l'égard des occupants de l'immeuble, etc. Quels sont vos droits en tant que voisin ?

› Une infraction aux règles de la copropriété

Si le voisin locataire commet une infraction aux règles régissant la copropriété, il est considéré comme tout copropriétaire en tort. En effet, le règlement de copropriété s'applique à tous les occupants, quel que soit le titre de leur occupation (propriétaire occupant, locataire…). Ainsi, le locataire doit respecter la destination de l'immeuble, ne pas porter atteinte aux parties communes, etc. (voir *La loi du 10 juillet 1965 relative au statut de la copropriété*, p. 228 et *Le règlement de copropriété*, p. 232).
Le syndic des copropriétaires, chargé de faire respecter le règlement de copropriété, peut alors intervenir, tout comme les copropriétaires (voir *Les recours*, p. 235). Il peut s'adresser soit au copropriétaire bailleur, soit au locataire.
Si son intervention est sans effet, le syndic peut alors engager leur responsabilité devant le tribunal en demandant la cessation du trouble (fermeture du restaurant non autorisé par la copropriété, démolition des travaux empiétant sur les parties communes, etc.) et/ou leur condamnation à des dommages et intérêts.
Les copropriétaires peuvent aussi agir en justice, comme on le voit dans l'affaire ci-après.

Cas pratique

Le copropriétaire d'une boutique à usage commercial la loue à une entreprise. Celle-ci exerce dans les lieux l'activité de « teinturerie, blanchisserie, pressing ».

Neuf copropriétaires, soutenant que les travaux entrepris et l'implantation de machines contrevenaient au règlement de copropriété et entraînaient des troubles de jouissance, assignent le bailleur et son locataire en interdiction d'utiliser ces installations.
Le syndicat intervient dans la procédure. Il a été décidé que :
– l'exploitation à usage d'atelier de la boutique à usage commercial était contraire à la destination de l'immeuble ;
– le bail qui ne concernait qu'une boutique à usage commercial faisait référence au règlement de copropriété, obligeant le locataire à respecter la tranquillité de l'immeuble (C. cass., civ. 3e, 4.5.1982).

À NOTER

L'action oblique permet d'agir directement contre le locataire Une infraction au règlement de copropriété par un locataire peut aussi constituer une infraction aux clauses du bail, susceptible d'entraîner sa résiliation et le départ du locataire. Dans quelle mesure le syndicat des copropriétaires, voire les copropriétaires eux-mêmes, peuvent-ils se substituer à un bailleur qui n'agirait pas contre son locataire ?
Cette possibilité résulte non des textes sur la copropriété mais du Code civil. En effet, l'article 1341-1 du Code civil (ex-art. 1166), par ses termes généraux, autorise le syndicat ou un copropriétaire, en cas d'inertie du bailleur, à agir à sa place pour obtenir la résiliation du bail et l'expulsion du locataire (voir ci-après).

› Une infraction aux règles du bail

Le locataire se met également en infraction aux règles de son bail. En effet, comme on le verra plus loin, tout locataire est tenu à certaines obligations en vertu de son bail, qu'il habite en copropriété ou non, et ce quel que soit le type de troubles de voisinage qu'il cause. L'une des obligations d'un locataire est d'« *user de la chose louée raisonnablement, et suivant la destination qui lui a été donnée par le bail [...]* » (art. 1728, C. civ.). À ce titre, il ne doit pas, par exemple, gêner ses voisins, être en infraction au règlement de copropriété qui concerne tous les occupants de l'immeuble, etc.
Le copropriétaire bailleur peut être amené à résilier le contrat de location du locataire qui ne respecterait pas cette obligation.

Cas pratique

Un locataire commerçant occupait, sans y avoir été autorisé, une partie commune d'un immeuble en copropriété non comprise dans les lieux loués, alors que le bail lui faisait obligation de respecter le règlement de copropriété. Son bail a été résilié par son bailleur (C. cass., civ. 3e, 5.2.1997, n° 95-11820).

Le contrat de location peut d'ailleurs comporter une clause résolutoire visant à sanctionner le non-respect de l'obligation d'user paisiblement des lieux résultant de troubles de voisinage constatés par une décision de justice (art. 4 g de la loi n° 89-462 du 6 juillet 1989).

Le bailleur est tenu d'agir contre son locataire en cas de trouble de voisinage (art. 6-1 de la loi n° 89-462 du 6 juillet 1989).
S'il n'entreprend aucune démarche auprès de son locataire, le syndicat des copropriétaires peut agir à sa place en demandant directement la résiliation du bail. Il peut s'agir d'un bail commercial et d'un locataire qui ne respecte pas les dispositions du règlement relatives à la destination de l'immeuble comme dans l'exemple suivant.

Cas pratique

Une société locataire transforme, sans autorisation des bailleurs et de la copropriété, un local à usage d'habitation en cuisine de restaurant. Elle y exploite son commerce dans des conditions nuisant à la tranquillité des copropriétaires.
Les bailleurs n'ayant pas obtenu qu'il soit mis fin à ces infractions, le syndicat des copropriétaires a obtenu la résiliation du bail et son expulsion.
Selon la Cour de cassation : « *En présence d'un règlement de copropriété déclarant chaque copropriétaire responsable des agissements répréhensibles de ses locataires, le syndicat des copropriétaires a, en cas de carence du copropriétaire bailleur, le droit d'exercer l'action en résiliation du bail dès lors que le locataire contrevient aux obligations découlant de celui-ci et que ses agissements, qui causent un préjudice aux autres copropriétaires, sont en outre contraires au règlement de copropriété.* » (C. cass, civ. 3e, 14.11.1985, n° 84-15577.)

Outre la carence du bailleur, les tribunaux imposent au syndicat des copropriétaires d'apporter la preuve des troubles de voisinage, d'une infraction au bail et d'une infraction au règlement de copropriété.

Cas pratique

Par exemple, il a été jugé qu'il existait une violation du bail et du règlement de copropriété dans le fait pour le locataire d'exercer son activité de carrosserie-peinture et dans la modification des parties communes par le percement d'un mur-maître et le creusement d'une fosse de décantation sans l'autorisation de l'assemblée générale. Du fait des nuisances engendrées par cette activité, les juges ont prononcé la résiliation du bail (C. cass., civ. 3e, 22.6.2005, n° 04-12540).

De même, un copropriétaire peut agir directement contre le locataire s'il établit l'existence des troubles, la preuve de son préjudice ainsi que la carence du bailleur. Ce dernier point n'était pas démontré dans l'affaire suivante.

Cas pratique

M. et Mme X sont copropriétaires d'un appartement avec terrasses, situé au dernier étage d'un immeuble. La société Z est copropriétaire d'un local à usage de restaurant situé en rez-de-chaussée qu'elle loue à une entreprise.
Le couple se plaint de nuisances olfactives et d'une activité de vente à domicile de la part du locataire.
Invoquant la carence du bailleur, M. et Mme X l'ont assigné, ainsi que la locataire, en résiliation du bail commercial.

L'arrêt d'appel leur donne raison, en retenant notamment la présence des odeurs, nuisances interdites par le règlement de copropriété et provenant du restaurant de la société locataire.
Pourtant, ce n'est pas en ce sens que statue la Cour de cassation qui casse l'arrêt : l'inertie du bailleur n'était en effet pas démontrée (C. cass., civ. 3e, 12.7.2018, n° 17-20680).

ATTENTION
Il n'est pas possible de résilier un bail si les troubles de voisinage reprochés au locataire d'un logement n'ont pas été constatés par une décision de justice (art. 4 g, loi n° 89-462 du 6 juillet 1989 sur les rapports locatifs).

Le locataire qui est gêné par un voisin ou victime d'un dommage provenant de l'immeuble

Le locataire d'un appartement en copropriété doit savoir à qui s'adresser s'il est gêné par ses voisins : est-ce du ressort du syndic de l'immeuble ou de son bailleur ? Peut-il directement poursuivre le fauteur de troubles ?
À qui peut-il s'adresser s'il est victime d'un dommage provenant de l'immeuble ?

› En cas de trouble provenant d'un voisin

Comme toute personne, le locataire peut demander à l'auteur du trouble de le faire cesser.
Devant les tribunaux, il devra prouver une faute de la part du fauteur de troubles ou l'anormalité du trouble subi (voir *Le trouble anormal de voisinage*, p. 195).
Le locataire gêné peut aussi se retourner contre son bailleur qui lui doit la jouissance paisible et normale du bien loué (art. 1719, C. civ.). Cette garantie a vocation à s'appliquer, que la location s'inscrive dans une copropriété ou non.
Un cas particulier est à envisager : celui où le locataire victime et le fautif ont le même bailleur. Ce dernier est alors tenu d'agir contre l'auteur des troubles (art. 4 g de la loi n° 89-462 du 6 juillet 1989). C'est ce qui a été décidé à propos d'un logement HLM.

Cas pratiques

- Le bailleur est obligé, par la nature du contrat, et sans qu'il soit besoin d'aucune stipulation particulière, de faire jouir paisiblement son locataire de la chose louée pendant la durée du bail (art. 1719, C. civ.). C'est sur la base de ce principe qu'a été rendue une décision dans laquelle un locataire mettait en cause son bailleur resté impuissant face aux troubles anormaux de voisinage causés par ses voisins du dessus (nuisances sonores nocturnes et violences).

La cour d'appel avait rejeté ses demandes au prétexte que :
– le bailleur avait envoyé au fautif des lettres en recommandé avec avis de réception qui s'étaient avérées inefficaces ;
– on ne pouvait lui reprocher de ne pas avoir engagé « une procédure judiciaire aléatoire de résiliation du bail ».
Cet arrêt est cassé. Selon la Cour de cassation, le bailleur est responsable envers son locataire des troubles de jouissance causés par les autres locataires et, par conséquent, le bailleur n'est pas exonéré de cette responsabilité, sauf en cas de force majeure (C. cass., civ. 3e, 8.3.2018, n° 17-12536).

• En revanche, le bailleur est-il responsable si le fauteur de troubles n'est pas son locataire ? Non selon une réponse ministérielle qui rappelle qu'un bailleur n'est pas responsable à l'égard du locataire pour les troubles causés par un tiers, selon l'article 1725 du Code civil. Dès lors, il ne peut pas demander en justice la résiliation d'un contrat de location qu'il n'a pas signé et auquel il n'est pas partie. En revanche, le locataire, qui subit le trouble, lui peut directement assigner en justice la personne à l'origine du trouble anormal de voisinage, que cette personne soit locataire ou non du même bailleur, afin d'obtenir la cessation du trouble et le versement de dommages et intérêts. Le locataire peut alors se fonder sur le principe autonome selon lequel nul ne doit causer à autrui un trouble anormal de voisinage, dégagé par la Cour de cassation dès 1844 et réaffirmé dans son arrêt du 19 novembre 1986 (C. cass., civ. 2e, n° 84-16379 ; rép. min., Q. n° 13320, JOAN, 23.7.2019).

› En cas de trouble provenant de l'immeuble ou des parties communes

La question se pose ici de savoir si le locataire doit agir exclusivement à l'encontre de son propriétaire, pour obtenir la cessation du trouble et la réparation du préjudice, ou s'il dispose d'une action contre le syndicat des copropriétaires. Doit-il s'adresser d'abord à son bailleur, à charge pour ce dernier de se retourner contre le syndicat, voire le syndic ?

Le principe est que le locataire n'a pas de lien direct avec la copropriété. Son interlocuteur privilégié est le bailleur, qui lui a loué les lieux. C'est donc à son bailleur qu'il doit s'adresser.

Néanmoins, l'article 14 de la loi du 10 juillet 1965 précise que le syndicat « *est responsable des dommages causés aux copropriétaires ou aux tiers par le vice de construction ou le défaut d'entretien des parties communes [...]* ».

Dans ces cas particuliers, le locataire peut agir directement contre le syndicat sans passer par le bailleur.

Cas pratiques

• Le vice de construction peut être reconnu en cas de défaut d'étanchéité des murs extérieurs.

• Le défaut d'entretien des parties communes a été reconnu dans un cas de refoulement, par l'évier du logement, des eaux usées d'une colonne d'évacuation de l'immeuble (C. cass., civ. 3e, 17.6.2008, n° 07-14864).

À l'exception de l'action en responsabilité contre le syndicat pour vice de construction ou défaut d'entretien, le locataire, qui n'a pas de lien de droit avec le syndicat des copropriétaires, ne dispose pas d'action en justice contre le syndicat.

Ainsi, par exemple, le locataire n'a aucun droit d'exiger des modifications ou des travaux sur les parties communes de l'immeuble (C. cass., civ. 3e, 16.6.1993, n° 91-14267).

En dehors des deux cas cités ci-avant, le seul interlocuteur du locataire est donc son bailleur.

Les troubles de voisinage liés à des travaux

➤ **Votre voisin a l'intention d'entreprendre des travaux importants. Avant de pouvoir s'y opposer, il est utile de prendre connaissance du dossier et de vérifier s'il a obtenu les autorisations nécessaires pour son projet.**

➤ **Pour obtenir l'annulation du permis ou de l'autorisation des travaux, il faut déposer un recours gracieux et/ou contentieux devant le tribunal administratif.**

➤ **Les voisins ou les tiers concernés peuvent aussi s'adresser aux tribunaux civils s'ils veulent mettre en cause la responsabilité du voisin, à l'origine des travaux, ou obtenir la démolition de la construction.**

Se grouper ou agir seul ?

L'action peut être engagée par un ou plusieurs particuliers (action individuelle) ou par un groupement ou une association réunissant des intérêts communs (action collective).

Si vous êtes plusieurs à vous plaindre du projet, il peut être intéressant de vous grouper.
Mais attention : la possibilité de créer une association dans le but de lutter contre un projet en cours est aujourd'hui limitée.
La possibilité d'agir des associations est soumise à deux conditions : une certaine ancienneté et un objet social correspondant précisément au litige en question.
En outre, seules les associations dont les statuts sont déposés au moins 1 an avant l'affichage du projet en mairie sont autorisées à agir (art. L. 600-1-1, C. urb.).
Cette mesure empêche donc les créations d'associations constituées uniquement pour lutter contre un projet particulier.
Dans ce cas, les riverains doivent agir en leur nom, en tant que particuliers.
En ce qui concerne les associations déjà constituées, elles doivent justifier d'un intérêt à agir pour pouvoir contester une décision administrative. L'intérêt à agir se détermine en fonction des statuts de l'association.

Cas pratiques

- Une association agréée de protection de l'environnement pour l'ensemble d'un département justifie d'un intérêt à agir pour demander l'annulation d'un permis de construire accordé dans ce département dans un but de rénovation et de reconstruction d'un bâtiment comprenant neuf logements et situé à proximité immédiate du littoral. L'objet statutaire de l'association inclut la préservation du littoral (Conseil d'État, 8.2.1999, n° 176779).
- En revanche, une association ayant un ressort géographique régional ne peut pas demander l'annulation d'un permis de construire d'une maison individuelle (Conseil d'État, 27.5.1991, n° 113203).
- De même, une association dont l'objet social est la défense de l'environnement, de la nature, de la vie et de la qualité de la vie en Franche-Comté, ne peut pas demander l'annulation d'un permis de construire accordé en vue de l'agrandissement et de la modification des façades d'un bâtiment d'habitation (Conseil d'État, 31.10.1990, n° 95083).

Comment prendre connaissance du projet ?

Le projet doit être rendu public par voie d'affichage sur le terrain et en mairie.

Si le voisin a demandé un permis

Avant la décision d'accorder ou non le permis, les caractéristiques essentielles du projet sont affichées en mairie dans les 15 jours qui suivent le dépôt de la demande.
Le maire affiche un avis de dépôt indiquant notamment le nom du demandeur, l'adresse du terrain et la destination (l'usage) de la construction.
Lorsque le permis est accordé, le bénéficiaire doit afficher un avis sur son terrain, visible de l'extérieur au moyen d'un panneau rectangulaire, indiquant notamment l'identité du déclarant et la nature des travaux.
Cette formalité est obligatoire (son inobservation est punie d'une amende). Elle fait courir le délai de recours pour contester le permis (voir *Comment déposer le recours ?*, p. 259).
Un extrait du permis est également affiché à la mairie pendant 2 mois (délai du recours contentieux). Ce délai débute dans les 8 jours de la délivrance expresse ou tacite du permis.
Ainsi, dès l'affichage, tous les intéressés (en général les voisins) peuvent consulter à la mairie les pièces relatives à la construction et en prendre copie.
Cet avis doit rester en place pendant toute la durée des travaux (art. R.* 424-15 et s., C. urb.).
Le décret n° 2018-617 du 17 juillet 2018 impose à l'Administration de mentionner, dans la décision qu'elle prend sur une demande d'autorisation d'urbanisme, la date d'affichage en mairie de l'avis de dépôt de cette demande (art. R.* 424-5 et R.* 424-13, C. urb.).

Si le voisin a déposé une déclaration de travaux

La déclaration préalable de travaux est nécessaire pour des travaux de moindre importance (constructions de faible superficie, élévation d'un mur de plus de 2 mètres, transformation d'un bâtiment…).
Comme pour le permis de construire, la déclaration de travaux doit faire l'objet d'un affichage en mairie.

Puis, quand les travaux déclarés sont autorisés (c'est-à-dire en cas d'absence d'opposition du maire), le bénéficiaire doit afficher un avis sur son terrain, visible de l'extérieur.
Cet avis de non-opposition aux travaux doit rester en place pendant toute la durée des travaux.
Il permet aux tiers d'être avertis des travaux autorisés.
L'avis doit également indiquer que les personnes qui veulent déposer un recours contre la décision de non-opposition doivent notifier ce recours à l'auteur de la décision et au bénéficiaire de cette décision.
Un extrait de la déclaration est également affiché à la mairie pendant 2 mois. Ce délai débute dans les 8 jours de la décision de non-opposition à la déclaration préalable (art. R.* 425-15, C. urb.). L'affichage ouvre les délais de recours contre la décision de la mairie.

Votre voisin est-il en règle ?

QUELLES OBLIGATIONS POUR QUELS TRAVAUX* ?

Travaux	Description	Obligations administratives
Abri de jardin d'une hauteur de moins de 12 mètres et hors secteur sauvegardé ou site classé	– Surface de plancher supérieure à 20 m² (hors territoires dotés d'un PLU)	– Permis de construire
	– Surface de plancher supérieure à 5 m² et inférieure à 20 m²	– Déclaration préalable
	– Surface de plancher inférieure à 5 m²	– Aucune formalité
Abri souterrain	– Surface de plancher supérieure à 20 m² (hors territoires dotés d'un PLU)	– Permis de construire
	– Surface de plancher supérieure à 5 m² et inférieure à 20 m²	– Déclaration préalable
	– Surface de plancher inférieure à 5 m²	– Aucune formalité
Antenne	– Dimension globale inférieure à 4 m ; réflecteur inférieur à 1 m de diamètre	– Aucune formalité
	– Plus de 4 m, réflecteur de plus d'1 m	– Déclaration préalable
Barbecue en dur	– Hauteur inférieure à 12 m et surface inférieure à 5 m²	– Aucune formalité
	– Surface supérieure à 5 m²	– Déclaration préalable

QUELLES OBLIGATIONS POUR QUELS TRAVAUX* ?		
Travaux	**Description**	**Obligations administratives**
Canalisations, câbles souterrains	– Pose	– Aucune formalité
Cave	– Surface de plancher supérieure à 20 m² (hors territoires dotés d'un PLU)	– Permis de construire
	– Surface de plancher supérieure à 5 m² et inférieure à 20 m²	– Déclaration préalable
	– Surface de plancher inférieure à 5 m²	– Aucune formalité
Climatiseur	– Pose en extérieur (même si démontable)	– Déclaration préalable
Clôtures	– Situées dans un secteur sauvegardé ou un site classé, dans une commune dotée d'un PLU, ou soumises à déclaration par la mairie	– Déclaration préalable
	– Autres communes	– Aucune formalité
	– Pour activité agricole ou forestière	– Aucune formalité
Combles	– Transformation en chambres	– Déclaration préalable
Construction nouvelle	– Création d'une surface de plancher supérieure à 20 m² (hors territoires dotés d'un PLU)	– Permis de construire
	– Création d'une surface de plancher supérieure à 5 m² et inférieure ou égale à 20 m²	– Déclaration préalable
	– Création d'une surface de plancher inférieure à 5 m²	– Aucune formalité
Éolienne	– Hauteur inférieure ou égale à 12 m	– Aucune formalité
	– Hauteur supérieure à 12 m	– Déclaration préalable
	– Hauteur supérieure à 50 m	– Permis de construire et autorisation « Installation classée »
Fenêtres	– Remplacement à l'identique	– Aucune formalité
	– Ouverture ou agrandissement	– Déclaration préalable

QUELLES OBLIGATIONS POUR QUELS TRAVAUX* ?		
Travaux	**Description**	**Obligations administratives**
Garage	– Création d'une surface supérieure à 20 m² (hors territoires dotés d'un PLU)	– Permis de construire
	– Surface inférieure à 20 m²	– Déclaration préalable
Habitation légère de loisir	– Sur terrains autorisés, surface de plancher supérieure à 35 m²	– Déclaration préalable
	– Sur terrains autorisés, surface de plancher inférieure à 35 m²	– Aucune formalité
Hangar agricole	– Construction ou transformation en habitation	– Permis de construire
Murs	– Hauteur supérieure ou égale à 2 m	– Déclaration préalable
	– Hauteur inférieure à 2 m	– Aucune formalité
Murs de soutènement		– Aucune formalité
Piscines	– Surface supérieure à 100 m²	– Permis de construire
	– Surface inférieure ou égale à 100 m² et non couverte	– Déclaration préalable
	– Surface inférieure ou égale à 100 m² couverture inférieure à 1,80 m de hauteur	– Déclaration préalable
	– Surface inférieure ou égale à 10 m²	– Aucune formalité
Ravalement		– Déclaration préalable
Ruine	– Démolition	– Permis de démolir
	– Reconstruction	– Permis de construire (pouvant être demandés en même temps ou séparément)
Serres, châssis	– Hauteur supérieure à 4 m, surface supérieure à 2 000 m²	– Permis de construire
	– Hauteur comprise entre 1,80 m et 4 m, surface inférieure à 2 000 m²	– Déclaration préalable
	– Hauteur inférieure à 1,80 m	– Aucune formalité
Statues, œuvres d'art	– Hauteur inférieure ou égale à 12 m au-dessus du sol et moins de 40 m³ de volume	– Déclaration préalable

QUELLES OBLIGATIONS POUR QUELS TRAVAUX* ?		
Travaux	**Description**	**Obligations administratives**
Surélévation d'un bâtiment	– Création d'un étage habitable	– Permis de construire
Terrasses	– Création : • Hauteur au-dessus du sol égale ou inférieure à 0,60 m	– Déclaration préalable
	• Hauteur au-dessus du sol supérieure à 0,60 m	– Permis de construire
	– Fermeture d'une terrasse	– Déclaration préalable
	– De plain-pied	– Aucune formalité
Toiture	– Réfection complète avec changement de matériaux	– Déclaration préalable
	– Pose de capteurs solaires	– Déclaration préalable
	– Remise en état	– Aucune formalité
Travaux d'aménagement intérieur	– Sans changement de destination des lieux, création de surface nouvelle ou modification de l'aspect extérieur	– Aucune formalité
Velux	– Pose sur le toit	– Déclaration préalable
Véranda	– Création d'une surface de plancher supérieure à 20 m^2 (hors territoires dotés d'un PLU)	– Permis de construire
	– Création d'une surface de plancher inférieure à 20 m^2 et supérieure à 5 m^2	– Déclaration préalable
Volets	– Remplacement à l'identique	– Aucune formalité
	– Remplacement modifiant l'aspect extérieur de la façade	– Déclaration préalable

* Attention, il s'agit des règles de principe pour lesquelles de nombreuses exceptions sont prévues (secteurs protégés, notamment). Se renseigner auprès du service de l'urbanisme compétent s'impose donc avant d'entamer les travaux.

À NOTER

De nouvelles dispositions au profit de l'administré À cet égard, il faut signaler le droit d'un administré à l'erreur créé par la loi n° 2018-727 du 10 août 2018, qui présume la bonne foi d'un administré dans ses déclarations. En effet, c'est dorénavant à l'Administration de prouver la mauvaise foi, c'est-à-dire le fait pour l'intéressé d'avoir « *délibérément méconnu une règle applicable à sa situation* ». Il faut cependant que l'administré ait régularisé sa situation de sa propre initiative ou après avoir été invité par l'Administration à le faire dans le délai qu'elle lui a indiqué. En outre, le droit à l'erreur ne s'applique pas, notamment, en cas de méconnaissance des règles préservant directement la santé publique, la sécurité des personnes et des biens ou l'environnement.

Une autre mesure est prévue pour permettre de pallier l'insécurité juridique que peuvent subir les bénéficiaires d'autorisations administratives, notamment en matière d'urbanisme. Ainsi toute personne peut demander à faire l'objet d'un contrôle de l'Administration prévu par les dispositions législatives et réglementaires en vigueur, ce qui lui permettra ultérieurement de faire état de la position de cette dernière.

Sur quels arguments se fonder ?

Il faut prouver l'illégalité de la décision et justifier d'un intérêt à agir.

Le permis peut être attaqué s'il est illégal

La décision administrative peut être attaquée si elle valide une demande de permis qui ne respecterait pas le plan local d'urbanisme (concernant par exemple la hauteur des constructions, les caractéristiques des clôtures, etc.), les prescriptions spéciales (liées à l'intérêt des lieux avoisinants, aux sites, aux paysages naturels ou urbains, à la conservation des perspectives monumentales, etc.), les règles de constitution du dossier ou de procédure, etc.
Les tiers doivent prouver que la décision administrative est illégale et qu'elle leur porte préjudice.

Cas pratiques

- Un permis de construire peut être illégal s'il a été accordé alors que la demande de permis ne comporte pas le document graphique permettant d'apprécier l'insertion du projet de construction dans l'environnement, son impact visuel ainsi que le traitement des accès et des abords.
- Un permis est illégal s'il autorise l'implantation de boxes pour des chevaux alors que la présence d'un lotissement à proximité immédiate n'était signalée ni par la notice, ni par le document graphique joints à la demande de permis (Conseil d'État, 14.6.2004, n° 249465).
- Un permis est illégal s'il est accordé pour une rampe d'accès à un garage construite en limite séparative du terrain voisin alors que le plan d'occupation des sols impose pour les constructions une distance d'au moins 2,5 m par rapport aux limites séparatives de propriété (Conseil d'État, 21.10.2005, n° 276943).
- Un permis a été annulé car il était accordé pour des constructions prenant appui sur un mur mitoyen. Or, l'autre propriétaire de ce mur n'avait pas été averti de ce projet ni donné son accord. Aucune autorisation de sa part ne figurait dans le dossier (Conseil d'État, 15.5.2013, n° 34235).
- Un permis avait été déposé pour l'extension d'une maison existante. Les voisins reprochaient au permis de n'avoir pas respecté le règlement du plan d'occupation des sols qui prévoyait des distances minimales entre deux constructions. Or la construction était contiguë à la maison existante. Les distances minimales n'avaient donc pas lieu de s'appliquer (Conseil d'État, 18.6.2012, n° 325826). La demande d'annulation a donc été rejetée dans ce contentieux.

Si la requête est jugée recevable, le juge peut ne prononcer qu'une annulation partielle (art. L. 600-5, C. urb.).

Cas pratique

Le permis peut n'être annulé que partiellement

Dans ce dossier, le maire avait accordé un permis de construire six logements. Or l'illégalité n'affectait que quelques maisons. Les autres constructions étaient légales. Le permis n'a été annulé que partiellement pour ces maisons (Conseil d'État, 15.5.2013, n° 34235).

Il peut aussi accorder un délai au bénéficiaire du permis pour lui permettre de régulariser sa situation en déposant un permis modificatif.

À NOTER

La régularisation du permis de construire La loi ELAN (L. n° 2018-1021 du 23 novembre 2018) va plus loin dans le sens de la régularisation du permis puisque :
– elle estime qu'un vice n'affectant qu'une partie du projet peut être régularisé. Le juge doit limiter à cette partie la portée de l'annulation qu'il prononce et, le cas échéant, fixer le délai dans lequel le titulaire de l'autorisation pourra en demander la régularisation. Il est précisé que la régularisation peut être mise en œuvre même après l'achèvement des travaux. Pendant l'instance, il peut surseoir à statuer en ce sens (art. L. 600-5 et L. 605-1, C. urb.) ;
– elle crée un article L. 600-5-2 selon lequel la légalité du permis initial et celle du permis modificatif doivent être attaquées devant le même juge.

Le permis ou l'autorisation de travaux peuvent être contestés si le maire est soupçonné de partialité

Généralement, le maire est l'autorité compétente pour accorder, au nom de la commune, les permis ou se prononcer sur un projet faisant l'objet d'une déclaration préalable.

Si le maire est intéressé au projet faisant l'objet de la demande de permis ou de la déclaration préalable, soit en son nom personnel, soit comme mandataire, le conseil municipal de la commune doit désigner un autre de ses membres pour prendre la décision (art. L. 422-7, C. urb.).

La notion d'« intérêt personnel » dépend de chaque cas. Le fait que le projet concerne une personne de la famille du maire n'est pas suffisant. Les juges déterminent s'il existe d'autres raisons de déclarer le maire incompétent.

Cas pratiques

- Le bénéficiaire du permis était l'époux et le maire, l'épouse. L'objet du permis était d'étendre et de transformer un bâtiment agricole en habitation. Les juges ont étudié les circonstances et en ont conclu qu'aucune des critiques évoquées n'était de nature à faire « naître un doute sérieux quant à la légalité de la décision attaquée » (Conseil d'État, 1.10.2001, n° 234908).

• Le maire était le frère de la personne qui avait vendu le terrain au bénéficiaire du permis et son épouse travaillait dans une agence immobilière sur le territoire de la commune. Pour les juges, ces circonstances ne permettaient pas, à elles seules, de regarder le maire comme « intéressé » au sens du Code de l'urbanisme (Conseil d'État, 3.9.2008, n° 276115).

La décision est périmée si les travaux ne débutent pas dans les 3 ans

Les travaux doivent débuter dans les 3 ans qui suivent l'autorisation et ne doivent pas être interrompus pendant plus d'1 an. À défaut de respecter ces délais, la décision est périmée, ce qui signifie que le bénéficiaire doit déposer un nouveau dossier s'il persiste à vouloir réaliser son projet.
Mais attention : la validité de l'autorisation peut être prolongée d'1 an, non plus une seule fois mais deux. Cette prolongation éventuelle doit également être affichée.
D'autre part, il faut savoir aussi que si vous déposez un recours contre la décision, ces délais de 3 ans et d'1 an sont suspendus pendant la procédure (art. R.* 424-17 et s., C. urb.).

À NOTER
Le délai de validité de l'ensemble des permis et des décisions de non-opposition à déclaration préalable portant sur des ouvrages de production d'énergie renouvelable peut être prorogé plusieurs fois pour une année, jusqu'à l'achèvement d'un délai de 10 ans à compter de la délivrance de l'autorisation d'urbanisme. Ces prorogations étaient jusqu'alors réservées aux seuls projets éoliens (art. R.* 424-21, C. urb.).

Vous devez justifier d'un intérêt à agir

Devant le tribunal administratif, pour éviter les procédures abusives ou infondées, les recours déposés par les particuliers doivent être justifiés par un « intérêt à agir », c'est-à-dire qu'ils doivent prouver que la nouvelle construction ou les nouveaux travaux envisagés leur causeraient un préjudice direct dans les conditions d'occupation de leurs propres biens (art. L. 600-1-2, C. urb.).
En outre, depuis le décret n° 2018-617 du 17 juillet 2018, il est obligatoire de produire certaines pièces justifiant du caractère régulier de l'occupation ou de la détention de son bien, tels :
- le titre de propriété ;
- le titre de la promesse de vente ;
- le bail ;
- ou tout autre acte de nature à établir le caractère régulier de l'occupation ou de la détention de son bien par le requérant (art. R.* 600-4, C. urb.).

Cas pratiques

- L'intérêt à agir a été reconnu au propriétaire indivis d'un terrain qui s'opposait à la construction sur ce même terrain projetée par un autre indivisaire (Conseil d'État, 6.12.2013, n° 354703).
- S'il s'agit d'un commerçant, son intérêt à agir est reconnu si les caractéristiques de la construction envisagée sont de nature à affecter par elles-mêmes les conditions d'exploitation de son établissement. Dans ce dossier, un commerçant a obtenu l'annulation du permis de construire d'un concurrent en raison des risques relatifs au plus grand nombre de personnes à évacuer en cas de crue. Un tel motif était en relation avec les conditions d'exploitation commerciale de l'établissement (Conseil d'État, 13.11.2013, n° 361350).
- Les habitants d'un bourg justifient d'un intérêt à agir quand le permis a été accordé pour la construction d'un entrepôt de stockage de voitures en bardage gris de 205 m^2 qui portait atteinte aux vues et perspectives de l'entrée du bourg (Conseil d'État, 25.7.2013, n° 368048).

L'intérêt à agir doit exister à la date d'affichage en mairie de la demande de permis (et non pas être constitué artificiellement après cette date ; art. L. 600-1-3, C. urb.).

ATTENTION

Si le juge considère que votre procédure est abusive et si votre recours a causé un préjudice au bénéficiaire du permis, il peut non seulement rejeter votre recours mais également vous condamner à payer des dommages et intérêts (art. L. 600-7, C. urb.).

Cas pratique

Une personne qui s'était opposée à la construction d'un bâtiment situé à 600 mètres de son propre bâtiment, dans un autre quartier et totalement invisible pour elle, a vu son recours rejeté et a été condamnée à payer à son adversaire la somme de 4 000 € (Conseil d'État, 5.7.2013, n° 354026).

À NOTER

Aucune action en vue de l'annulation d'un permis de construire (ou d'une décision de non-opposition à une déclaration préalable) n'est recevable à l'expiration d'un délai de 6 mois à compter de l'achèvement de la construction ou de l'aménagement (art. R.* 600-3, C. urb.).

Comment déposer le recours ?

Pour faire annuler un acte administratif, il faut engager un recours qui peut être gracieux ou contentieux.

Le recours gracieux

C'est une démarche amiable effectuée auprès de l'auteur de la décision, généralement le maire de la commune concernée.
Le recours gracieux doit être adressé par lettre recommandée avec avis de réception et exercé dans le délai prévu pour le recours contentieux, c'est-à-dire dans les 2 mois qui suivent la décision contestée (voir *Les délais pour agir*, p. 260).
Le recours gracieux suspend les délais du recours contentieux, même si les arguments ne sont pas retenus. Il suffit que la lettre adressée au maire exprime clairement, après l'exposé des motifs, la volonté de faire annuler la décision. La qualité des arguments n'entre pas en jeu.
À défaut de réponse du maire dans le délai de 2 mois, le recours est tacitement rejeté.
Le délai du recours contentieux court à compter du rejet du recours gracieux.

Le recours contentieux

Il s'agit d'une action devant le tribunal administratif, qui a pour but de faire annuler une décision administrative.
Vous pouvez agir sans avocat (l'avocat n'est pas obligatoire mais fortement recommandé).
La requête peut être rédigée par simple lettre et être déposée ou adressée au greffe du tribunal administratif.
En principe, elle doit indiquer les noms et adresses de chaque partie, exposer les faits, les arguments et les conclusions.
Mais vous pouvez aussi adresser dans un premier temps une requête non explicative et la régulariser plus tard par le dépôt d'un mémoire. Ce mémoire peut être transmis jusqu'à l'expiration du délai de recours.
Si vous agissez à plusieurs, il faut désigner un représentant unique. À défaut, le premier nom figurant sur la requête sera l'interlocuteur du tribunal.
Il faut joindre, sauf impossibilité justifiée, la décision attaquée et éventuellement les pièces à l'appui de la demande.
Il faut aussi, à peine d'irrecevabilité, envoyer les copies de toutes ces pièces, en nombre égal à celui des autres parties en cause (art. R. 412-1 et s., CJA).

Les délais pour agir

Le recours contentieux doit être exercé dans le délai de 2 mois à compter du premier jour d'une période continue de 2 mois d'affichage sur le terrain.

À NOTER

Lorsque la demande est portée devant un tribunal administratif qui a son siège en France métropolitaine, le délai de recours est augmenté d'1 mois pour les personnes qui demeurent dans les DOM-TOM et de 2 mois pour les personnes qui demeurent à l'étranger (art. R. 421-7, CJA).

Si un recours gracieux a été déposé, le délai de recours contentieux débute à la fin du premier délai de 2 mois ou à compter de la décision de rejet du recours gracieux.
Si les règles concernant l'affichage sur le terrain n'ont pas été respectées, le délai de 2 mois n'a pu courir.
Au sujet d'une information erronée (erreur sur l'indication des délais de recours), le Conseil d'État apporte cependant la précision suivante : pour être valable, la contestation du permis doit être faite avant 1 an pour être jugée raisonnable (Conseil d'État, 9.11.2018, n° 409872).
Mais le délai pour agir n'est toutefois pas illimité dans le temps.
Par ailleurs, aucune action en vue de l'annulation d'un permis de construire n'est recevable à l'expiration d'un délai de 6 mois à compter de l'achèvement de la construction ou de l'aménagement. Ce délai était auparavant d'1 an (art. R.* 600-3, C. urb., modifié par le décret n° 2018-617 du 17 juillet 2018).
En principe, la date de l'achèvement est celle de la réception de la déclaration d'achèvement (art. R.* 600-1 et s., C. urb.).

À NOTER

Procédure accélérée jusqu'en 2022 Entre le 1er décembre 2013 et le 31 décembre 2022, une procédure expérimentale est mise en place.
Pour accélérer les règlements des litiges dans certaines communes, les tribunaux administratifs vont statuer en premier et dernier ressort sur les recours contre les permis de construire ou de démolir un bâtiment à usage principal d'habitation ou contre les permis d'aménager un lotissement.
Cela signifie que les jugements des tribunaux ne pourront plus être contestés devant les cours d'appel. Seuls les pourvois en cassation devant le Conseil d'État seront ouverts.
Les communes concernées sont celles sur lesquelles est instituée une taxe sur les logements vacants, c'est-à-dire les communes où il existe un déséquilibre entre l'offre et la demande de logements (art. R. 811-1-1, CJA).

La notification du recours

Quand vous avez décidé de déposer un recours (quelle que soit sa forme) contre un permis de construire ou contre la décision de non-opposition à une déclaration préalable, vous devez obligatoirement en avertir, par lettre recommandée avec avis de réception, l'auteur de la décision (généralement la mairie) ainsi que le titulaire de l'autorisation (art. R.* 600-1 et A. 424-17, C. urb.).
Il faut joindre à la lettre recommandée la copie intégrale du recours. La jurisprudence admet toutefois que le texte du recours ne soit pas joint mais simplement reproduit, à condition qu'il le soit intégralement (exposé des faits et des moyens, conclusions de la demande ; Conseil d'État, 2.7.2008, n° 307696).
L'objectif de cette règle est de permettre au destinataire d'être informé, non seulement de l'existence du recours mais aussi des arguments de l'adversaire. C'est la raison pour laquelle les juges considèrent qu'une simple lettre d'information sur l'existence du recours est insuffisante. Le destinataire doit recevoir le texte entier du recours, même si celui-ci est succinct.

Cas pratique

L'auteur d'un recours contentieux doit notifier son recours au titulaire de l'autorisation.
Le destinataire peut être le titulaire de l'autorisation, ou l'auteur de la demande d'autorisation (en cas de permis tacite) ou encore celui pour le compte de qui la demande a été faite.
Dans cet arrêt, les travaux étaient commandés par le ministère de la Justice et le permis demandé par un maître d'ouvrage. Le recours pouvait être notifié à l'un ou l'autre (Conseil d'État, 31.12.2008, n° 305881 et 305965).

Si ce titulaire change, la notification doit être faite au nouveau titulaire. Mais, s'agissant d'un couple, la jurisprudence est plus souple puisqu'elle reconnaît la validité d'une notification adressée au mari alors que le bénéficiaire de l'autorisation de travaux était sa femme.

Cas pratique

Une déclaration préalable avait été déposée pour exécuter des travaux de clôtures et de construction d'un abri de piscine. Cette déclaration était faite au nom de madame qui était donc titulaire de l'autorisation administrative (non-opposition à sa déclaration).
La voisine avait déposé un recours contre cette autorisation de travaux mais avait notifié le recours, non pas à la titulaire, mais à son mari. Faisant preuve d'une indulgence étonnante, les juges, saisis d'une demande de nullité du recours, ont considéré que le couple n'était pas séparé, qu'ils habitaient sous le même toit, que la notification avait été envoyée à leur domicile commun et qu'ainsi, le mari avait pu communiquer la teneur de la lettre à son épouse. Ils ont refusé d'annuler le recours (Conseil d'État, 7.8.2008, n° 288966).

Cette notification doit être faite dans les 15 jours qui suivent le dépôt du recours.

Le jour du dépôt est soit le jour de la réception en mairie (en cas de recours gracieux), soit le jour du dépôt de la requête devant le tribunal (en cas de recours contentieux).
La date retenue pour la notification est la date d'envoi de la lettre recommandée (et non sa date de réception).
Les 15 jours sont des jours francs. Cela signifie qu'on ne compte pas le jour de l'envoi ni le jour où le délai vient à expiration. Par ailleurs, si le dernier jour tombe un samedi, un dimanche ou un jour férié, l'expiration du délai est reportée au prochain jour ouvrable.

Cas pratique

La notification est faite le 2 janvier. Le délai de 15 jours débute le 3 janvier et finit le 18 janvier. Si le 18 janvier est un dimanche, l'expiration du délai est reportée au 19 janvier.

Si ces notifications ne sont pas faites, le recours contentieux devient irrecevable. L'irrecevabilité est absolue, sans possibilité de régularisation.
Le décret n° 2018-617 du 17 juillet 2018 impose au tribunal administratif – sans préciser de sanction – de statuer dans un délai de 10 mois sur les recours contre les permis de construire concernant un bâtiment comportant plus de deux logements ou contre les permis d'aménager un lotissement. Ce délai concerne aussi les cours administratives d'appel (art. R. 600-6, C. urb.).

Peut-on bloquer les travaux ?

La procédure

Quand une décision administrative fait l'objet d'une requête en annulation, cette requête ne suspend pas l'exécution de la décision. Ce qui signifie que le voisin peut, en théorie, poursuivre l'exécution de ses travaux pendant la procédure. C'est pourquoi il est possible de demander spécifiquement le blocage des travaux dans le cadre d'un référé-suspension (art. L. 521-1, CJA).

Le référé-suspension des travaux

Si l'urgence est reconnue et s'il existe un doute sérieux sur la légalité du permis ou de l'autorisation, le tribunal peut décider d'en suspendre l'exécution, c'est-à-dire de faire arrêter les travaux dans l'attente de la décision définitive sur le fond (art. L. 600-3, C. urb.).

Pour ordonner le sursis à exécution, il faut que les arguments présentés au juge soient solides.

Le préjudice que causerait au requérant l'exécution du permis de construire doit être suffisamment important, ainsi que l'argument reposant sur l'illégalité de ce permis et justifiant son annulation.

> **Cas pratique**
>
> Dans ce dossier, l'argument avancé pour demander l'annulation du permis était l'absence de consultation de la commission de sécurité compétente (art. R. 123-22, CCH). Cet argument a été retenu et le sursis à exécution prononcé (Conseil d'État, 30.11.1994, n° 138872).

Par exemple, si le permis porte sur une construction importante, difficilement réversible, l'urgence pourra être reconnue et les travaux suspendus.

> **Cas pratique**
>
> Un comité pour la protection des monuments historiques a pu faire suspendre des travaux de construction d'une piscine, d'un pool-house et d'un garde-corps qui se trouvaient sur un site historique et dans le champ de visibilité d'une église classée (TA Nice, juge des référés, 20.9.2001, n° 01-3092).

Ou encore, à l'inverse, s'il s'agit de travaux de faible importance ne nécessitant qu'une simple déclaration de travaux et pouvant être entrepris rapidement, l'urgence pourra là aussi être reconnue.

Cas pratique

L'urgence a été reconnue pour un projet de construction, sur la limite séparative de deux terrains, d'un mur de 3,5 mètres de hauteur destiné à remplacer un simple muret surmonté d'une haie d'arbustes. Le juge a considéré que ce projet pouvait être réalisé rapidement et portait atteinte à la situation des voisins (Conseil d'État, 28.12.2001, n° 237137).

À NOTER

Des nouveautés en matière de référé-suspension La loi ELAN (art. 80, L. n° 2018-1021 du 23 novembre 2018) prévoit que « *la condition d'urgence prévue à l'article L. 521-1 du Code de justice administrative est présumée satisfaite* », ce qui devrait permettre une introduction plus rapide du recours.

Elle limite par ailleurs dans le temps le référé-suspension en ne l'autorisant que pendant un certain délai suivant la requête au fond (art. L. 600-3, C. urb.).

En cas de rejet de son référé-suspension, le décret n° 2018-617 du 17 juillet 2018 impose à l'auteur du recours, sauf exceptions, de confirmer le maintien de sa requête en annulation dans un délai d'1 mois à compter de la notification de ce rejet… S'il ne le fait pas, il est réputé s'être désisté (art. R. 612-5-2, CJA).

Peut-on obtenir la démolition de la construction ?

Lorsque la construction est achevée, les tiers peuvent demander soit la démolition de la construction, soit une indemnité.
Les actions doivent être portées devant le tribunal judiciaire (actions civiles). Deux cas sont illustrés ici : le cas de la construction dont le permis a été annulé et celui de l'empiètement.

Obtenir la démolition d'une construction conforme au permis de construire

Si la construction est conforme au permis, les tribunaux civils ne peuvent pas condamner le propriétaire pour méconnaissance des règles d'urbanisme ni ordonner la démolition de l'ouvrage. Pour pouvoir obtenir la démolition d'une construction, le demandeur doit, dans un premier temps, obtenir l'annulation du permis de construire (recours administratif pour excès de pouvoir) devant le juge administratif (voir *Le recours contentieux*, p. 259) (art. L. 480-13, C. urb.).
En outre, et, sauf si le tribunal est saisi par le représentant de l'État dans le département sur le fondement du second alinéa de l'article L. 600-6 du Code de l'urbanisme (voir l'encadré À noter ci-après), la construction visée doit se situer dans l'une des zones suivantes :
- les espaces, paysages et milieux caractéristiques du patrimoine montagnard ;
- les espaces terrestres et marins du patrimoine du littoral et les milieux nécessaires au maintien des équilibres biologiques ;
- la bande de 300 mètres des parties naturelles des rives des plans d'eau d'une superficie inférieure à 1 000 hectares ;
- la bande littorale de 100 mètres ;
- les cœurs des parcs nationaux ;
- les réserves naturelles et les périmètres de protection autour de ces réserves ;
- les sites inscrits ou classés ;
- les sites Natura 2000 ;
- les zones qui figurent dans les plans de prévention des risques technologiques lorsque le droit de construire est limité ou supprimé ;
- les périmètres des servitudes relatives aux installations classées pour la protection de l'environnement lorsque les servitudes instituées dans ces périmètres comportent une limitation ou une suppression du droit d'implanter des constructions ou des ouvrages ;

- les périmètres des servitudes sur des terrains pollués, sur l'emprise des sites de stockage de déchets, sur l'emprise d'anciennes carrières ou dans le voisinage d'un site de stockage géologique de dioxyde de carbone ;
- les aires de mise en valeur de l'architecture et du patrimoine ;
- les périmètres de protection d'un immeuble classé ou inscrit au titre des monuments historiques ;
- les secteurs délimités par le plan local d'urbanisme ;
- les secteurs sauvegardés.

Puis, lorsque l'annulation du permis est acquise (décision devenue définitive de la juridiction administrative), le délai pour demander la démolition de la construction en cause est de 2 ans, à compter de la décision devenue définitive de la juridiction administrative (art. L. 480-13, C. urb.).

À NOTER

La loi ELAN (L. n° 2018-1021 du 23 novembre 2018) reconnaît au préfet, sur l'ensemble du territoire, le droit de demander la démolition de la construction sous certaines conditions (art. L. 600-6, C. urb.).

Attention : dans un important arrêt, la Cour de cassation décide que cette règle ne concerne que le permis et non une simple déclaration préalable de travaux. Elle confirme la décision de démolition d'une construction pourtant autorisée par une telle déclaration (C. cass., civ. 3e, 12.4.2018, n° 17-16645).

Cas pratique

Une SCI dépose, le 2 septembre 2013, une déclaration de travaux pour la réalisation d'un court de tennis et de son aménagement paysager. Elle fait l'objet d'une décision de non-opposition le 22 octobre 2013.

Soutenant que les travaux contrevenaient au plan d'occupation des sols de la commune, une association de défense de l'environnement l'assigne en remise en état des lieux et en indemnisation de son préjudice. Elle a obtenu gain de cause. Car, selon la Cour, les dispositions de l'article L. 480-13 du Code de l'urbanisme ne bénéficient qu'aux propriétaires ayant obtenu un permis de construire et non à ceux qui, ayant déposé une déclaration de travaux, bénéficient d'une décision, tacite ou expresse, de non-opposition.

En cas d'empiètement sur le terrain voisin

Il y a atteinte à la propriété du voisin quand il y a empiètement sur son terrain. L'empiètement peut être sanctionné par la démolition de l'ouvrage (art. 544, C. civ.).

La jurisprudence de la Cour de cassation est en effet très sévère pour les propriétaires dont les constructions empiètent chez le voisin, même de façon minime et sans gêne objective pour ce dernier.

L'action n'est pas fondée sur la faute du voisin ou un abus de droit de sa part, mais sur le principe de la protection de la propriété privée.
Il n'est donc pas nécessaire de prouver une faute ni de faire état d'un préjudice quelconque. Il suffit d'invoquer une atteinte au droit de propriété pour que l'action soit recevable.
L'action est de la compétence du tribunal judiciaire.
Il y a empiètement quand il y a :
- surplomb sur le fonds voisin ;
- mur privatif construit à cheval sur la limite séparative ;
- construction ne respectant pas la limite séparative ;
- fondations dépassant cette limite séparative ;
- clôture mordant chez le voisin…

La sanction de l'empiètement est la démolition. Dans presque la totalité des litiges, les juges ordonnent la démolition de la construction dès lors que le propriétaire victime de l'empiètement le demande.
Cette sanction s'applique même si l'auteur des travaux a agi par erreur et de bonne foi. La demande de démolition n'est jamais considérée comme abusive, même si celui qui la demande ne subit aucun préjudice.

Cas pratiques

- La démolition est ordonnée même si les frais sont supérieurs à la valeur de la parcelle (C. cass., 4.5.1994, n° 91-22020).
- La démolition peut être ordonnée même en cas d'empiètement minime. C'est ainsi qu'un chai empiétant sur la propriété voisine de 19 à 23 cm sur une longueur de 8,84 m a été démoli (C. cass., 30.1.2001, n° 99-11423).
- A été ordonnée la démolition d'un mur qui empiétait de 16 à 22 mm chez le voisin (C. cass., 17.4.1996, n° 94-11371).
- La démolition peut être ordonnée même si l'acquéreur du terrain avait déclaré prendre le terrain « dans son état actuel » et que la construction illégale était présente depuis plusieurs années (C. cass., 14.12.2005, n° 04-17925).
- La démolition peut être évitée si le propriétaire de la construction litigieuse peut produire un titre de propriété ou un accord amiable avec son voisin. Mais l'accord amiable doit être exprès et ne peut pas être supposé même si le plaignant a lui-même participé à la construction litigieuse (C. cass., 31.10.2006, n° 06-10238).
- Il n'y a pas abus de droit lorsqu'il s'agit de défendre son droit de propriété (C. cass., civ. 3e, 30.10.2013, n° 12-22169).
- Les juges n'ont pas à rechercher si la sanction n'est pas disproportionnée eu égard au caractère minime de l'empiètement et au fait que la démolition se rapportait notamment au mur porteur d'une maison d'habitation. Et peu importe l'offre d'un dédommagement financier (C. cass., civ. 3e, 21.12.2017, n° 16-25406).
- Il a aussi été jugé que si l'expulsion et la démolition d'un bien, construit illégalement sur le terrain d'autrui, caractérisent une ingérence dans le droit au respect du domicile de l'occupant, protégé par l'article 8 de la Convention de sauvegarde des droits de l'homme et des libertés fondamentales, celle-ci est fondée sur les articles 544 et 545 du Code civil. En ce sens, elle vise à garantir au

propriétaire du terrain le droit au respect de ses biens, protégé par l'article 17 de la Déclaration des droits de l'homme et du citoyen de 1789 et par l'article 1er du Protocole additionnel n° 1 à la Convention de sauvegarde des droits de l'homme et des libertés fondamentales. Ainsi, l'expulsion et la démolition étant les seules mesures de nature à lui permettre de recouvrer la plénitude de son droit sur le bien, l'ingérence qui en résulte n'est pas disproportionnée eu égard à la gravité de l'atteinte portée au droit de propriété (C. cass., civ. 3e, 17.5.2018, n° 16-15792).

Peut-on obtenir une indemnisation ?

Indépendamment de la question de l'illégalité des autorisations d'urbanisme, une construction peut causer aux riverains des nuisances. Outre les nombreux exemples donnés au fil de cet ouvrage, rappelons ici qu'il existe deux fondements, devant les tribunaux civils, pour le voisin qui se plaint :
– si l'auteur du trouble a commis une faute ou un abus de droit ;
– ou si, indépendamment de toute faute, le trouble subi par le voisin est considéré comme anormal.

En cas de faute ou d'abus de droit

La responsabilité civile du fauteur de trouble est engagée dans la mesure où ses agissements causent un dommage à autrui. Sa responsabilité sera alors recherchée sur la base d'une faute.
La faute peut être volontaire ou relever d'une imprudence. Elle peut aussi être constituée par le non-respect d'un règlement de copropriété (par exemple, appropriation des parties communes…) ou d'une législation spécifique : hauteur de clôture, normes administratives d'hygiène, réglementation du permis de construire…
La faute peut devenir une faute pénale si le texte qui l'incrimine prévoit des sanctions pénales (par exemple, travaux nocturnes bruyants).
Celui qui s'estime victime d'une faute de son voisin doit prouver cette faute, le préjudice qu'il subit et le lien de causalité entre la faute et le préjudice.

Cas pratique

Un propriétaire procède à la démolition de son immeuble dans le but de reconstruire un nouveau bâtiment. Après la démolition, les voisins constatent des fissures dans leur maison contiguë à l'immeuble détruit. Aucune faute n'a pu être reprochée au propriétaire, auteur de la démolition. L'arrêt qui l'avait condamné à payer des dommages et intérêts à ses voisins a été cassé (C. cass., civ. 3e, 26.3.2013, n° 12-12019).

L'abus de droit suppose une intention malveillante ou une volonté de nuire à son voisin.
Celui qui s'estime victime d'un tel abus doit donc prouver cet abus, le préjudice qu'il subit et le lien de causalité entre cet abus et le préjudice.
La preuve de l'abus peut être apportée par l'inutilité de l'opération et l'existence d'un dommage pour celui qui l'invoque.

Cas pratiques

- Un voisin, propriétaire d'un mur, le surélève dans le seul but de priver son voisin d'ensoleillement (C. cass., 18.1.1960, Bull. civ. 1, n° 32).
- Un propriétaire a été condamné pour avoir comblé, à l'aide de mortier de ciment, le vide existant entre sa véranda construite sur sa propriété et le mur appartenant au propriétaire du fonds voisin (C. cass., 19.12.2001, n° 00-15300).
- En revanche, l'abus de droit n'a pas été reconnu dans le cas suivant : les propriétaires d'un terrain à proximité d'une source d'eaux minérales naturelles exploitée par une société d'économie mixte ont fait réaliser un forage pour l'arrosage de leur jardin. La société les assigne en fermeture de ce forage, en se prévalant notamment d'une violation d'un abus du droit de propriété. Elle a échoué car il ne résultait de ce forage ni absence d'utilité, ni intention de nuire, ni dommage causé à la société (C. cass., civ. 3e, 3.3.2010, n° 08-19108).

Le trouble anormal de voisinage

Indépendamment d'une quelconque faute de sa part, toute personne peut être condamnée si elle cause un trouble anormal de voisinage.
Il faut faire la distinction entre les troubles normaux de voisinage et les troubles anormaux (voir *Qu'est-ce qu'un trouble de voisinage ?*, p. 189).
Les premiers ne peuvent pas donner lieu au versement d'une indemnité : certains désagréments de voisinage sont inévitables et doivent être acceptés.
En revanche, les seconds, par leur caractère excessif, doivent être sanctionnés par des dommages et intérêts variant en fonction du préjudice subi (voir *Le trouble anormal de voisinage*, p. 195).

Cas pratique

Lorsque le maître de l'ouvrage (celui qui a fait faire les travaux) est condamné à réparer le trouble anormal de voisinage subi par son voisin, il peut se retourner contre l'entrepreneur ou toute autre entreprise de construction qui est intervenue sur le chantier. Il est subrogé dans les droits de son voisin victime et n'a pas à prouver une faute du constructeur.
Dans ce contentieux, un immeuble avait été construit et les propriétaires voisins s'étaient plaints de l'effondrement d'un mur de la cave enterrée sous leur jardin et de fissures sur leur maison. Ils assignent, après expertise, le maître de l'ouvrage en indemnisation sur le fondement des troubles anormaux de voisinage. Le maître de l'ouvrage est condamné pour avoir réalisé des travaux ayant causé à autrui un trouble anormal de voisinage. Puisqu'on ne pouvait lui reprocher aucune immixtion fautive pendant le déroulement des travaux ni acceptation délibérée des risques, il a pu, après avoir payé l'indemnité aux voisins, être subrogé dans leurs droits et se retourner contre le constructeur (C. cass., civ. 3e, 2.6.2015, n° 14-11149 ; voir aussi C. cass., 7.9.2017, n° 16-18158).

Notons par ailleurs qu'en application du principe selon lequel nul ne doit causer à autrui un trouble anormal de voisinage, un entrepreneur, y compris de travaux publics, peut être considéré comme responsable de plein droit pour avoir exercé une activité en relation directe avec le trouble anormal causé (C. cass., civ. 3e, 8.11.2018, n° 17-24333, 17-26120).

À NOTER

En cas de refus d'agir Le trouble anormal de voisinage est le plus souvent un acte positif. Mais il peut être reconnu également en cas de refus, non justifié, d'exécuter des travaux jugés indispensables et qui sont dans l'intérêt du voisin. En l'espèce, un propriétaire aurait dû procéder à des travaux de confortement sur son propre terrain pour supprimer le risque d'effondrement de la maison voisine. Il a été condamné à payer la somme de 57 543,90 € à titre de dommages et intérêts (C. cass., civ. 3e, 24.4.2013, n° 10-28344).

Les troubles de voisinage liés aux animaux

➤ Le maire de la commune est chargé de prendre les mesures nécessaires pour faire cesser les troubles de voisinage causés par les animaux. Il doit aussi faire capturer les animaux errants sans propriétaire, même s'ils n'ont causé aucun dommage.

➤ Toute morsure par un chien doit obligatoirement être déclarée au maire par son propriétaire ou tout professionnel qui en a connaissance dans l'exercice de ses fonctions.

➤ Le propriétaire du chien qui aboie de manière intempestive s'expose à une amende pouvant atteindre 450 € et au versement de dommages et intérêts si le voisin qui se plaint peut prouver un préjudice dû aux aboiements.

Les animaux de compagnie au quotidien

Les animaux de compagnie peuvent être source de nombreux litiges dans le voisinage. Le trouble anormal de voisinage le plus courant concerne les aboiements de chiens qui concentrent plus d'un tiers des bruits de voisinage. Il peut également s'agir d'odeurs désagréables, de dégâts matériels et de préjudices corporels du fait des animaux, notamment des morsures de chiens ou des griffures de chat.

Maître et responsable de son animal vis-à-vis des voisins

Si un animal de compagnie tue un autre animal, blesse un enfant, un voisin ou un passant, ou piétine le potager ou le massif de fleurs de la maison voisine, son propriétaire en est responsable. L'article 1243 du Code civil stipule en effet que le propriétaire d'un animal est responsable des dommages qu'il cause, qu'il s'agisse de dégâts matériels, de comportements inappropriés au quotidien ou de préjudices corporels infligés à une personne ou à d'autres animaux. Peu importe que l'animal se soit égaré ou échappé, il reste la propriété de son maître. Attention, si vous vous occupez de l'animal de compagnie d'un voisin ou de l'un de vos proches, vous en devenez le détenteur et, à ce titre, vous êtes responsable des désordres et troubles de voisinage qu'il pourrait provoquer.

Les aboiements du chien des voisins

S'il est dans la nature d'un chien d'aboyer, cela n'implique pas que l'occupant d'un appartement ou d'une maison voisine ait à en souffrir sans réagir. Que faire face à une telle situation ?

Les aboiements de chiens sont des nuisances sonores sources de troubles anormaux de voisinage. Ils font partie des bruits de comportement ou des bruits domestiques soumis aux dispositions de l'article R. 1336-5 du Code de la santé publique. Ce texte précise qu'« *aucun bruit particulier ne doit, par sa durée, sa répétition ou son intensité, porter atteinte à la tranquillité du voisinage ou à la santé de l'homme, dans un lieu public ou privé, qu'une personne en soit elle-même à l'origine ou que ce soit par l'intermédiaire d'une personne, d'une chose dont elle a la garde ou d'un animal placé sous sa responsabilité* ».

De nombreux arrêtés pris par certains préfets ou maires en complément aux règles nationales prévoient que les personnes ayant des animaux de compagnie doivent prendre les mesures propres à éviter une gêne pour le voisinage.

Le règlement sanitaire départemental, publié sur le site de la préfecture, peut interdire de jour comme de nuit, de laisser aboyer, hurler et gémir de façon répétée et prolongée un ou des chiens dans un logement, dans la cour de l'immeuble, etc. Le propriétaire d'un chien bruyant s'expose à une contravention de 3e classe, pouvant atteindre 450 €, ainsi qu'à la confiscation de son animal, qui sera alors confié à une association de défense des animaux. Il peut également être condamné à verser des dommages et intérêts aux voisins gênés par les aboiements de son chien, si ces derniers portent l'affaire en justice.

Cas pratique

Puis-je demander le versement de dommage et intérêts en raison des aboiements incessants et du comportement agressif du chien de mes voisins ?

Oui. Le juge peut décider de vous les accorder ou non.

Dans une affaire jugée en juin 1998, la cour d'appel de Versailles a condamné le propriétaire d'un chien à verser des dommages et intérêts à ses voisins : des photographies établissaient son comportement agressif, un huissier de justice avait constaté qu'il aboyait dès qu'un voisin apparaissait, et l'immeuble était situé de surcroît dans un quartier résidentiel très calme.

De la même façon, un tribunal a condamné un garagiste qui a dû verser des dommages et intérêts à ses voisins pour avoir fait garder son local par un chien aboyant des heures durant (22 mai 1995).

Le maire, responsable de la tranquillité publique

Si vous subissez les aboiements d'un chien, vous devez commencer par effectuer une démarche amiable au moyen d'une lettre déposée dans la boîte aux lettres du propriétaire du chien. Il est possible qu'il n'ait pas conscience de la gêne que subit le voisinage du fait des aboiements. Il peut également s'agir d'aboiements de tristesse ou d'anxiété d'un chien supportant mal l'absence de son maître en journée.

Lorsque le propriétaire du chien semble fermé au dialogue, le voisin gêné par les aboiements peut se tourner vers le maire de sa commune. Le maire et ses adjoints ont en effet la qualité d'officier de police judiciaire (OPJ), et sont donc compétents pour constater les infractions ou les faire constater par la police municipale.

En vertu du pouvoir de police général que la loi lui confie, le maire est chargé de réprimer les atteintes à la tranquillité publique, les bruits, les troubles de voisinage, etc. (art. L. 2212-2, 2°, CGCT). Il dispose également d'un pouvoir de police spécial qui lui permet d'édicter des dispositions particulières en matière de lutte contre le bruit (art. L. 1311-2, CSP).

Outre la saisine du maire, vous pouvez également déposer une plainte contre le propriétaire du chien aboyant de manière intempestive. Vous avez enfin la possibilité d'appeler la police mais, dans certaines grandes villes, les forces de police ne se déplacent pas toujours pour des troubles de voisinage dus à des aboiements de chien.

État de divagation des animaux

La divagation des animaux est un sujet de litiges entre voisins. Est considéré comme en état de divagation tout chien qui n'est plus sous la surveillance effective de son maître, se trouve hors de portée de voix de celui-ci, ou qui est éloigné de plus de 100 mètres de son maître ou de la personne chargée de sa garde. Est considéré comme en état de divagation tout chat non identifié qui se trouve à plus de 200 mètres des habitations ou tout chat trouvé à plus de 1 000 mètres du domicile de son maître et qui n'est plus sous la surveillance immédiate de celui-ci. Il en est de même du chat non identifié qui se trouve sur la voie publique ou sur la propriété d'autrui (art. L. 211-23, C. rural et de la pêche maritime). Or la loi stipule qu'il est interdit de laisser divaguer les animaux domestiques et les animaux sauvages apprivoisés ou tenus en captivité (art. L. 211-19-1, C. rural et de la pêche maritime). L'animal divagant peut être capturé par la fourrière animale de la commune et ne sera rendu à son propriétaire qu'après paiement des frais de gardiennage. Le propriétaire d'un animal divagant s'expose à une contravention de 2e classe, pouvant s'élever à 150 €. Le procès-verbal constatant la divagation d'un animal peut être établi par des représentants de l'ordre (policiers, gendarmes), des gardes champêtres, le maire ou les adjoints au maire.

Cas pratiques

- **Mon chien passe parfois dans la propriété de mes voisins mais, au lieu de m'appeler pour que j'aille le récupérer, mes voisins contactent directement la fourrière. Je pensais que lorsque l'animal est identifié et porte une plaque, les voisins avaient l'obligation de contacter d'abord son propriétaire.**

Non, c'est faux. La personne qui trouve un animal sur sa propriété ou ailleurs, fut-ce un petit chien ou un petit chat, n'a pas à le capturer pour voir s'il porte une plaque avec les coordonnées de son maître. Même si l'animal semble calme, il peut être dangereux et/ou porteur de la rage. Lorsqu'on trouve un animal errant dans son jardin ou son hall d'immeuble, il faut bien contacter la fourrière animale de la commune.

- **Dès que je quitte ma voiture avec mon chien, mon voisin ouvre sa fenêtre pour me crier qu'il doit être tenu en laisse. Est-il dans son bon droit ?**

Hormis le cas des chiens susceptibles d'être dangereux, la loi n'impose pas qu'un chien doive toujours être tenu en laisse. Mais le règlement sanitaire départemental prévoit généralement qu'un chien ne peut circuler sur la voie publique en zone urbaine que s'il est tenu en laisse. De plus, la plupart des maires ont également pris des arrêtés indiquant qu'un chien doit toujours être tenu en laisse sur la voie publique.

Il en est de même dans les bois et forêts pour protéger les cultures et éviter la destruction des oiseaux.

N'oubliez pas non plus qu'un chien qui n'est plus à portée de voix de son maître est considéré comme animal divagant.

À NOTER

Protection contre la maltraitance des animaux de compagnie Abandon, maltraitance, coups, menaces, sévices par les voisins ou par leurs propriétaires… La protection des animaux de compagnie est devenue une question centrale pour le législateur. Pourtant, les nombreuses lois protectrices votées depuis une vingtaine d'années n'ont pas permis de mettre fin – ou au moins de réduire significativement – les actes de maltraitance animale. Selon les chiffres de la gendarmerie nationale, 9 504 infractions liées à des actes de cruauté ou de mauvais traitements envers des animaux domestiques ont été enregistrées en 2018. Parmi ces mauvais traitements, la privation de nourriture et d'abreuvement, le manque de soin ou le maintien de l'animal dans un habitat ou un environnement pouvant être cause de souffrance. Le dispositif de protection contre la maltraitance animale a été renforcé, et les sanctions pénales durcies. La loi contre la maltraitance et en faveur du bien-être animal (loi n° 2021-1539 du 30 novembre 2021) comporte de nombreuses dispositions destinées à améliorer la vie quotidienne des animaux. La vente en ligne ou le don d'animaux de compagnie par des particuliers sont désormais interdits. La vente en ligne est réservée à des sites agréés par le gouvernement. Il est également interdit de vendre ou de donner des animaux de compagnie à des mineurs, sans accord de leurs parents. La loi renforce également les sanctions contre la maltraitance des animaux domestiques.

Comment résoudre les litiges ?

Savoir se renseigner

➤ Le droit de propriété est un droit « sensible » qui touche à quelque chose d'essentiel en chacun de nous. Les procès entre voisins sont donc nombreux et variés, parfois intempestifs.

➤ Connaître les textes de loi ou les décisions rendues par les tribunaux est essentiel.

➤ De nombreux interlocuteurs peuvent être contactés : organismes, associations, établissements publics peuvent vous apporter dans leur domaine de compétence une réponse appropriée.

Où trouver les informations ?

La législation est devenue de plus en plus complexe. Il est d'autant plus utile, avant même de prendre contact avec son voisin, de connaître les textes en vigueur et, si possible, la jurisprudence applicable à son cas. Garder la tête froide, savoir s'adresser aux bons interlocuteurs est en effet essentiel.

La loi

Tout au long de cet ouvrage, vous avez lu des références à des textes de loi. À titre d'exemple :
- les règles concernant les servitudes et la mitoyenneté sont principalement contenues dans le Code civil. Peuvent aussi être concernés le Code rural et de la pêche maritime ou le Code de la construction et de l'habitation ;
- la lutte contre le bruit fait l'objet de textes insérés dans le Code de la santé publique (définition de la sanction pénale), le Code de l'environnement et le Code général des collectivités territoriales (en ce qui concerne le pouvoir et le devoir des maires relatifs à la tranquillité publique) ;
- les dispositions sur le permis de construire et les autorisations nécessaires sont rassemblées dans le Code de l'urbanisme ;
- le Code civil contient également des dispositions permettant d'engager la responsabilité de son voisin ;
- le Code pénal sanctionne quant à lui certaines attitudes (le tapage nocturne, par exemple).

À NOTER
Si vous êtes copropriétaire, reportez-vous à la loi du 10 juillet 1965 et à son décret d'application.
Si vous êtes locataire, c'est la loi du 6 juillet 1989 qui s'applique.

Les usages locaux et la réglementation locale

Connaître la loi ne suffit pas. Les usages locaux doivent être consultés, en matière de servitude notamment. Un usage est une pratique habituellement suivie dans un endroit donné. Certains articles du Code civil ne s'appliquent que s'il n'existe pas d'usages locaux. Les usages sont mis à la disposition du public dans des recueils officiels accessibles dans les mairies du département concerné.
La réglementation locale vous intéresse également. L'exemple type est la question de savoir si l'on peut passer sa tondeuse ou bricoler le dimanche : un arrêté du

maire peut parfaitement en interdire l'usage ce jour et indiquer les heures où le bricolage et le jardinage sont autorisés pour préserver la tranquillité des habitants. Par ailleurs, en fonction du lieu où vous habitez, votre voisin peut être concerné par un document qui lui impose certaines charges. Tel est le cas si vous vivez en copropriété ou en lotissement. Par exemple, il désire repeindre sa maison en rose ou encore fermer son balcon. Que prévoit le règlement de copropriété ou de lotissement ? Votre premier réflexe doit être d'étudier ce document dans sa version à jour.

À NOTER

La publicité foncière Si vous devez vous renseigner, non pas sur des textes généraux (lois, règlements, arrêtés, usages, etc.) mais plus précisément sur votre bien, il faut en revenir aux actes de propriété. Selon le type de document recherché, vous pouvez aussi vous adresser au notaire, au géomètre-expert ou faire une recherche auprès du service du cadastre (voir *Le cadastre*, p. 53) ou de la publicité foncière. La publicité foncière est l'inscription de certains actes juridiques portant sur des immeubles pour qu'ils soient connus du public et pour les rendre opposables aux tiers. Les actes soumis à la publicité foncière sont notamment :

– les actes entraînant une cession de propriété (vente, adjudication, donation, échange, succession…) ;

– les actes attribuant un droit réel immobilier (constitution d'hypothèque, d'usufruit, de servitude, vente ou abandon de mitoyenneté…).

La transcription est effectuée par les services chargés de la publicité foncière qui perçoivent pour chaque acte un droit d'enregistrement. Le « fichier immobilier » récapitule et résume tous les renseignements obtenus sur un immeuble. Ils sont accessibles à toute personne (décret n° 55-1350 du 14 octobre 1955 ; art. 849 et s., CGI). L'article 1er du décret n° 55-22 du 4 janvier 1955 précise : « *Il est tenu, pour chaque commune, par les services chargés de la publicité foncière, un fichier immobilier sur lequel, au fur et à mesure des dépôts, sont répertoriés, sous le nom de chaque propriétaire, et, par immeuble, des extraits des documents publiés, avec référence à leur classement dans les archives.*

Le fichier immobilier présente, telle qu'elle résulte des documents publiés, la situation juridique actuelle des immeubles. »

Les décisions des tribunaux

À côté des textes, l'étude des décisions rendues par les tribunaux (ce que l'on appelle la jurisprudence) est importante lorsque l'on est confronté à un problème de voisinage. Être en possession d'une jurisprudence ayant tranché le point de droit auquel on est confronté peut s'avérer très utile pour gagner son procès, même si aucun cas n'est semblable et si le juge n'est pas lié par les jugements précédents. Rappelons que les tribunaux sont chargés d'appliquer la loi aux cas qui leur sont soumis et, le cas échéant, d'interpréter les textes.

Cas pratique

Par exemple, votre terrain à la campagne bénéficie de par la loi d'un droit de passage chez votre voisin car votre propriété n'a pas d'accès à la voie publique (voir *Le droit de passage en cas d'enclave,* p. 94). Avant de vous lancer dans un procès face au refus de votre voisin de vous laisser passer, consultez les décisions récentes des tribunaux sur la notion d'enclave.

Bien plus, la jurisprudence est parfois créatrice de droits pour les particuliers. Tel est le cas de la notion de trouble anormal de voisinage. Bruits, odeurs, poussières, privation d'ensoleillement, gêne esthétique, trépidation d'une machine, chutes des feuilles d'arbres : tous ces troubles susceptibles d'être subis du fait de voisins peuvent être sanctionnés, même sans faute de leur part, dans ce cadre qui n'a pas été prévu par la loi. L'appréciation du juge se faisant au cas par cas, il s'avère très utile de connaître ces décisions afin de trouver la jurisprudence qui vous est favorable.

De nombreux résumés de décisions sont donnés ici à titre d'exemple. Il est possible de consulter sur Internet l'intégralité de la décision en tapant son numéro de pourvoi.

Les organismes et les professionnels

Se renseigner en amont d'une quelconque intervention est essentiel. Il vous faut pour cela savoir frapper aux bonnes portes : certains organismes, associations, établissements publics peuvent vous apporter une réponse appropriée dans leur domaine de compétence. Des professionnels du droit, tels les notaires, les avocats ou les géomètres-experts, mais aussi les huissiers de justice, peuvent être contactés.

Organismes

Ce tableau récapitule les organismes qui pourront vous renseigner, en fonction des difficultés auxquelles vous êtes confronté. Leurs coordonnées figurent en fin d'ouvrage (voir *Les adresses de vos interlocuteurs*, p. 333).

ORGANISMES	AIDE APPORTÉE
Chambres d'agriculture	Pour tous renseignements sur la réglementation locale en zone rurale.
Mairies, préfectures	Pour tous renseignements sur les usages locaux, le contenu du plan local d'urbanisme (PLU), l'existence d'arrêtés spécifiques applicables à votre commune…
Service du cadastre / Service de publicité foncière	Pour tous renseignements sur les propriétés.
Associations	Les associations peuvent informer les propriétaires en matière de troubles de voisinage et les conseiller (revues, informations personnalisées le cas échéant). Il peut s'agir par exemple d'une association de riverains, d'une association de lutte contre le bruit, etc. Ainsi, le Centre d'information sur le bruit (CidB) a pour mission d'informer, sensibiliser, documenter et former sur le thème de la protection de l'environnement sonore. Elles peuvent, si elles sont agréées, intervenir devant le tribunal.
Ordre des géomètres-experts	Professionnels spécialistes notamment du bornage des propriétés.

ORGANISMES	AIDE APPORTÉE
Services communaux d'hygiène et de santé (SCHS)	Ces services peuvent être consultés pour toute question concernant le bruit, la qualité des eaux, l'hygiène, la salubrité de l'habitat, la maîtrise des populations animales dans la ville, etc.
Agence nationale d'information pour le logement (ANIL)	Pour toute question générale relative à l'immobilier ou au logement, vous pouvez contacter cette agence.
Agences régionales de santé (ARS)	Ces agences peuvent être consultées pour toute question de santé et d'environnement.
Direction départementale de la protection des populations (DDPP)	Par exemple, à partir d'un certain nombre d'animaux, l'élevage relève de la législation sur les installations classées pour la protection de l'environnement (ICPE). Il y a lieu de consulter le directeur de la DDPP afin de savoir si le bruit causé par un élevage de chiens, par exemple, relève de cette législation ou des bruits de comportements.
Commission d'accès aux documents administratifs (CADA)	Cet organisme peut intervenir si vous n'arrivez pas à avoir accès à un document administratif qui peut vous être utile dans votre litige.
Service d'accueil unique du justiciable (SAUJ)	Guichet d'accueil situé dans les tribunaux dans le but de renseigner les justiciables.
Conciliateurs de justice	Personnalités pouvant aider au règlement amiable des litiges entre voisins.
Notaires	Les notaires sont des officiers publics chargés de recevoir les actes et contrats auxquels les voisins doivent, ou veulent faire donner le caractère d'authenticité (par exemple, abandon de mitoyenneté).
Avocats	Les avocats peuvent donner des conseils juridiques, permettre de trouver une solution amiable ou vous assister pendant le procès.
Maisons de justice et de droit (MJD)	Organismes délivrant des consultations juridiques en proposant des solutions à l'amiable (une conciliation, une médiation). Lieux d'accueil, d'écoute et d'information sur les droits et les obligations de chacun.

Professionnels du droit

› Les avocats

Même si l'assistance d'un avocat n'est pas toujours obligatoire devant le tribunal (cela dépend du type de contentieux), en matière de conflit de voisinage, son aide peut s'avérer indispensable, compte tenu de la difficulté de la matière et du caractère passionnel de certains dossiers.

La plupart des Conseils de l'Ordre des avocats tiennent à la disposition du public les listes d'avocats inscrits à cet ordre. Il convient de se renseigner auprès du tribunal dont on dépend.

Un avocat peut être choisi pour un certain nombre de raisons et notamment pour son implantation géographique compte tenu, le cas échéant, de sa spécialité.

L'avocat est un technicien qui est là pour aider et assister son client. Ce dernier doit donc lui apporter tous les documents pouvant lui servir dans le cadre de la procédure.

Cas pratiques

- **Au terme d'une procédure, mon avocat me réclame une dernière provision de 300 €. Aucun montant n'a effectivement été fixé dès le départ, mais on en arrive à une note importante. N'est-ce pas excessif ?**

Les honoraires des avocats ne sont pas tarifés mais librement fixés en fonction de critères définis par la loi (difficulté de la procédure, notoriété, frais exposés, importance des diligences). Le client d'un avocat a toujours la possibilité de faire arbitrer son différend par le Bâtonnier, qui est le magistrat compétent en matière de contestation d'honoraires.

- **Est-il exact que la loi oblige dorénavant les avocats à faire signer à leurs clients une convention d'honoraire ?**

Oui, depuis la loi Macron du 6 août 2015, la rédaction d'une convention écrite est obligatoire.

- **Peut-on changer d'avocat quand on en est mécontent du sien ? Et comment faire pour récupérer son dossier ?**

Il est toujours possible de changer d'avocat, l'avocat nouvellement choisi se chargeant de récupérer le dossier chez son confrère. Il vous sera cependant demandé d'être en règle en ce qui concerne le paiement des honoraires de ce dernier. Déontologiquement, en effet, votre nouvel avocat ne peut vous garder comme client que si son confrère a été désintéressé.

- **Étant sans ressource, je voudrais engager une procédure contre mon voisin. Quels sont mes droits car je n'ai pas les moyens de prendre un avocat ?**

Vous devez d'abord vérifier si vous êtes dans un cas où l'assistance de l'avocat s'impose. Il vous est par ailleurs possible de vous adresser aux services de l'aide juridictionnelle qui peuvent vous désigner gratuitement un avocat si vos ressources et votre patrimoine ne dépassent pas certains plafonds.

› L'huissier de justice

L'huissier de justice a le monopole de certains actes : ainsi seul l'huissier peut « signifier » un jugement pour le rendre exécutoire et faire courir les voies de recours. C'est également l'huissier qui délivre une assignation.
Il peut également être demandé à un huissier d'effectuer un constat. L'huissier de justice peut en effet être amené à constater toutes sortes de troubles dont vous pourriez être victime. Il peut également délivrer des « sommations interpellatives ». La sommation est un acte d'huissier intimant de faire quelque chose. Une sommation interpellative est une sommation intimant à une personne de prendre position. Dans ce cadre, l'huissier interroge le voisin sur ces prétentions, la réponse étant ensuite versée au débat (pour l'adresse de la Chambre des huissiers, voir *Les adresses de vos interlocuteurs*, p. 333).

› Le notaire

Le notaire est le professionnel qui rédige et/ou authentifie les actes relatifs aux différentes servitudes, à la mitoyenneté ou au bornage et procède à leur publication au Service de publicité foncière. En amont, il informe et conseille les particuliers sur leurs droits.

› Le géomètre-expert

Le géomètre-expert est le professionnel qui effectue un certain nombre d'opérations comme les procès-verbaux de bornage ou de délimitation de la propriété foncière.
Comme le précise le site de leur ordre, un géomètre-expert est un professionnel libéral dont la formation technique s'accompagne d'une formation juridique. Il dispose en France d'une délégation de service public pour dresser les plans et documents topographiques qui délimitent les propriétés foncières. C'est à lui par exemple qu'il convient de s'adresser pour fixer les limites entre des terrains contigus ou diviser une parcelle.
Il intervient aussi, souvent en complémentarité avec d'autres professionnels, pour des missions très diverses. Il peut notamment :
- vous informer des servitudes attachées à un terrain, des possibilités de construction ;
- établir les plans nécessaires à une demande de permis de construire ;
- mesurer la superficie des biens immobiliers et fonciers, etc.

› Le point sur l'aide juridictionnelle

Le bénéficiaire de l'aide juridictionnelle a droit à l'assistance d'un avocat et à celle de tout officier public ou ministériel dont la procédure requiert le concours (huissier de justice, notaire… – art. 75 de la loi n° 91-1266 du 19 décembre 1991). Le coût de cette assistance est alors pris en charge, en tout ou partie, par l'État, qui payera ces professionnels.
Pour bénéficier de l'aide juridictionnelle, vous devez remplir les 3 conditions suivantes :
- ne pas détenir d'assurance de protection juridique ;

- avoir un revenu fiscal de référence inférieur à un certain plafond fixé annuellement, qui s'élève actuellement pour une personne seule à 11 262 € pour une aide juridictionnelle totale ou à 16 890 € pour une aide juridictionnelle partielle. Ces plafonds sont majorés si le foyer est composé de deux ou plusieurs personnes ;
- avoir un patrimoine mobilier en dessous d'un plafond fixé à 11 262 € et un patrimoine immobilier inférieur à 33 780 €.

En effet, la loi impose de prendre en compte les biens et valeurs, sauf la résidence principale et les locaux professionnels détenus directement ou indirectement par la personne qui sollicite l'attribution de l'aide juridictionnelle.

MON CONSEIL

Un formulaire préétabli Vous pouvez accéder au formulaire de demande d'aide juridictionnelle en saisissant le formulaire Cerfa n° 15626*02 d'aide juridictionnelle établi par le ministère de la Justice.

Auparavant, vous avez intérêt à consulter la notice d'accompagnement de ce formulaire.

Par ailleurs, le bureau d'aide juridictionnelle peut ordonner le retrait, en tout ou partie, de l'aide lorsque le bénéficiaire est revenu, pendant l'instance ou grâce à la décision de justice passée en force de chose jugée, à meilleure fortune, ou lorsque la procédure qu'il a engagée a été jugée dilatoire ou abusive.

Comment faire respecter vos droits ?

- La priorité doit être donnée au dialogue.
- Comment « monter » son dossier pour mettre toutes les chances de son côté ?
- Que peut-on obtenir concrètement en justice ?
- Comment forcer le fauteur de trouble à s'exécuter rapidement ?
- Existe-t-il des procédures spécifiques aux troubles de voisinage ?

Préparer un bon dossier

Quels que soient l'importance du litige ou les torts respectifs, l'accord amiable reste la voie à privilégier : il permet de gagner du temps et de l'argent et d'éviter la dégradation des relations au quotidien.
Par ailleurs, rien ne sert d'engager des pourparlers, voire, en cas d'échec, une action en justice, si vous ne pouvez pas faire la preuve des nuisances invoquées et de leur impact sur vous.

Privilégier l'accord entre voisins

› Rapport direct

Vous estimez être victime d'un trouble de voisinage. Avant de saisir la justice, il est indispensable de tenter de trouver un terrain d'entente avec son voisin. Une première prise de contact s'impose, dont la teneur peut être confirmée par lettre.
L'entretien doit rester courtois. Il peut être utile, selon les cas, de demander au voisin de se déplacer pour constater lui-même le problème. Des propositions peuvent être faites à ce stade : par exemple, s'il s'agit de bruit, pose de patins sous les chaises qui raclent le plancher, collier anti-aboiement pour le chien qui aboie toute la journée, éloignement de la sono par rapport au mur, etc.
Si votre voisin fait la sourde oreille ou n'est pas joignable, il sera nécessaire d'envoyer une lettre recommandée avec avis de réception. À la fin de cet ouvrage, des courriers types vous sont proposés pour résoudre certaines difficultés auxquelles vous êtes confronté (voir *Modèles de lettres et de documents*, p. 311).
Ce courrier peut être un courrier d'information à titre de courtoisie ou une demande d'autorisation. Cela peut être aussi un courrier de mise en demeure de cesser des travaux qui n'ont pas eu votre accord ou les nuisances que vous lui reprochez. Il convient, dans tous les cas, de garder un double des courriers échangés.
Si cette tentative de résolution amiable se révèle infructueuse, il est possible de faire appel à un tiers, en lui adressant copie des courriers adressés au voisin. Il peut s'agir, selon les cas, du maire en sa qualité de garant de la tranquillité publique (voir, pour des bruits excessifs, *S'adresser à sa mairie*, p. 224), du syndic si vous vivez en copropriété (voir *Faire intervenir son syndic*, p. 236), du bailleur si vous êtes locataire (voir *Le cas des locataires*, p. 240). Ce tiers peut être un médiateur (voir *Faire appel au médiateur*, p. 294).
Si ces démarches doivent être effectuées, il faut savoir que leur degré d'efficacité est variable puisqu'il dépend de la réactivité de l'interlocuteur. En ce qui concerne le syndic de copropriété notamment, il doit en principe, pour agir en justice, y être autorisé par une décision de l'assemblée générale (voir *Faire intervenir son syndic*, p. 236). Cela prendra un certain temps et il devra obtenir la majorité nécessaire.
Enfin, renseignez-vous auprès de votre assureur, ou bien regardez dans votre contrat d'assurance habitation si vous bénéficiez d'une garantie protection juridique afin d'obtenir une assistance juridique.

› Recours au conciliateur de justice

Ces démarches amiables n'ont pas donné de résultats. Demander alors l'intervention d'un conciliateur en s'adressant à sa mairie peut – et doit – être envisagé (décret n° 78-381 du 20 mars 1978 – voir l'encadré À noter ci-après). Sa mission est de faciliter, en dehors de toute procédure judiciaire, le règlement amiable des différends, notamment de voisinage. La procédure de conciliation est gratuite, le conciliateur peut être saisi sans formalité (par simple lettre).

Cette procédure, simple et rapide, est intéressante car elle permet de désamorcer les querelles entre voisins. Elle suspend la prescription (délai avant le terme duquel il faut agir) à compter du jour où, après la survenance d'un litige, les adversaires conviennent d'y recourir ou, à défaut d'accord écrit, à compter du jour de la première réunion de conciliation (art. 2238, C. civ.).

Le conciliateur a pour mission de trouver un compromis entre les voisins en litige (art. 1536 et s., CPC). Il va les inviter à se présenter devant lui. Lors de cette réunion (souvent dans les locaux de la mairie), il prend connaissance du dossier, écoute les différents points de vue et prétentions et propose une solution susceptible d'être agréée par tous.

En cas de conciliation, même partielle, il peut établir un constat d'accord signé par les parties et lui-même.

La conciliation peut également être consignée dans un constat signé par le conciliateur et un ou plusieurs des intéressés lorsqu'un ou plusieurs de ceux-ci ont formalisé les termes de l'accord dans un acte signé établi hors la présence du conciliateur de justice. Dans ce cas, il incombe au conciliateur de viser l'acte émanant des intéressés dans le constat et de l'annexer à celui-ci.

Le conciliateur de justice peut s'adjoindre, avec l'accord des intéressés, le concours d'un autre conciliateur de justice du ressort de la cour d'appel. Lors de la réunion des parties, ces professionnels peuvent échanger des informations sur les demandes dont ils sont saisis. En cas d'accord, l'acte constatant l'accord des parties est signé par les deux conciliateurs de justice.

La rédaction d'un écrit est obligatoire lorsque la conciliation a pour effet la renonciation à un droit. Un exemplaire du document est remis aux intéressés, un exemplaire est conservé par le conciliateur et déposé au greffe du tribunal.

Il convient ensuite de saisir le juge par requête afin qu'il homologue (enregistre) l'accord avec délivrance de la formule exécutoire. Cette requête est déposée par les deux voisins ou par l'un d'eux avec l'accord exprès de l'autre. Ce document pourra ainsi être très utile au particulier s'il se heurte à la carence ultérieure de son voisin puisqu'il pourra demander à l'huissier de justice de procéder à une « exécution forcée » de la décision, comme s'il était en possession d'une décision de justice.

En cas de désaccord, soit parce que l'une des deux personnes n'est pas présente, soit parce que les parties n'ont pas pu s'entendre, il ne reste plus qu'à engager une procédure.

Notons qu'une conciliation peut également être mise en place sous l'égide du juge du tribunal judiciaire.

À NOTER

Une obligation de tenter un accord Depuis le 1er janvier 2020, vous ne pouvez vous adresser au juge que sous certaines conditions. En effet, votre demande en justice doit être obligatoirement précédée d'une tentative d'accord entre vous et votre voisin dès lors qu'elle concerne :
– le paiement d'une somme n'excédant pas 5 000 € ;
– ou certaines contestations énumérées ci-après.
Sans cette tentative, votre demande est irrecevable.
Telles sont les règles posées par la loi n° 2019-222 du 23 mars 2019 et son décret d'application (n° 2019-1333 du 11 décembre 2019 – art. 750-1, CPC).
Si vous êtes dans ces cas, vous devez en effet justifier, avant de vous lancer dans une procédure, d'une tentative de conciliation menée par un conciliateur de justice, d'une tentative de médiation, ou encore d'une tentative de procédure participative (procédure amiable nécessitant le recours à l'avocat).
Les contestations entre voisins concernées par cette obligation sont celles relatives :
– à un bornage (art. R. 211-3-4, COJ) ;
– à la distance prescrite par la loi, les règlements particuliers et l'usage des lieux pour les plantations ou l'élagage d'arbres ou de haies ;
– aux constructions et travaux mentionnés à l'article 674 du Code civil (distance pour les puits ou fosses d'aisance) ;
– au « curage des fossés et canaux servant à l'irrigation des propriétés ou au mouvement des usines et moulins » ;
– à l'établissement et à l'exercice des servitudes instituées par les articles L. 152-14 à L. 152-23 du Code rural et de la pêche maritime (servitude d'aqueduc, servitude d'écoulement des eaux d'irrigation, etc.) et par les articles 640 et 641 du Code civil (servitude d'écoulement des eaux naturelles) ainsi qu'à leurs indemnités ;
– des contestations relatives aux servitudes établies au profit des associations syndicales prévues par l'ordonnance n° 2004-632 du 1er juillet 2004 relative aux associations syndicales de propriétaires (art. R. 211-3-8, COJ).
Pour autant et même dans ces contextes, il est possible d'engager le procès sans cette tentative si :
– l'un des adversaires au moins demande l'homologation d'un accord ;
– l'exercice d'un recours préalable est imposé auprès de l'auteur de la décision ;
– l'absence de recours à l'un de ces modes de résolution amiable est justifiée par un motif légitime. Il peut s'agir soit d'un cas « d'urgence manifeste », soit de circonstances rendant impossible une telle tentative ou nécessitant qu'une décision soit rendue non contradictoirement, soit encore de l'indisponibilité des conciliateurs de justice « entraînant l'organisation de la première réunion de conciliation dans un délai manifestement excessif au regard de la nature et des enjeux du litige » ;
– le juge ou l'autorité administrative doit, en application d'une disposition particulière, procéder à une tentative préalable de conciliation (art. 750-1, CPC).

› Faire appel au médiateur

Autre technique de solution négociée prévue par les textes : la médiation. Elle est définie comme un processus structuré par lequel deux ou plusieurs parties

à un différend, tentent de parvenir à un accord pour le résoudre avec l'aide d'un tiers : le médiateur.
Elle peut permettre d'obtenir de façon pacifiée le règlement de son litige en faisant intervenir une personne indépendante tenue à une obligation de confidentialité. Ce médiateur peut être votre notaire par exemple, un géomètre-expert, un huissier ou un avocat. Le médiateur ne doit pas être confondu avec le conciliateur (voir ci-avant). L'intervention de ce tiers est payante (art. 1528 et s., CPC).
Pour trouver un médiateur, il est possible de s'adresser à sa mairie ou de se rendre sur le site de la Chambre nationale des praticiens de la médiation, sur celui des géomètres-experts ou celui de l'Association des médiateurs européens (AME) (voir *Les adresses de vos interlocuteurs*, p. 333).
Si les voisins parviennent à un accord, ils soumettent celui-ci à l'homologation du juge, ce qui leur permet d'être en possession d'un titre exécutoire (art. 1534, CPC). Sur l'obligation de passer devant un conciliateur de justice ou un médiateur pour tenter de trouver une solution amiable avant toute action en justice, voir l'encadré À noter dans *Recours au conciliateur de justice*, p. 293.
Notons par ailleurs qu'une médiation peut également être mise en place sous l'égide du juge, sous certaines conditions.

› Penser aux délais (prescription)

Le fait d'engager une action en justice, quel qu'en soit le fondement, doit aussi être envisagé sous l'angle des délais l'autorisant. Le justiciable peut en effet se heurter à la prescription de sa demande (dite prescription extinctive), autrement dit au fait que celle-ci n'est plus possible car tardive.
Aujourd'hui, par exemple, le délai de droit commun pour engager la responsabilité d'autrui – et donc de son voisin – est de 5 ans (art. 2224, C. civ. : *« Les actions personnelles ou mobilières se prescrivent par cinq ans à compter du jour où le titulaire d'un droit a connu ou aurait dû connaître les faits lui permettant de l'exercer. »*).

Cas pratique

C'est ce qu'a appris un voisin à ses dépens dans la présente affaire. Se plaignant de nuisances sonores générées par une entreprise de transport frigorifique, le propriétaire d'un terrain situé à proximité assigne cette dernière en justice. Il demande la désignation d'un expert et l'indemnisation de la perte de valeur de son bien.
Ses demandes ont été rejetées car tardives. En effet, l'entreprise avait commencé son activité 17 ans auparavant et il ne pouvait pas prouver que l'activité de l'entreprise avait évolué significativement depuis cette date.
Il soutenait en vain que le délai pour agir en justice contre des troubles de voisinage était de 30 ans s'agissant d'une « action réelle » immobilière. Pour la Cour de cassation en effet, l'action pour troubles anormaux du voisinage constitue une action en responsabilité, qui doit, aujourd'hui, être engagé dans les 5 ans (10 ans à l'époque des faits ayant donné lieu à cet arrêt – C. cass., civ. 2e, 13.9.2018, n° 17-22474).

D'autres délais sont à connaître. Par exemple, ce délai est porté à 10 ans en cas de dommage corporel (art. 2226, C. civ.).
Autre exemple : la prescription acquisitive d'un droit de propriété immobilière est de 30 ans ou de 10 ans en cas d'acquisition de bonne foi et par juste titre (voir *La prescription acquisitive et la possession*, p. 9). Si votre voisin bénéficie de ce délai, agir contre lui peut n'avoir aucun intérêt.
Notons que l'action est même considérée comme imprescriptible (elle n'est pas renfermée dans un délai) dans certains cas. C'est par exemple ce qui a été jugé pour la demande en justice d'élagage d'un arbre dont les branches dépassaient chez le voisin (voir *Branches dépassant sur le terrain voisin*, p. 121).

Réunir les preuves

› Les règles à respecter

Rien ne sert d'engager une action en justice si vous ne pouvez pas faire la preuve des nuisances que vous subissez : une construction empiète sur votre terrain, vous êtes privé de la vue dégagée que vous aviez auparavant, vous ne pouvez plus stationner votre véhicule car votre voisin gare systématiquement le sien devant votre entrée de parking, les odeurs dégagées par le restaurant en bas de chez vous sont insupportables…
Comment amener le tribunal à tenir compte de ces faits ? Mais aussi, comment prouver votre préjudice, à savoir, selon les cas, l'impact de ces nuisances sur votre santé, sur la valeur de votre propriété, sur le montant des loyers, etc. ?
La règle à respecter est la suivante : c'est à celui qui invoque un fait qu'il reproche à autrui d'en apporter la preuve (art. 9, CPC ; art. 1353, C. civ.).
Par exemple : vous demandez que votre voisin soit condamné en justice à élaguer son arbre. Encore faut-il prouver au juge qu'il dépasse sur votre propriété.
Autre exemple : dans le cadre d'une action en revendication de propriété, vous invoquez l'existence d'un titre de propriété contre l'occupation de vos voisins. Cette preuve est déterminante comme on le voit dans l'exemple suivant.

> **Cas pratique**
> Cela a en effet été jugé récemment dans une affaire concernant le propriétaire d'un terrain sur lequel avait été construite une maison. Les propriétaires de la maison, qui y habitaient depuis très longtemps, invoquaient à leur profit la prescription de 30 ans de l'article 2272 du Code civil. Cela s'est révélé inutile puisque le propriétaire du terrain avait pour lui un titre de propriété. La Cour de cassation a fait droit à sa demande de libération des lieux des habitants et de démolition de la maison (C. cass., civ. 3e, 17.5.2018, n° 16-15792).

Les preuves les plus couramment admises devant les tribunaux sont :
- les témoignages écrits (le concierge de l'immeuble, un autre voisin, des amis, etc.) ;

- les photographies (par exemple, pour prouver que les branches d'un arbre surplombent votre piscine) ;
- les constats d'huissiers de justice ou les procès-verbaux des géomètres-experts (en matière de bornage) ;
- les actes notariés (dans les dossiers concernant une revendication de propriété ou une servitude notamment), etc.

À NOTER

Pour un modèle d'attestation de témoin, vous pouvez utiliser le modèle proposé sur le site www.service-public.fr (formulaire Cerfa n° 11527*03). Attention : une attestation doit être entièrement rédigée à la main.

En copropriété, faire état d'une pétition des occupants de l'immeuble auprès du syndic peut être intéressant pour faire valoir un trouble collectif.

Par ailleurs, avez-vous identifié votre préjudice et prouvé qu'il est en relation avec ces nuisances ? Votre demande d'indemnisation, dans la plupart des cas (pour les exceptions, voir *Faire l'économie de la preuve d'un préjudice,* p. 298) doit en effet s'appuyer sur des éléments chiffrés, prouvés et réels, par exemple les soins médicaux que vous subissez suite aux émanations venant de l'entreprise exploitée par vos voisins, la diminution de valeur de votre bien suite à la perte de la vue que vous impose une construction voisine, etc.

Cas pratique

Dans une affaire, l'aboiement des chiens était quasi continu et de forte intensité pour le voisin. Suite à ce bruit répété, la santé de ce dernier a été perturbée comme le démontraient les certificats médicaux produits, lesquels émanaient tant du médecin traitant de la victime que du chef du service de cardiologie du centre hospitalier. Ce dernier notait que le stress continuel subi ainsi que les nuisances sonores, telles que les aboiements, avaient indiscutablement un effet néfaste sur la santé du patient. C'est sur la base de ces preuves que le propriétaire du chien a été condamné à l'époque à 20 000 francs de dommages et intérêts (C. cass., crim., 6.9.2000, n° 99-86884).

Selon les cas, vous pourrez fournir cette preuve par des attestations médicales, comme dans l'exemple précédent, s'il y a atteinte à la santé, des témoignages, des attestations d'agents immobiliers s'il y a perte de valeur de votre bien, etc.

Le juge qui voit une demande précise, justifiée par des documents, et soigneusement expliquée, est plus enclin à l'accorder.

En effet, comme on le constate à travers de nombreux exemples donnés dans cet ouvrage, il ne suffit pas d'établir un trouble excessif. Encore faut-il prouver les atteintes à sa santé, la dévalorisation de sa propriété, etc., et que ces préjudices soient en relation avec ces nuisances.

Cas pratiques

• Par exemple, une décision a estimé qu'il était impossible de savoir si les troubles somatiques dont souffraient certains riverains d'un terrain d'aviation provenaient d'éléments qui leur étaient propres ou du bruit résultant du trafic aérien ; leur réclamation a été rejetée (C. cass., civ. 2e, 30.1.1991, n° 89-19950).

• En revanche, dans une autre décision, les émissions sonores émanaient directement de l'activité exercée par une entreprise voisine car les poids lourds circulant sur cette portion de route ne pouvaient provenir que de ce site ; l'entreprise a donc été condamnée (C. cass., civ. 2e, 4.10.2012, n° 11-30453).

› Demander en justice une expertise

Dans de nombreux dossiers arrivant devant les juges, un expert est désigné par le tribunal. Son rôle est d'établir les faits, leurs conséquences et les moyens d'y remédier.

Une question souvent posée est celle de savoir s'il est possible de s'adresser à un expert en dehors d'une procédure.

Il est toujours possible de faire appel à un expert mais il est indispensable de le faire désigner par le juge. Cela rendra en effet la procédure d'expertise contradictoire, c'est-à-dire opposable à votre voisin.

Vous disposez de plusieurs possibilités :

- engager la procédure et demander cette désignation ;
- avant d'engager la procédure « au fond », déposer une demande de désignation en utilisant la procédure sur requête ou en référé prévue dans l'article 145 du Code de procédure civile.

› Faire l'économie de la preuve d'un préjudice

Dans certains cas, cette preuve n'est pas nécessaire, notamment si vous agissez en tant que propriétaire dont les droits ont été bafoués.

Par exemple, vous réclamez la suppression d'une barrière édifiée en violation de votre droit de passage. Dans ce cas, vous n'avez pas à faire la preuve de votre préjudice personnel (sauf si vous désirez obtenir une indemnisation). Vous devez simplement montrer que la servitude de passage a été violée.

La transgression d'une servitude est en effet sanctionnée très rigoureusement par les tribunaux. Tel est également le cas de la défense de la propriété contre l'empiètement. Dans l'une et l'autre hypothèse, le demandeur n'a à rapporter que la preuve de l'atteinte portée à ses droits de propriétaire, peu importe l'existence d'un préjudice.

Prenons un exemple : selon l'article 673 du Code civil, « *Celui sur la propriété duquel avancent les branches des arbres, arbustes et arbrisseaux du voisin peut contraindre celui-ci à les couper* ». Peu importe que le voisin propriétaire de l'arbre estime que vous n'avez aucun préjudice, que les distances concernant les plantations aient été respectées : les branches de son arbre ne doivent pas dépasser chez vous.

Cas pratique

Un chêne monumental d'une hauteur de 15 à 20 mètres dont plusieurs branches dépassaient sur la propriété du voisin a dû être élagué par le propriétaire. Peu importe le fait qu'il soit bicentenaire et répertorié comme arbre remarquable dans le plan vert de la commune, qu'il ne présente pas de danger pour le voisin, qu'aucun trouble excédant les inconvénients normaux de voisinage ne soit établi et que son élagage puisse mettre en danger sa survie, causant ainsi un dommage irréparable à l'écosystème… Selon la Cour de cassation, ces motifs ne suffisent pas : le propriétaire du terrain sur lequel empiètent les branches a le droit de contraindre son voisin à les couper (C. cass., civ. 3e, 31.5.2012, n° 11.17313).

Il existe un autre domaine où la preuve d'un préjudice personnel ne vous sera pas demandé, ce qui facilitera votre tâche en justice : si vous vous fondez en tant que copropriétaire sur une atteinte aux parties communes ou au règlement de copropriété (voir *Troubles de voisinage et copropriété*, p. 227).

Comment orienter votre argumentation ?

Vous pouvez fonder votre argumentation sur une réglementation précise à opposer à votre voisin. Par exemple, il entreprend des travaux qui vous gênent. Or, vous apprenez qu'il n'est pas en possession des autorisations d'urbanisme nécessaires. Vous pouvez, dans ce cas, demander l'arrêt des travaux.
À défaut, vous pouvez fonder votre argumentation sur le caractère excessif du trouble que vous subissez, sur un abus de droit ou sur le terrain de la responsabilité civile.

Vous reprochez à votre voisin d'être en infraction avec un texte

S'appuyer sur une législation précise peut, dans certains cas, être plus efficace que plaider un trouble excessif. Pour reprendre cet exemple, les branches de l'arbre de votre voisin dépassent le mur de votre jardin. Vous trouvez insupportable cette ombre portée quand vous prenez le soleil, la chute des feuilles qui bouchent vos gouttières et autres désagréments. Vous avez tout intérêt à invoquer l'article 673 du Code civil qui prévoit une obligation d'élagage à la charge du propriétaire de cet arbre (voir *Les plantations,* p. 113). La preuve est ici facile à apporter : un constat d'huissier attestant du dépassement de la branche au-dessus du mur de clôture.
Votre voisin doit également respecter les arrêtés préfectoraux ou municipaux concernant la tranquillité publique. Certains ont trait aux activités de bricolage ou jardinage (tondeuse, tronçonneuse et autres engins à moteur), en précisant les jours et les créneaux horaires autorisés. D'autres concernent l'obligation d'entretien des terrains (obligation de débroussaillage, par exemple). Or, vous vous plaignez que votre voisin joue de la perceuse à toute heure ou encore que, du fait de son absence (il vit à l'étranger), son jardin est laissé à l'abandon et que la végétation arrive jusqu'à vos fenêtres du premier étage. Vous pouvez directement alerter les services en charge de votre commune ou préfecture pour qu'il soit rappelé à l'ordre.
Le fait que votre voisin viole une règle précise peut en effet vous permettre de faire intervenir à votre place un organisme ou un professionnel chargé de l'application de ladite réglementation (il peut s'agir de votre maire, comme dans ces derniers exemples, mais aussi, selon les cas, de votre syndic de copropriété, du bailleur de votre voisin « semeur de trouble » qui peut agir contre son locataire, etc.).

En outre, peu importe notamment le fait que votre voisin gênant (un élevage industriel, par exemple) était installé avant vous. Vous pouvez lui demander des comptes car il doit être en règle avec les textes.
Enfin, d'une manière plus générale, la responsabilité de votre voisin peut être fondée sur les règles de la responsabilité civile (voir *Les règles de la responsabilité civile*, p. 192).

Votre voisin respecte la réglementation

S'appuyer sur la notion de trouble anormal de voisinage vous dispense d'apporter la preuve d'une faute imputable à votre voisin ; cela interdit à celui-ci – réaction courante – d'invoquer, pour tenter de s'exonérer, son absence de faute. Ici, nul besoin de prouver une négligence du voisin, un abus, un comportement fautif ou une infraction à un texte précis : selon le principe « *Nul ne doit causer à autrui un trouble anormal de voisinage* », votre voisin vous doit réparation s'il dépasse la mesure (voir *Le trouble anormal de voisinage*, p. 195).
En revanche, vous devez apporter la preuve de l'anormalité du trouble, ce qui n'est pas toujours facile. Par ailleurs, votre voisin, notamment s'il s'agit d'une activité agricole, peut invoquer le fait qu'il s'est installé avant vous, ce qui vous empêche d'obtenir sa condamnation (règle de la pré-occupation des lieux, voir *Le cas de l'entreprise installée avant vous*, p. 199) et ce sauf dans une copropriété (voir *Troubles de voisinage et copropriété*, p. 227).

MON CONSEIL

Multiplier ses chances de réussir En pratique, on constate que la victime d'un trouble de voisinage utilise souvent plusieurs fondements pour faire valoir ses droits, comme l'inobservation de dispositions légales ou réglementaires, le caractère excessif d'un trouble, voire l'abus de droit. Cette façon d'argumenter est d'ailleurs conseillée car la victime met ainsi toutes les chances de son côté si l'une de ses demandes échoue. Par exemple, vous invoquez le non-respect par votre voisin d'une clause de votre règlement de copropriété mais aussi le caractère excessif des nuisances que vous subissez.

Votre voisin peut aussi commettre une faute à votre égard. Vous pouvez alors invoquer les règles de la responsabilité civile (voir *Les règles de la responsabilité civile*, p. 192).

Le cas particulier de l'abus de droit

Vous pouvez également invoquer un abus de droit de la part de votre voisin. Ici, il n'y a pas de faute de sa part. Il est en effet dans son droit, mais il en abuse et par là même, il cause un dommage à son voisin. Abuser de ses droits peut sous-entendre une intention de nuire dans l'exercice de son droit de propriété. Par exemple, votre voisin surélève un mur dans le seul but de vous priver de tout ensoleillement. Ou encore il plante un rideau de fougères dans le seul but d'empêcher le passage de la lumière (C. cass., civ. 3e, 20.1.1964).

Plus fréquemment, cette intention peut être déduite de l'absence d'utilité de l'acte, même sans intention de nuire. Tel est le cas, par exemple, d'une personne qui :
- s'oppose sans raison valable à la démolition de constructions vétustes ayant fait l'objet de deux arrêtés de péril et empêche ainsi son voisin de procéder sur son terrain à des travaux autorisés (C. cass., civ. 3e, 20.3.1978, n° 76-12.598) ;
- comble avec du mortier le vide existant entre sa véranda et le mur de son voisin. Ce qui a été retenu ici est que, même si la véranda n'exerçait aucune contrainte sur le mur appartenant au voisin, elle risquait de poser un problème de voisinage (C. cass., civ. 3e, 19.12. 2001, n° 00-15300) ;
- s'oppose à l'installation provisoire d'un échafaudage dans sa propriété alors qu'aucun autre moyen ne peut être mis en œuvre pour que soient réalisés les travaux préconisés pour la toiture de son voisin (C. cass., civ. 3e, 15.2. 2012, n° 10-22899 ; voir aussi en matière de construction *En cas de faute ou d'abus de droit*, p. 269).

Comme on peut l'imaginer, la preuve de cet abus n'est pas toujours facile à apporter. C'est pourquoi l'action fondée sur l'abus de droit est bien plus rare que celle fondée sur la faute d'un voisin ou l'existence d'un trouble anormal. Elle doit cependant être connue.

Saisir le tribunal en dernier recours

En matière de conflits de voisinage, le dialogue pour tenter de trouver un terrain d'entente s'avère indispensable (et est d'ailleurs imposé par les derniers textes – voir l'encadré À noter dans Recours au conciliateur de justice, p. 293).
Pour autant, il n'est pas toujours possible de trouver un terrain d'entente. Il faut donc envisager le recours au juge.
D'où de nombreuses questions, tout à fait légitimes : combien cela va-t-il me coûter ? Quel juge saisir ? Comment exécuter concrètement cette décision si je gagne ? Comment aussi se repérer au sein des différents tribunaux, même si la récente réforme facilite l'accès à la justice ?
Ce chapitre traite du juge civil (aujourd'hui, le tribunal judiciaire). Rappelons que le tribunal administratif peut aussi être la juridiction compétente (par exemple en matière de travaux). Enfin, le juge pénal peut être saisi lorsque le texte concerné prévoit une sanction pénale (en matière de bruit par exemple).

Le tribunal judiciaire

Comme nous l'avons précisé au fil de cet ouvrage, la loi n° 2019-222 du 23 mars 2019 a voulu simplifier l'organisation de la justice en mettant en place, depuis le 1er janvier 2020, une réforme des tribunaux et notamment la création :
- d'un **tribunal judiciaire** issu de la fusion des tribunaux d'instance (TI) et des tribunaux de grande instance (TGI) ;
- de **chambres de proximité** : le tribunal judiciaire peut comprendre de telles chambres (appelées aussi tribunaux de proximité) si les anciens TI et TGI n'étaient pas situés dans la même ville : l'ancien TI devient une chambre de proximité.

Un décret (n° 2019-914 du 30 août 2019) fixe la liste de ces tribunaux et de leurs compétences.

Cette réforme simplifie l'ancienne organisation qui différenciait, selon les domaines, le tribunal compétent. En effet, pour mémoire, le tribunal d'instance avait une compétence générale pour les actions personnelles ou mobilières inférieures à 10 000 € (par exemple : indemnisation à la suite d'un trouble de voisinage).

Il avait également une compétence spécifique pour certaines actions telles le bornage ou encore certaines contestations concernant l'écoulement des eaux de pluie (art. 641, C. civ.) ou les actions relatives à l'élagage des arbres et des haies (art. R. 221-12, COJ).

Quant au tribunal de grande instance, il était compétent pour :
- les dommages et intérêts d'une valeur supérieure à 10 000 € ;
- connaître de certains litiges, tels ceux relatifs à la mitoyenneté, aux servitudes de vue ou en matière de revendication de copropriété.
C'est donc dorénavant le tribunal judiciaire qu'il convient de saisir (le cas échéant, sa chambre de proximité).

› Quand l'avocat est-il obligatoire ?

Pour mémoire, selon les anciens textes, le voisin, demandeur à la procédure, devait obligatoirement passer par l'avocat quand il devait saisir le tribunal de grande instance, soit pour une demande relevant de la compétence exclusive de ce tribunal (telle la revendication de la propriété d'une parcelle), soit pour une demande « personnelle ou mobilière » (par exemple, une demande d'indemnisation) portant sur plus de 10 000 €.
Les règles posées, depuis le 1er janvier 2020 par le décret n° 2019-1333 du 11 décembre 2019, en matière d'assistance obligatoire par avocat, sont les suivantes :
- le principe est qu'il faut toujours prendre un avocat devant le tribunal judiciaire, sauf exceptions (art. 760, CPC) ;
- ces exceptions sont limitativement énumérées à l'article 761 du Code de procédure civile.
Elles concernent notamment :
- les actions portant sur une demande d'un montant inférieur ou égal à 10 000 € ou ayant pour objet « *une demande indéterminée ayant pour origine l'exécution d'une obligation dont le montant n'excède pas 10 000 €* » ;
- celles énumérées au tableau IV-II annexé de ce Code. Quant à ces dernières, il est précisé sous chaque rubrique de cet ouvrage quels sont les domaines où l'avocat n'est pas obligatoire (bornage, par exemple).
Vous pouvez ainsi, depuis le 1er janvier 2020, soit vous défendre seul devant ce tribunal, soit vous faire assister et représenter par :
- un avocat ;
- votre conjoint, concubin ou partenaire pacsé ;
- vos parents ou alliés en ligne directe ;
- vos parents ou alliés en ligne collatérale jusqu'au troisième degré inclus ;
- une personne exclusivement attachée à votre service personnel ou à votre entreprise (art. 5 de la loi n° 2019-222 du 23 mars 2019).

ATTENTION

Penser au pouvoir Le représentant (sauf s'il est avocat) doit justifier d'un pouvoir signé par celui qu'il représente. Il suffit de faire préciser sur une simple lettre l'identité des intéressés, le fait que le représentant est l'une des personnes citées ci-avant (conjoint…) et que pouvoir est donné pour représenter à l'audience fixée une partie. À défaut de justifier de ce pouvoir, il ne sera pas entendu (voir *Modèles de lettres et de documents*, p. 311).

› Quand peut-on faire appel du jugement ?

Il est toujours possible de faire appel d'un jugement qui vous est défavorable, qu'il s'agisse d'une question de bornage, de servitude, de mitoyenneté, etc. En revanche, si vous saisissez le tribunal seulement d'une demande « personnelle ou mobilière » (par exemple, une demande pour que votre voisin vous indemnise), sachez que le taux de ressort, c'est-à-dire la possibilité – ou non – de faire appel d'un jugement, est fixé à 5 000 € depuis le 1er janvier 2020. Pour mémoire, l'ancien taux d'appel était de 4 000 €.
Exemple : vous demandez la condamnation de votre voisin à vous indemniser pour des nuisances. L'indemnisation réclamée est de 3 000 €. Vous ne pouvez pas faire appel du jugement que vous avez obtenu et qui vous refuse cette indemnisation.

› Existe-t-il des conditions à respecter avant de s'adresser aux tribunaux ?

Autre nouveauté à signaler, indiquée précédemment et impactant le contentieux entre voisins : la réforme de 2019 impose aux voisins une tentative de résolution amiable avant de saisir le juge (voir l'encadré À noter dans *Recours au conciliateur de justice*, p. 293). Ici également, un décret doit fixer les contours de cette obligation.

Cas pratiques

• **Qu'est-ce que l'exécution provisoire ? Si mon adversaire fait appel, cela bloque-t-il l'exécution de la demande ?**

Avant la réforme de 2019, il fallait spécifiquement demander au juge l'exécution provisoire de la décision pour, précisément, pouvoir exécuter le jugement malgré l'appel de son adversaire. Les choses ont changé depuis le 1er janvier 2020 (art. 512, CPC, issu du décret n° 2019-1333 du 11 décembre 2019). En effet, aujourd'hui, le principe est celui de l'exécution provisoire de droit, sauf si la loi ou la décision rendue n'en dispose autrement. Ainsi, si par exception le juge que vous avez saisi ne souhaite pas accorder l'exécution provisoire, parce qu'il estime qu'elle est incompatible avec la nature de l'affaire, il doit le faire par décision spécialement motivée.

• **Que faire quand on a des difficultés pour faire exécuter sa décision ? J'ai obtenu un jugement de condamnation contre mon voisin. Je n'arrive pas à effectuer des saisies du fait de ces obstructions systématiques.**

Il faut saisir le juge de l'exécution. Il s'agit du président du tribunal. L'une de ces missions est de trancher les difficultés d'exécution des jugements. Pour ce faire, vous devez demander à votre huissier d'assigner votre adversaire devant ce juge.

Envisager les référés

Dans certaines circonstances, il peut s'avérer indispensable, une fois établi le refus de coopération de votre voisin, de réagir rapidement et le plus efficace-

ment possible. Tel est le cas, par exemple, pour stopper la construction d'un mur qui empiète sur votre terrain, pour ordonner la démolition de la barrière qui bloque votre droit de passage, etc.
Remarque : les procédures spécifiques en matière de non-respect des autorisations d'urbanisme sont traitées dans la rubrique *Les troubles de voisinage liés à des travaux*, p. 247.
Il s'agit d'une procédure qui permet d'obtenir rapidement une décision de justice provisoire qui est exécutoire malgré l'appel de celle-ci, dès lors que l'obligation n'est pas sérieusement contestable. Cette procédure est très intéressante sur un plan pratique en permettant au voisin de faire face aux situations d'urgence. Mais attention : le référé ne permet pas de trancher un débat de fond, par exemple sur la mitoyenneté ou la non-mitoyenneté d'un mur ni de soumettre ce problème juridique à l'appréciation d'un expert ou encore d'autoriser l'un des copropriétaires à entreprendre la démolition du mur mitoyen en vue de sa reconstruction. Le juge des référés ne peut pas non plus interpréter les clauses d'un titre de propriété, rechercher la responsabilité des parties ou attribuer des dommages et intérêts.

À NOTER

Les différents cas de référés Il existe plusieurs cas de référés :
– ceux fondés sur l'article 808 du CPC et sur les cas d'urgence et l'absence de contestation sérieuse : « *Dans tous les cas d'urgence, le président du tribunal judiciaire peut ordonner en référé toutes les mesures qui ne se heurtent à aucune contestation sérieuse ou que justifie l'existence d'un différend.* » ;
– ceux fondés sur l'article 809 du CPC : « *Le président peut toujours, même en présence d'une contestation sérieuse, prescrire en référé les mesures conservatoires ou de remise en état qui s'imposent, soit pour prévenir un dommage imminent, soit pour faire cesser un trouble manifestement illicite.*
Dans les cas où l'existence de l'obligation n'est pas sérieusement contestable, il peut accorder une provision au créancier, ou ordonner l'exécution de l'obligation même s'il s'agit d'une obligation de faire. » ;
– ceux fondés sur l'article 145 du CPC : il est également possible de demander, en amont d'un procès, la désignation d'un expert par requête ou en référé.

Toutes les questions de fond (par exemple, sur la propriété d'un terrain si elle est en question) nécessitent l'intervention du « juge du fond » par opposition au juge des référés.
Le juge des référés ne prend que des décisions provisoires rendues nécessaires par les circonstances. Cela signifie que le débiteur, s'il est condamné, peut engager la procédure au fond (devant le tribunal). Le tribunal pourrait statuer différemment de son président. Mais, concrètement, il y a peu de saisine des juges du fond après un référé ayant donné satisfaction au créancier.
Le juge des référés est le président du tribunal. L'affaire est donc jugée par un juge unique.
Il est possible d'obtenir en référé une expertise, une provision, l'arrêt de travaux entrepris sans autorisation (art. 808 et/ou 809, CPC).

Avant la réforme de 2019, cette procédure bénéficiait également d'un autre trait caractéristique : dispenser son utilisateur de l'obligation de prendre un avocat. La loi du 23 mars 2019, et son décret n° 2019-1333 du 11 décembre 2019, change la donne puisque la dispense d'avocat ne concerne plus que les cas où la demande porte sur un montant inférieur ou égal à 10 000 € ou sur une demande indéterminée ayant pour origine l'exécution d'une obligation dont le montant n'excède pas 10 000 €.
C'est souvent sur la base du trouble manifestement excessif, cas de référé prévu par l'article 809 du CPC, qu'intervient le juge des référés comme on peut le voir dans le cas pratique suivant.

Cas pratique

Des fenêtres sont édifiées par le propriétaire d'un immeuble sur la moitié haute d'un mur de la construction. Elles donnent sur le fonds voisin. Ce dernier les obstrue avec un mur en parpaing édifié en limite de sa propriété.
Saisis sur la base de l'existence d'un trouble manifestement excessif, les juges ont pu en déduire qu'il appartenait au juge des référés de le faire cesser même en présence d'une contestation sérieuse (C. cass., civ. 3e, 4.1.2012, n° 10-12004).

La procédure débute par une assignation de l'adversaire par huissier.
On peut se présenter en personne devant le président du tribunal (et ce même s'il s'agit d'un cas où l'assistance d'un avocat est obligatoire).
Le fait d'assigner en référé interrompt la prescription.

ATTENTION

La fin des actions possessoires La loi n° 2015-177 du 16 février 2015 relative à la modernisation et à la simplification du droit et des procédures dans les domaines de la justice et des affaires intérieures a supprimé les actions possessoires. L'article 2279 du Code civil a été abrogé. Les articles du Code de procédure civile (art. 1264 à 1267) n'ont donc plus d'objet. Ces actions étaient considérées comme complexes à mettre en œuvre et peu utilisées. Par ailleurs, la procédure de référé a l'avantage d'être plus rapide, d'avoir un coût financier inférieur (avocat non obligatoire) et peut être introduite pour aboutir aux mêmes fins (art. 808 et 809, CPC).

Que peut-on obtenir ?

Pour obtenir la réparation de votre préjudice, il faut également vous poser la question du type d'indemnisation susceptible de le compenser. Il est possible d'obtenir une mesure obligeant le voisin à faire cesser le trouble subi ou au moins à le réduire. Il est également possible d'obtenir une indemnisation sous forme de dommages et intérêts. La source du dommage demeure mais une somme d'argent compense le préjudice subi.

Réduire ou supprimer la nuisance

C'est bien sûr la première direction que vous devez prendre si cela est possible. Par exemple, en matière de bruit, vous pouvez demander l'insonorisation de la pièce dans laquelle le fils de votre voisin joue de la batterie, la pose d'une moquette pour éviter les bruits des pas au-dessus de votre appartement, la fermeture d'un restaurant ou d'un établissement générateur de nuisances ou la limitation de ses activités, voire l'expulsion du locataire, auteur du trouble. S'il s'agit d'un chien, vous pouvez demander l'éloignement de l'animal ou le port d'un collier anti-aboiement, etc.

En matière de nuisances olfactives, vous pouvez demander également, s'il s'agit d'un établissement, sa fermeture ou la limitation de ses activités, obtenir le recours à un nouveau traitement du lisier pour faire disparaître les odeurs dues à la porcherie voisine, ou bien le déplacement des poulaillers, etc.

Vous avez tout intérêt à demander que cette condamnation en nature soit assortie d'une astreinte, à savoir une somme d'argent décomptée par jour de retard. Il s'agit d'une mesure efficace pour forcer le contrevenant à se mettre en règle. Par exemple, vous demandez que votre voisin abatte un mur construit illégalement. Pour vous assurer qu'il va réellement abattre ce mur, demandez au tribunal sa condamnation « sous astreinte ». L'astreinte est indépendante des dommages et intérêts que vous pouvez réclamer (art. 33 à 37 de la loi n° 91-650 du 9 juillet 1991).

Pensez aussi à demander l'exécution provisoire du jugement (voir les cas pratiques dans *Existe-t-il des conditions à respecter avant de s'adresser aux tribunaux ?*, p. 305).

Supprimer ou limiter le dommage que cause le trouble, et donc la nuisance qui en est à l'origine, semble la solution la plus satisfaisante. Pour trouver une solution qui convienne, on recourt souvent à l'expertise dans le cadre de la procédure. L'expert est en effet un technicien qui va établir le constat de la nuisance et proposer les solutions les plus adéquates.

Il est un domaine où l'on constate l'extrême sévérité des juridictions : c'est celui où les droits de propriété sont bafoués, notamment en matière de servitude ou d'empiètement. Par exemple, la transgression d'une servitude de vue (votre voisin a ouvert une fenêtre lui permettant de voir chez vous) entraîne l'obturation de la

fenêtre. Le propriétaire de l'arbre dont les branches dépassent chez son voisin est condamné à les couper, même au risque de « tuer » son arbre. La construction qui empiète sur le terrain voisin est systématiquement démolie, même si l'empiètement est minime, etc.
Comme le rappelle régulièrement la Cour de cassation, la démolition est la sanction d'un droit réel (droit de propriété) transgressé. En conséquence, elle sanctionne souvent les décisions qui ont préféré allouer des dommages et intérêts sur ce fondement (par exemple, C. cass., civ. 3e, 15.1.1997, n° 94-1933).
Dans le domaine précis de plantations trop proches de la limite séparative voisine, il faut signaler que le voisin lésé dispose d'une option : il peut exiger qu'elles soient arrachées ou bien réduites à la hauteur déterminée par les textes (art. 672, C. civ. ; voir *Les plantations*, p. 113).

Une indemnisation sous forme d'une somme d'argent

Une réparation « en nature » peut s'avérer insuffisante ou encore impossible à réaliser. Vous pouvez demander une indemnisation en espèces (somme d'argent) pour compenser par exemple une perte financière. La demande d'indemnisation financière peut également être faite en complément d'une demande de réparation en nature.
La difficulté est évidemment de trouver une équivalence monétaire au trouble que vous subissez : il peut s'agir, par exemple, de la perte de loyers due à l'inhabitabilité de l'immeuble affecté par les nuisances ou de la perte de valeur de votre bien, ce qui est aisément quantifiable à l'aide de l'expert désigné en justice, ou, en amont, d'un agent immobilier. Mais il peut aussi s'agir de préjudice, tel l'inconfort subi face aux bruits, aux odeurs, trépidations ou autres sources de nuisances. Dans cette indemnisation, votre âge et votre état de santé seront pris en considération. Les dommages et intérêts doivent compenser l'ensemble des préjudices subis qui sont directement liés au trouble, qu'il s'agisse, par exemple, d'affections oculaires dues à la pollution de l'installation voisine, du stress, de la répercussion sur votre activité professionnelle du commerce voisin, voire de la perte de valeur de votre terrain.
En pratique, un expert (médecin notamment) est fréquemment désigné par les tribunaux pour analyser ces conséquences.

À NOTER

Dommages et intérêts et astreinte Ces deux notions ne doivent pas être confondues. En effet, l'astreinte est une mesure coercitive vous permettant d'obtenir la réparation en nature accordée par les juges. L'astreinte, calculée en fonction du retard pris par votre voisin à s'acquitter de ses obligations (démolir un mur, élaguer son arbre, obturer sa fenêtre, etc.), est indépendante d'une indemnisation sous forme de dommages et intérêts. En revanche, une condamnation à des dommages et intérêts seuls ne peut être assortie d'une astreinte.

Modèles de lettres et de documents

Demander au voisin la cessation d'un trouble de voisinage

Nom, prénom
Adresse
Code postal, ville

Nom, prénom
Adresse du voisin
Code postal, ville

Ville, date,

Objet : nuisances sonores

Monsieur (*Madame*),

Je suis le propriétaire de l'appartement se situant en dessous du vôtre. J'ai tenté à plusieurs reprises de vous alerter de vive voix sur les nuisances émanant de chez vous : (*les décrire, préciser leur intensité, leur amplitude horaire, le moment où elles se déroulent…*).

À ce jour, je n'ai, malgré mes remarques répétées, observé aucun changement d'attitude de votre part.

Je vous prie donc de bien vouloir faire le nécessaire sous quinze jours pour prendre toute mesure s'imposant afin de faire cesser ces troubles. À défaut, je me verrai contraint de saisir les autorités compétentes.

Je reste toutefois persuadé que vous prendrez conscience de la gêne que je subis et que nous pourrons garder des relations de voisinage respectueuses des intérêts de chacun.

Vous remerciant de votre compréhension, je vous prie d'agréer Monsieur (*Madame*), l'expression de mes meilleurs sentiments.

Signature

Réclamer l'intervention du maire pour un bruit excessif

Nom, prénom
Adresse
Code postal, ville

Nom, prénom du maire
Adresse de la mairie
Code postal, ville

Ville, date,

Objet : demande de cessation de bruits

Monsieur (*Madame*) le Maire,

Je me permets de vous écrire pour solliciter votre intervention suite à des troubles de voisinage incessants que je subis depuis… (*préciser la date*).

Je suis le propriétaire de l'appartement se situant en dessous de l'appartement de M. (*donner les coordonnées du voisin*). J'ai tenté à plusieurs reprises de l'alerter de vive voix sur les bruits émanant de son appartement : (*les décrire, préciser leur intensité, leur amplitude horaire, le moment où ils se déroulent…*). Je vous joins également le courrier que je lui ai adressé, resté sans effet.

Cette situation est devenue insupportable, je vous demande d'exercer votre pouvoir de police pour contraindre cette personne à respecter la tranquillité de ses voisins.

Dans cette attente, veuillez agréer, Monsieur (*Madame*) le Maire, l'expression de mes salutations distinguées.

Signature

Demander le bornage de deux terrains contigus

Le bornage est utile chaque fois qu'un propriétaire ignore la limite exacte de sa propriété, quand il veut réaliser un certain nombre d'opérations où cette limite doit être connue : par exemple, édification de clôtures, plantation d'arbres en limite de propriété…

Nom, prénom
Adresse
Code postal, ville

Nom et prénom
Adresse du voisin
Code postal, ville

Ville, date,

Lettre recommandée avec avis de réception

Objet : demande de bornage

Monsieur (*Madame*),

Je m'autorise à vous adresser ce courrier en ma qualité de voisin de votre propriété sise (*préciser l'adresse*).

Je désire procéder au bornage de nos terrains contigus aux fins de délimiter nos propriétés respectives.

Le bornage est établi par un géomètre-expert, en notre présence ou en la présence de représentants spécialement mandatés à cet effet. Il s'effectue aux frais partagés des personnes concernées.

Je vous invite à me recontacter afin que nous puissions nous entretenir à ce sujet et nous adresser à un géomètre-expert.

À toutes fins utiles, je me permets de vous rappeler que la loi autorise le bornage forcé en cas de désaccord entre voisins. En effet, conformément à l'article 646 du Code civil : « *Tout propriétaire peut obliger son voisin au bornage de leurs propriétés contiguës.* »

Dans l'attente d'une prompte réponse de votre part, je vous prie de croire, Monsieur (*Madame*), en l'expression de mes salutations respectueuses.

Signature

Acquérir la mitoyenneté sur un mur privatif

Nom, prénom
Adresse
Code postal, ville

Nom et prénom
Adresse du voisin
Code postal, ville

Ville, date,

Lettre recommandée avec avis de réception

Objet : demande de mitoyenneté

Monsieur (*Madame*),

En tant que voisin de votre propriété, habitant au (*préciser l'adresse*), je vous propose d'acquérir la mitoyenneté du mur séparant nos deux propriétés. En effet, en application de l'article 661 du Code civil : « *Tout propriétaire joignant un mur a la faculté de le rendre mitoyen en tout ou en partie [...]* »

Au plaisir de vous rencontrer aux fins de définir le prix et les modalités de cette acquisition, je vous prie de croire, Monsieur (*Madame*), en l'expression de mes salutations respectueuses.

Signature

Informer votre voisin de votre intention de clore votre propriété

Tout propriétaire peut clore sa propriété afin d'éviter d'éventuelles incursions extérieures ou l'empiètement du voisin sur sa propriété. Il est préférable d'en informer son voisin, par courtoisie. Ce dernier sera d'ailleurs éventuellement intéressé par un projet de clôture mitoyenne à frais partagés.

Nom, prénom
Adresse
Code postal, ville

Nom et prénom
Adresse du voisin
Code postal, ville

Ville, date,

Objet : clôture de propriété

Monsieur (*Madame*),

Je me permets de vous adresser ce courrier en ma qualité de voisin de votre propriété sise… (*préciser l'adresse*).

En effet, je vous informe par la présente de mon intention de clore ma propriété en construisant en limite de nos propriétés un mur (ou toute autre clôture), et ce, conformément au Plan local d'urbanisme (PLU) applicable à notre commune.

Je vous prie de croire, Monsieur (*Madame*), en l'expression de mes salutations respectueuses.

Signature

Demander l'édification d'une clôture commune

Nom, prénom
Adresse
Code postal, ville

Nom et prénom
Adresse du voisin
Code postal, ville

Ville, date,

Lettre recommandée avec avis de réception

Objet : demande de participation à la construction d'une clôture

Monsieur (*Madame*),

En tant que voisin de votre propriété, habitant au... (*préciser l'adresse*), je vous adresse ce courrier.

En effet, je souhaiterais édifier une clôture mitoyenne dont les frais de construction et d'entretien seraient par moitié partagés entre nous deux.

Dans l'hypothèse où cette proposition recueille votre acceptation, je vous invite à me rencontrer pour discuter du choix et des modalités de la mise en place de ce projet de clôture, et cela, conformément au Plan local d'urbanisme (PLU) applicable à notre commune.

Dans cette attente, je vous prie de croire, Monsieur (*Madame*), en l'expression de mes salutations respectueuses.

Signature

Contraindre votre voisin à réaliser une clôture commune

Nom, prénom
Adresse
Code postal, ville

Nom et prénom
Adresse du voisin
Code postal, ville

Ville, date,

Lettre recommandée avec avis de réception

Objet : votre refus de participation à la clôture commune

Monsieur (*Madame*),

Le … (*date*), je vous ai adressé un courrier vous proposant d'édifier d'un commun accord une clôture séparant nos deux propriétés.

Comme vous avez refusé, je vous rappelle que conformément à l'article 663 du Code civil : « *Chacun peut contraindre son voisin, dans les villes et faubourgs, à contribuer aux constructions et réparations de la clôture faisant séparation de leurs maisons, cours et jardins […]* »

Je me permets donc de réitérer ma proposition concernant l'édification d'un mur mitoyen et les modalités de sa construction.

Je vous remercie de me faire part de votre position. À défaut de réponse dans les semaines à venir, je me verrais contraint de saisir les tribunaux compétents.

Je vous prie de croire, Monsieur (*Madame*), en l'expression de mes salutations respectueuses.

Signature

Informer votre voisin de la nécessité de travaux sur un mur mitoyen

Nom, prénom
Adresse
Code postal, ville

Nom et prénom
Adresse du voisin
Code postal, ville

Ville, date,

Lettre recommandée avec avis de réception

Objet : nécessité de travaux sur un mur mitoyen

Monsieur (*Madame*),

Je m'autorise à vous adresser ce courrier en ma qualité de voisin de votre propriété sise… (*préciser l'adresse*).

En effet, le mur mitoyen qui sépare nos deux propriétés implique de faire des travaux nécessaires à sa conservation (*préciser l'étendue des travaux à réaliser ; à noter que les travaux de nature esthétique ne peuvent être imposés au voisin*).

Conformément à l'article 655 du Code civil : « *La réparation et la reconstruction du mur mitoyen sont à la charge de tous ceux qui y ont droit, et proportionnellement aux droits de chacun.* »

À cet égard, je souhaiterais m'entendre avec vous quant à la nature des travaux, le choix des matériaux et la sélection de l'entreprise à laquelle nous confierons la restauration du mur.

Dans l'espoir de recevoir votre accord rapidement, je vous prie de croire, Monsieur (*Madame*), en l'expression de mes salutations respectueuses.

Signature

Mettre en demeure votre voisin pour travaux sur le mur mitoyen

Vous avez informé votre voisin de la nécessité de procéder à des travaux sur le mur mitoyen (voir modèle précédent), mais votre courrier est resté sans effet. En présence de travaux urgents, un courrier de mise en demeure peut lui être adressé (en lieu et place d'une sommation d'huissier, qui a un coût plus élevé).

Nom, prénom
Adresse
Code postal, ville

Nom et prénom
Adresse du voisin
Code postal, ville

Ville, date,

Lettre recommandée avec avis de réception

Objet : mise en demeure de réalisation de travaux sur le mur mitoyen

Monsieur (*Madame*),

Je fais suite à ma sollicitation du… (*date*) vous informant de la nécessité de procéder à un certain nombre de réparations sur le mur mitoyen séparant nos deux propriétés.

Mon courrier étant resté infructueux en dépit de l'état du mur qui ne cesse de se dégrader, je vous prie de me contacter rapidement pour convenir des modalités de restauration, des matériaux et de l'entreprise en charge de ce projet de restauration.

La nécessité de procéder à des travaux rapidement m'oblige à vous rappeler à vos obligations d'entretien auxquelles vous êtes tenu, en application de l'article 655 du Code civil.

À défaut de réponse prompte de votre part, je me verrais dans l'obligation de saisir les tribunaux pour qu'ils m'autorisent à réaliser ces travaux et pour demander votre condamnation à des dommages et intérêts pour résistance abusive.

Signature

Demander une autorisation pour effectuer des travaux sur un mur mitoyen

Nom, prénom
Adresse
Code postal, ville

Nom et prénom
Adresse du voisin
Code postal, ville

Ville, date,

Lettre recommandée avec avis de réception

Objet : autorisation de travaux sur un mur mitoyen

Monsieur (*Madame*),

En tant que voisin de votre propriété habitant au… (*préciser votre adresse*), je vous adresse ce courrier. En effet, je souhaite effectuer les travaux suivants à mes frais sur le mur mitoyen (par exemple : solive, adossement d'une serre contre le mur, enfoncement de poutre…).

Je tiens à votre disposition tous les documents pouvant attester que les travaux effectués ne porteront aucun préjudice au mur mitoyen, ayant en effet pris toutes les précautions en ce sens.

Par la présente, je sollicite votre accord que je souhaiterais formaliser au moyen d'un écrit.

Dans l'attente d'une réponse de votre part, je vous prie de croire, Monsieur (*Madame*), en l'expression de mes salutations respectueuses.

Signature

Informer votre voisin d'un abandon de mitoyenneté

Le mur qui sépare votre propriété de celle de votre voisin est mitoyen. Vous ne souhaitez plus continuer à l'entretenir pour partie. Vous demandez à abandonner la mitoyenneté.

Nom, prénom
Adresse
Code postal, ville

Nom et prénom
Adresse du voisin
Code postal, ville

Ville, date,

Lettre recommandée avec avis de réception

Objet : abandon de mitoyenneté

Monsieur (*Madame*),

Par la présente, je vous informe que je souhaite abandonner la mitoyenneté du mur séparant nos deux propriétés, et ce, conformément à l'article 656 du Code civil. Vous serez ainsi pleinement propriétaire de ce mur.

Je vous rappelle que, conformément à cet article, « *tout copropriétaire d'un mur mitoyen peut se dispenser de contribuer aux réparations et reconstructions, en abandonnant le droit de mitoyenneté, pourvu que le mur mitoyen ne soutienne pas un bâtiment qui lui appartienne* ».

Je vous informe donc, par la présente, de ma décision d'abandonner mes droits sur ce mur. Pour ce faire, je souhaiterais consigner cet abandon dans un acte notarié. Je vous remercie de prendre contact avec moi pour convenir d'un rendez-vous chez un notaire.

Je vous prie de croire, Monsieur (*Madame*), à l'expression de mes salutations respectueuses.

Signature

Faire participer un voisin à la construction d'un mur mitoyen

Nom, prénom
Adresse
Code postal, ville

Nom, prénom
Adresse du voisin
Code postal, ville

Ville, date,

Objet : demande de participation à la construction d'un mur mitoyen

Monsieur (*Madame*),

Je vous ai fait part de mon souhait de faire construire un mur mitoyen dont le coût serait partagé pour moitié entre vous et moi. Or, vous avez refusé cette proposition.

Je vous informe que l'article 663 du Code civil dispose que : « *Chacun peut contraindre son voisin, dans les villes et faubourgs, à contribuer aux constructions et réparations de la clôture faisant séparation de leurs maisons, cours et jardins [...]* ».

En conséquence, je vous propose que nous nous rencontrions pour arrêter les modalités de construction d'un mur mitoyen : choix de l'entrepreneur, des matériaux, de la hauteur du mur…

Je vous remercie de me faire part de votre réponse dans les meilleurs délais. À défaut, je me verrais contraint de saisir la juridiction compétente.

Veuillez croire, Monsieur (*Madame*) en l'expression de mes salutations respectueuses.

Signature

Demander un droit de passage

Nom, prénom
Adresse
Code postal, ville

Nom, prénom
Adresse du voisin
Code postal, ville

Ville, date,

Lettre recommandée avec avis de réception

Objet : demande de droit de passage

Monsieur (*Madame*),

Malgré nos diverses discussions, nous n'avons pu trouver un accord sur l'exercice d'un droit de passage sur votre terrain.

En effet, pour me refuser l'exercice de ce droit, vous arguez que ma propriété n'est pas enclavée car je peux accéder à la voie publique. Or, l'article 682 du Code civil reconnaît un droit de passage au propriétaire d'un fonds qui a une issue insuffisante sur la voie publique, ce qui est mon cas. En effet, (*exposer les éléments prouvant que votre propriété est enclavée*).

Je souhaite donc que nous organisions une rencontre afin de fixer les conditions d'exercice de ce droit de passage et le montant de l'indemnité que j'aurais à vous verser.

À défaut d'accord amiable, je serais dans l'obligation de faire valoir mes droits devant le tribunal.

Veuillez croire, Monsieur (*Madame*) en l'expression de mes salutations respectueuses.

Signature

Demander le droit de passer sur le terrain d'un voisin pour effectuer des travaux (autorisation de tour d'échelle)

Nom, prénom
Adresse
Code postal, ville

Nom, prénom
Adresse du voisin
Code postal, ville

Ville, date,

Objet : demande d'autorisation de tour d'échelle

Monsieur (*Madame*),

Des travaux indispensables sont à réaliser en urgence sur ma maison dont l'un des pignons donne directement sur votre terrain.

Il n'est pas possible de procéder à l'exécution de ces travaux sans pénétrer sur votre propriété.

Pour cette raison, j'ai sollicité votre autorisation afin d'installer un échafaudage sur une partie de votre terrain pendant la durée des travaux, mais vous n'avez pas répondu à ma demande.

Je me permets de vous rappeler qu'une jurisprudence constante autorise le propriétaire d'un fonds à passer, à titre temporaire, chez son voisin pour effectuer des réparations indispensables (*Cour de cassation, 3e chambre civile, 15 avril 1982, Bulletin civil III, n° 93*).

Je vous propose de nous rencontrer à l'occasion d'un prochain rendez-vous dont la date et l'horaire seront à votre convenance, afin que nous puissions définir les contours et les limites de cette autorisation ainsi que le montant de l'indemnisation que je vous verserai pour la gêne occasionnée.

Je vous prie d'agréer, Monsieur (*Madame*), l'expression de mes salutations distinguées.

Signature

Demander à un voisin l'élagage d'un arbre

Nom, prénom
Adresse
Code postal, ville

Nom, prénom
Adresse du voisin
Code postal, ville

Ville, date,

Objet : élagage de votre chêne

Monsieur (*Madame*),

Les branches de votre chêne empiètent de plus d'un mètre sur ma propriété.

En application des dispositions de l'article 673 du Code civil, je vous prie de bien vouloir procéder à l'élagage de cet arbre dans les meilleurs délais.

Je rappelle que je vous ai déjà exprimé cette demande de manière verbale.

Sans réponse de votre part dans un délai raisonnable, je me verrai dans l'obligation de saisir la juridiction compétente.

Je veux croire que nous n'en arriverons pas à une telle situation.

Dans cette attente, je vous prie de croire, Monsieur (*Madame*) en l'assurance de mes salutations distinguées.

Signature

Demander au maire le débroussaillement du terrain voisin

Il n'existe pas d'obligation générale d'entretenir un jardin ou un terrain. Toutefois, l'obligation de débroussaillement peut être imposée aux propriétaires fonciers par les articles L. 131-10 à L. 131-16 du Code forestier, par une décision du préfet ou du maire, dans les régions exposées au risque d'incendie. Vous pouvez demander à d'autres voisins de signer cette lettre à destination du maire.

Nom, prénom
Adresse
Code postal, ville

Nom, prénom du maire
Adresse de la mairie
Code postal, ville

Ville, date,

Objet : demande de débroussaillement

Monsieur (*Madame*) le Maire,

Comme vous le savez, ma propriété, tout comme les propriétés situées dans ce secteur, sont soumises à l'obligation de débroussaillement.

La propriété voisine de la mienne située (*adresse*) n'est pas débroussaillée, ce qui me fait craindre un risque d'incendie qui mettrait en péril la sécurité de ma famille et de mon habitation.

Cette propriété qui semble à l'abandon comprend de nombreux feuillages secs.

Je vous demande donc d'user de votre pouvoir général de police pour ordonner le débroussaillage d'office.

Je vous remercie de votre bienveillante attention et vous prie de croire, Monsieur (*Madame*) le Maire, à l'expression de mes respectueux sentiments.

Signature

Demander l'intervention du maire en raison du vagabondage d'un animal sur votre propriété ou dans votre quartier

Si un animal erre, livré à lui-même, dans votre quartier ou s'introduit dans votre jardin, vous pouvez demander au maire de mettre fin à ce vagabondage (aussi appelé divagation). Il peut s'agir de tout animal domestique ou d'un animal sauvage apprivoisé qui n'est pas sous la surveillance effective de son maître.

Nom, prénom
Adresse
Code postal, ville

Nom, prénom du maire
Adresse de la mairie
Code postal, ville

Ville, date,

Objet : divagation d'un animal

Monsieur (*Madame*) le Maire,

Conformément aux articles L. 211-19-1 et L. 211-20 du Code rural et de la pêche maritime, j'en appelle à votre autorité pour mettre fin à l'intrusion régulière sur ma propriété de (*animal*).

Je vous serais reconnaissant de bien vouloir prendre les mesures nécessaires pour mettre fin à la divagation de cet animal.

Pourriez-vous également rappeler aux propriétaires qu'ils ne doivent pas laisser divaguer leurs animaux ?

Vous remerciant, je vous prie de croire, Monsieur (*Madame*) le Maire à l'expression de mes salutations respectueuses.

Signature

Informer un voisin qu'on refuse de faire taire un coq ou des poules

Un voisin vous a présenté une demande déraisonnable exigeant que vous fassiez taire votre coq ou vos poules. Vous refusez et lui rappelez que les bruits et odeurs de la campagne sont protégés par la loi. Attention, les aboiements des chiens ne relèvent pas dans cette législation. De la même façon, ne sont pas protégées les odeurs occasionnées par un manque d'entretien.

Nom, prénom
Adresse
Code postal, ville

Nom, prénom
Adresse du voisin
Code postal, ville

Ville, date,

Objet : bruits de mes animaux de basse-cour

Monsieur (*Madame*),

Lors d'un entretien informel (*ou par lettre recommandée*), vous avez exprimé la demande singulière consistant à m'imposer de faire taire mon coq et mes poules.

Je regrette beaucoup d'avoir à vous dire qu'il ne m'est pas possible de répondre positivement à votre demande.

Il est dans l'ordre naturel que les animaux de basse-cour soient bruyants. C'est ce que reconnaît l'article L. 110-1 du Code de l'environnement, qui stipule que les sons et les odeurs font partie du patrimoine commun de la nation.

En revanche, comme vous pouvez le constater, nous prenons grand soin de nos animaux, afin que leur lieu de vie soit toujours d'une propreté irréprochable et qu'ils ne causent pas de trouble anormal pour le voisinage.

Je reste à votre disposition, si vous le souhaitez, pour un moment d'échange concernant la présence de mes animaux.

Je vous prie de croire, Monsieur (*Madame*), à l'expression de mes cordiales salutations.

Signature

Exprimer une opposition de conscience à la chasse

Nom, prénom
Adresse
Code postal, ville
Qualité : propriétaire[1]

Président(e) de la Fédération
départementale des chasseurs
Adresse
Code postal, ville

Ville, date,

Lettre recommandée avec avis de réception[2]

Objet : déclaration d'opposition à la chasse sur mon terrain

Monsieur le président (*Madame la présidente*),

J'ai l'honneur, conformément aux dispositions des articles L. 422-10,5° et suivants du Code de l'environnement, de vous faire part de mon opposition éthique à la chasse, et de vous demander le retrait de mon (mes) terrain(s) situé(s) sur le territoire de l'association communale de chasse agréée (ACCA) de (*ville*).

Par convictions personnelles, je ne chasse pas et souhaite interdire la chasse sur l'ensemble de mon (mes) terrain(s).

J'ai acté le fait que cette interdiction de chasse sur mon (mes) terrain(s) m'est également applicable. Conformément aux dispositions de l'article L. 422-15 du Code de l'environnement, je fais procéder à la signalisation de l'interdiction de chasser sur mon terrain.

À l'appui de ces demandes, vous trouverez ci-joints la liste détaillée, la superficie et l'indication des références cadastrales de ces parcelles, ainsi que les copies de mes titres de propriété.

Je vous remercie, et vous prie de croire, Monsieur le président (*Madame la présidente*), à l'expression de ma parfaite considération.

Signature

PJ : indiquer la liste des documents joints

[1] S'il s'agit d'un bien de communauté, la signature des deux époux est nécessaire.
[2] Cette démarche est à effectuer au moins 6 mois avant la date de révision du territoire de l'ACCA.

Dénoncer au maire les sévices d'un voisin sur son animal de compagnie

L'un de vos voisins maltraite son chien, son chat ou un autre animal de compagnie. Si vous craignez de confronter votre voisin à ce sujet, la solution la plus simple consiste à informer le maire de la situation. Vous pouvez aussi contacter le service vétérinaire de la direction départementale de l'emploi, du travail, des solidarités et de la protection des populations (DDETSPP) et/ou une association de protection animale.

Nom, prénom
Adresse
Code postal, ville

Nom, prénom du maire
Adresse de la mairie
Code postal, ville

Ville, date,

Objet : mauvais traitements d'un animal

Monsieur (*Madame*) le Maire,

Je me permets de vous informer de la situation du (*animal*) appartenant à mes voisins (*noms et adresse*), et vous laisse prendre toutes mesures que vous pourriez juger utiles.

Il me semble que cet animal est victime de mauvais traitements de la part de ses maîtres. En effet, j'entends souvent ce (*animal*) pleurer, et il passe parfois la nuit et la journée sur le balcon du logement voisin.

Je vous prie de croire, Monsieur (*Madame*) le Maire, à l'expression de mes respectueuses salutations.

Signature

Les adresses de vos interlocuteurs

Ces adresses étant susceptibles de changer entre deux éditions du guide, nous vous conseillons donc d'effectuer une vérification sur Internet avant tout envoi de courrier.

- Agence nationale pour l'information sur le logement (ANIL)
  www.anil.org

- Agence régionale de santé
  www.ars.sante.fr

- Assemblée permanente des chambres d'agriculture (APCA)
  9, avenue Georges V
  75008 Paris
  Tél. : 01 53 57 10 10
  https://chambres-agriculture.fr

- Centre d'information sur le bruit (CidB)
  12-14, rue Jules Bourdais
  75017 Paris
  Tél. : 01 47 64 64 64
  www.bruit.fr

- Huissiers de Justice
  www.huissier-justice.fr

- Commission d'accès aux documents administratifs (CADA)
  TSA 50730
  75334 Paris Cedex 07
  Tél. : 01 42 75 79 99
  www.cada.fr

- Conseil national des barreaux (CNB)
  180, boulevard Haussmann
  75008 Paris
  Tél. : 01 53 30 85 60
  www.cnb.avocat.fr

- Conciliateurs de France
  42, rue de Maubeuge
  75009 Paris
  www.conciliateurs.fr

- Ministère de la Justice
  13, place Vendôme
  75042 Paris Cedex 01
  Tél. : 01 44 77 60 60
  www.justice.gouv.fr

- Ordre des géomètres-experts
  40, avenue Hoche
  75008 Paris
  Tél. : 01 53 83 88 00
  www.geometre-expert.fr
  www.cadastre.gouv.fr
  www.geofoncier.fr
  https://mediation-cmge.org
- Association des responsables de copropriété (ARC-UNARC)
  7, rue de Thionville
  75019 Paris
  Tél. : 01 40 30 12 82
  www.arc-copro.fr
- Association des médiateurs européens
  Centre de médiation du Barreau de Paris
  11, place Dauphine
  75001 Paris
  Tél. : 09 53 01 02 69
  www.mediateurseuropeens.org
- Chambre Nationale des Praticiens de la Médiation (CNPM)
  27, rue de la Libération
  42400 Saint-Chamond
  Tél. : 09 83 24 74 88
  www.cnpm-mediation.org

Index alphabétique

C

D

E

F

G

H

I

J

L

M

N

O

P

Achevé d'imprimer
en janvier 2022
par Dimograf
Bielsko-Biała, Pologne